:: 中華文化促進會主持編纂

:: 國家"十一五"~"十四五"重點圖書出版規劃項目

:: 中國社會科學院哲學社會科學創新工程學術出版資助項目

出品人　王石　段先念

今注本二十四史

舊五代史

宋　薛居正等　撰

陳智超　紀雪娟　主持校注

中國社會科學出版社

一七　周書〔三〕

舊五代史　卷一二二

周書十三

宗室列傳第二[1]

[1]按，本卷末闕史論。

柴守禮

柴守禮，字克讓，以后族拜銀青光禄大夫、檢校吏部尚書、兼御史大夫。[1]世宗即位，加金紫光禄大夫、檢校司空、光禄卿。致仕，居于洛陽，終世宗之世，未嘗至京師，而左右亦莫敢言，第以元舅禮之。[2]而守禮亦頗恣橫，嘗殺人于市，有司以聞，世宗不問。是時，王溥、王晏、王彦超、韓令坤等同時將相，皆有父在洛陽，與守禮朝夕往來，惟意所爲，洛陽人多畏避之，號“十阿父”。[3]守禮卒，年七十二，官至太傅。[4]

[1]銀青光禄大夫：官名。唐、五代散官。從三品。　檢校吏部尚書：官名。爲散官或加官，以示恩寵，無實際執掌。　御史大

夫：官名。秦始置，與丞相、太尉合稱三公。至唐代，在御史中丞之上設御史大夫一人，爲御史臺長官，專掌監察、執法。正三品。

"柴守禮"至"兼御史大夫"：《新五代史》卷二〇《柴守禮傳》。《新五代史·柴守禮傳》另云："周太祖聖穆皇后柴氏，無子，養后兄守禮之子以爲子，是爲世宗。"《通鑑》卷二八九乾祐三年（950）四月壬辰條《考異》："按今舉世皆知世宗爲柴氏子，謂之柴世宗；而《世宗實録》云太祖長子，誣亦甚矣。"

[2]世宗：即柴榮。邢州龍岡（今河北邢臺市）人。後周太祖郭威養子，顯德元年（954）繼郭威爲帝，廟號世宗。紀見本書卷一一四、《新五代史》卷一二。　金紫光禄大夫：官名。唐、五代散官。正三品。　檢校司空：官名。爲散官或加官，以示恩寵，無實際執掌。　光禄卿：官名。南朝梁天監七年（508）改光禄勳置，隋、唐沿置。掌宮殿門户、帳幕器物、百官朝會膳食等。從三品。

洛陽：地名。即今河南洛陽市。　京師：即開封。　"世宗即位"至"第以元舅禮之"：《新五代史》卷二〇《柴守禮傳》。《輯本舊史》卷一一四《周世宗紀一》："父守禮，太子少保致仕。"同書卷一二〇《周恭帝紀》顯德六年（959）八月甲戌條："以光禄卿致仕柴守禮爲太子太保致仕。"可知守禮於後周世宗朝以光禄卿致仕，恭帝朝改以太子太保致仕。

[3]王溥：人名。并州祁（今山西祁縣）人。後周、宋初宰相。傳見《宋史》卷二四九。　王晏：人名。徐州滕（今山東滕州市）人。五代後周、宋初將領。傳見《宋史》卷二五二。　王彦超：人名。大名臨清（今河北臨西縣）人。五代後周、宋初將領。傳見《宋史》卷二五五。　韓令坤：人名。磁州武安（今河北武安市）人。五代後周、宋初將領。傳見《宋史》卷二五一。

"而守禮亦頗恣橫"至"號'十阿父'"：《新五代史·柴守禮傳》。《通鑑》卷二九三顯德四年三月癸丑條："前許州司馬韓倫，侍衛馬軍都指揮使令坤之父也。令坤領鎮安節度使，倫居于陳州，干預政事，貪污不法，爲公私患，爲人所訟，令坤屢爲之泣請。癸丑，詔免倫死，流沙門島。倫後得赦還，居洛陽，與光祿卿致仕柴守禮及當時將相王溥、王晏、王彥超之父游處，恃勢恣橫，洛陽人畏之，謂之十阿父。帝既爲太祖嗣，人無敢言守禮子者，但以元舅處之，優其俸給，未嘗至大梁；嘗以小忿殺人，有司不敢詰，帝知而不問。”

　　[4]太傅：官名。與太師、太保合稱三師，唐後期、五代時多爲大臣、勳貴加官。正一品。　　“守禮卒”至“官至太傅：《新五代史》卷二〇《柴守禮傳》。《長編》卷八後梁乾德五年（923）九月乙巳條：“太子少傅致仕柴守禮卒。命中使護其喪事。”同書卷一七六宋至和元年（1054）正月丁亥條：“錄周後故太子少傅柴守禮孫若訥爲三班奉職。”所云“少傅”與《新五代史》異。

太祖諸子

　　郯王侗，[1]太祖子，[2]初名青哥，漢末遇害。太祖即位，詔贈太尉，[3]賜名侗。顯德四年追封。[4]杞王信，太祖子，初名意哥，漢末遇害。太祖即位，詔贈司空，[5]賜名信。顯德四年追封。《永樂大典》卷一千二百六十六。[6]

　　[1]郯王侗：中華書局本有校勘記：“‘郯王’，原作‘剡王’，據邵本校、本書卷一一七《周世宗紀》四、《册府》卷二九六、《五代會要》卷二、《新五代史》卷一九《周太祖家人傳》改。”見明本《册府》卷二九六《宗室部·追封門》。

　　[2]太祖：即郭威。邢州堯山（今河北隆堯縣）人。五代後周開國皇帝，廟號太祖。紀見本書卷一一〇至卷一一三、《新五代史》卷一一。

　　[3]太尉：官名。與司徒、司空並爲三公。正一品。中華書局本有校勘記：“‘太尉’，本書卷一一一《周太祖紀》二、《册府》

卷二九六作‘太保’。按吳蘭庭《五代史記纂誤補》：‘世宗顯德四年四月詔稱故皇弟贈太保侗可贈太傅，追封郟王。然則初贈是太保，非太尉。且惟是太保，故得加贈太傅，若已贈太尉，則其上惟有太師，豈容反加太傅乎？《薛史·太祖紀》、《世宗紀》俱作贈太保，而《宗室傳》則云贈太尉，此正仍其誤。’”

[4]顯德：五代後周太祖郭威年號（954）。世宗柴榮、恭帝柴宗訓沿用（954—960）。

[5]司空：官名。與太尉、司徒並爲三公，唐後期、五代多爲大臣、勳貴加官。正一品。

[6]《永樂大典》卷一千二百六十六：中華書局本有校勘記："檢《永樂大典目錄》，卷一二六六爲"妃"字韻"淑妃、德妃、賢妃、皇太子妃"，與本則内容不符，恐有誤記。疑出自卷一六六二八‘建’字韻‘封建十一唐五代’。本卷下一則同。"《舊五代史考異》："案：太祖諸子早歲遇害，本無事蹟。《永樂大典》所錄《薛史》過于簡略，疑有刪節，今無可考。據《歐陽史·家人傳》云：初，帝舉兵於魏，漢以兵圍帝第，時張貴妃與諸子青哥、意哥，姪守筠、奉超、定哥皆被誅。青哥、意哥不知其母誰氏。太祖即位，詔故第二子青哥贈太尉，賜名侗；第三子意哥贈司空，賜名信。皇姪守筠贈左領軍衛將軍，以‘筠’聲近‘榮’，爲世宗避，更名守愿。奉超贈左監門衛將軍。定哥贈左千牛衛將軍，賜名遜。世宗顯德四年夏四月癸未，詔曰：‘禮以緣情，恩以悼往，矧在友于之列，尤鍾惻愴之情。故皇弟贈太保侗、贈司空信，景運初啓，天年不登，俾予終鮮，寔慟予懷。侗可贈太傅，追封郟王；信司徒，杞王。’又詔曰：‘故皇從弟贈左領軍衛將軍守愿、贈左監門衛將軍奉超、贈左千牛衛將軍遜等，頃因季世，不享遐齡，每念非辜，難忘有慟。守愿可贈左衛大將軍，奉超右衛大將軍，遜右武衛大將軍。’案：《歐陽史》所載詔辭，《薛史》已見本紀，今仍附錄于此，以備參考。"見《新五代史》卷一九《周太祖家人傳》。中華書局本以《新五代史》校此《考異》，有校勘記，今不錄。《輯

本舊史》卷一一一《周太祖紀二》廣順元年（951）二月庚子條：
"故第二子青哥贈太保，賜名侗；第三子意哥贈司空，賜名信。"卷
一一七《周世宗紀四》顯德四年四月癸未條："故皇弟贈太保侗再
贈太傅，追封郯王；故皇弟贈司空信再贈司徒，追封杞王。"《新五
代史》卷一九："不知其母誰氏。"明本《册府》卷二九六《宗室
部·追封門》："制曰：'禮以緣情，恩以悼往。矧在友于之列，尤
鐘惻愴之思。故皇弟贈太保侗、贈司空信等，玉葉聯芳，金莖比
瑞，屬景運之初啓，何大年之不登，未剪桐珪，連雕棣萼，俾予終
鮮，寔動永懷，既登敘以無階，在疏封而起悕。贈其王爵，慰我天
倫。侗追封郯王，信追封杞王。'"

世宗諸子

越王宗誼，世宗子，漢末遇害。顯德四年追封。[1]
《永樂大典》卷一萬六千六百二十八。[2]

[1]"越王宗誼"至"顯德四年追封"：《新五代史》卷二〇
《世宗七子傳》："世宗子七人：長曰宜哥，次二皆未名，次曰恭皇
帝，次曰熙讓，次曰熙謹，次曰熙誨，皆不知其母爲誰氏。宜哥與
其二，皆爲漢誅。太祖即位，詔賜皇孫名誼，贈左驍衛大將軍；
誠，左武衛大將軍；誠，左屯衛大將軍。顯德三年，群臣請封宗
室，世宗以謂爲國日淺，恩信未及於人，而須功德大成，慶流於
世，而後議之可也。明年夏四月癸未，先封太祖諸子。又詔曰：
'父子之道，聖賢不忘，再思禾闋之端，愈動悲傷之抱。故皇子左
驍衛大將軍誼、左武衛大將軍誠、左屯衛大將軍誠等，載惟往事，
有足傷懷，宜增一字之封，仍贈三台之秩。誼可贈太尉，追封越
王；誠太傅，吳王；誠太保，韓王。'而皇子在者皆不封。"《輯本
舊史》卷一一一《周太祖紀二》廣順元年（951）二月庚子條：

"故皇孫三人：宜哥贈左驍衛大將軍，賜名誼；喜哥贈武衛大將軍，賜名誠；三哥贈左領衛大將軍，賜名諴。"卷一一七《周世宗紀四》顯德四年（957）四月癸未條："故皇子贈左驍衛大將軍誼再贈太尉，追封越王；故皇子贈左武衛大將軍誠再贈太傅，追封吳王；故皇子贈左屯衛大將軍諴再贈太保，追封韓王。"明本《册府》卷二九六《宗室部·追封門》："制曰：'父子之道，聖賢不忘。再思夭閼之端，愈動悲良之抱。故皇子贈左驍衛大將軍誼、贈左武衛大將軍誠、贈左屯衛大將軍諴等，鳳雛龍翰，聳常其殊姿，玉折蘭摧，早罹於非禍。載惟往事，有足傷懷。宜贈一字之封，仍贈三臺之秩。表吾追念，慰乃英靈。誼追封越王，誠追封吳王，諴追封韓王。'"

[2]《大典》卷一六六二八"建"字韻"封建（一一）五代"事目。

曹王宗讓，世宗子，顯德六年封。[1]《永樂大典》卷一萬六千六百二十八。[2]

[1]曹王宗讓，世宗子，顯德六年封：《新五代史》卷二〇《世宗七子傳》："世宗子七人：長曰宜哥，次二皆未名，次曰恭皇帝，次曰熙讓，次曰熙謹，次曰熙誨，皆不知其母爲誰氏。"又顯德六年："六月癸未，皇子宗讓亦拜左驍衛上將軍，封燕國公。其年八月，宗讓更名熙讓，封曹王。"《輯本舊史》卷一一九《周世宗紀》顯德六年（959）六月癸未條："以第二子宗讓爲左驍衛上將軍，封燕國公。"卷一二〇《周恭帝紀》顯德六年八月庚寅條："皇弟特進、檢校太保、左驍衛上將軍、燕國公、食邑三千户宗讓加檢校太傅，進封曹王，改名熙讓。"亦見《通鑑》卷二九四顯德六年六月癸未條、八月庚寅條。《新五代史》卷一二《周本紀十二》誤宗讓爲宗誼。

[2]《大典》卷一六六二八"建"字韻"封建（一一）五代"事目。

紀王熙謹，世宗子，顯德六年封。皇朝乾德二年卒。[1]《永樂大典》卷一萬六千六百二十八。[2]

[1]乾德：宋太祖趙匡胤年號（963—968）。 "紀王熙謹"至"皇朝乾德二年卒"：《新五代史》卷二〇《世宗七子傳》："世宗子七人：長曰宜哥，次二皆未名，次曰恭皇帝，次曰熙讓，次曰熙謹，次曰熙誨，皆不知其母爲誰氏。"又顯德六年八月："熙謹、熙誨皆前未封爵，遂拜熙謹右武衛大將軍，封紀王……皇朝乾德二年十月，熙謹卒。"《輯本舊史》卷一二〇《周恭帝紀》顯德六年（959）八月庚寅條："皇弟熙謹可光禄大夫、檢校太保、右武衛大將軍，封紀王，食邑三千户。"《宋史》卷一《太祖紀一》乾德二年（964）十月戊申條："周紀王熙謹薨，輟視朝。"

[2]《大典》卷一六六二八"建"字韻"封建（一一）五代"事目。

蘄王熙誨，世宗子，顯德六年封。[1]《永樂大典》卷一萬六千六百二十八。[2]

[1]蘄王熙誨，世宗子，顯德六年封：《新五代史》卷二〇《世宗七子傳》："世宗子七人：長曰宜哥，次二皆未名，次曰恭皇帝，次曰熙讓，次曰熙謹，次曰熙誨，皆不知其母爲誰氏。"又顯德六年："熙誨前未封爵，遂拜熙誨左領軍衛大將軍，封蘄王。"又："熙誨不知其所終。"《輯本舊史》卷一二〇《周恭帝紀》顯德六年（959）八月庚寅條："皇弟熙誨可金紫光禄大夫、檢校司徒、

左領衛大將軍，封蘄王，食邑三千户。"

　　[2]《大典》卷一六六二八"建"字韻"封建（一一）五代"事目。

舊五代史　卷一二三

周書十四

列傳第三

高行周

　　高行周，字尚質，幽州人也。[1]生于媯州懷戎軍之鵰窠里。[2]曾祖順勵，世戍懷戎。[3]父思繼，昆仲三人，俱雄豪有武幹，聲馳朔方。[4]唐武皇之平幽州也，表劉仁恭爲帥，[5]仍留兵以戍之。以思繼兄爲先鋒都將、媯州刺史，思繼爲中軍都將、順州刺史，[6]思繼弟爲後軍都將，昆仲分掌燕兵。[7]部下士伍，皆山北之豪也，仁恭深憚之。武皇將歸，私謂仁恭曰：“高先鋒兄弟勢傾州府，爲燕患者，必此族也，宜善籌之。”[8]久之，太原戍軍恣橫，[9]思繼兄弟制之以法，所殺者多。太祖怒，[10]詬讓仁恭，乃訴以高氏兄弟，遂併遇害。仁恭因以先鋒子行珪爲牙將，[11]諸子並列帳下，厚撫之以慰其心。時行周十餘歲，亦補職，在仁恭左右。行珪別有傳，在《唐書》。[12]

[1]高行周：《舊五代史考異》："案《通鑑考異》引《莊宗實錄》：'行周'作'行溫'。是書《唐紀》尚仍實錄之舊。"見《通鑑》卷二六八乾化三年（913）三月條《考異》。《輯本舊史》卷二八《唐莊宗紀二》天祐十年（913）三月丙寅條："武州刺史高行珪遣使乞降。時劉守光遣愛將元行欽牧馬於山北，聞行珪有變，率戍兵攻行珪，行珪遣其弟行溫爲質，且乞應援。""行周"正作"行溫"。中華書局本又有校勘記："是書《唐紀》尚仍實錄之舊，以上十字原闕，據殿本《考證》、劉本《考證》補。"殿本《考證》非盡成於邵晉涵一人之手，不當據之補《舊五代史考異》。　幽州：州名。治所在今北京市。

[2]嬀州：州名。治所在今河北懷來縣東南。　懷戎：縣名。治所在今河北懷來縣東南。　鷝鴡里：地名。位於今河北懷來縣東南。

[3]順屬：人名。即高順屬。本書僅此一見。

[4]思繼：人名。即高思繼。高行周之父。事見本書卷一二三《高行周傳》。　朔方：方鎮名。治所在靈州（今寧夏吳忠市）。中華書局本有校勘記："'朔方'，殿本、孔本、《冊府》卷八四八作'朔塞'。"見《宋本冊府》卷八四八《總錄部·任俠門》。

[5]唐武皇：人名。即李克用。沙陀族，生於神武川新城（一説今山西朔州市朔城區之梵王寺村，一説今山西應縣縣城，一説今山西懷仁縣之日中城）。五代後唐奠基者。紀見本書卷二五至卷二六。　劉仁恭：人名。深州（今河北深州市）人。唐末、五代軍閥。傳見《新唐書》卷二一二。

[6]先鋒都將：官名。唐五代時節度使屬將。　刺史：官名。州一級行政長官。漢武帝時始置，總掌考覈官吏、勸課農桑、地方教化等事。唐中期以後，節度使、觀察使轄州而設，刺史爲其屬

官，職任漸輕。從三品至正四品下。　中軍都將：官名。中軍，戰鬥時編成中位居中軍者。都將，唐五代時節度使屬將。　順州：州名。治所在今北京市順義區。　"唐武皇之平幽州也"至"順州刺史"：《舊五代史考異》："案《歐陽史》：思繼爲李匡威戍將，先爲晉王所招，後事仁恭。與《薛史》異。"《新五代史》卷四八《高行周傳》："思繼兄弟皆以武勇雄於北邊，爲幽州節度使李匡威戍將。匡威爲其弟匡儔所簒，晉王將討其亂，謀曰：'高思繼兄弟在孔領關，有兵三千，此後患也，不如遣人招之。思繼爲吾用，則事無不成。'克用遣人招思繼兄弟。燕俗重氣義，思繼等聞晉兵爲匡威報仇，乃欣然從之，爲晉兵前鋒。匡儔聞思繼兄弟皆叛，乃棄城走。"高思繼兄弟先爲李匡威戍將，後叛李匡儔而歸李克用，本傳未載其事。

[7]後軍都將：官名。後軍，戰鬥時編成後位居後軍者。都將，唐五代時節度使屬將。　燕：封國名。指唐末河北方鎮盧龍軍。劉仁恭、劉守光父子先後爲盧龍節度使、燕王。

[8]"武皇將歸"至"宜善簒之"：《輯本舊史》卷二六《唐武皇紀下》乾寧二年（895）二月條："以仁恭爲權幽州留後，從燕人之請也。留腹心燕留德等十餘人分典軍政，武皇遂班師。"《新五代史》卷三九《劉守光傳》："（李克用）留其親信燕留得等十餘人監其軍。"

[9]太原：府名。治所在今山西太原市。

[10]太祖：人名。即郭威。邢州堯山（今河北隆堯縣）人。五代後周開國皇帝，廟號太祖。紀見本書卷一一〇至卷一一三、《新五代史》卷一一。

[11]行珪：人名。或作"高行周"。幽州（今北京市）人。五代名將。傳見本書本卷、《新五代史》卷四八。　牙將：官名。古代軍隊中的中低級軍官。

[12]"時行周十餘歲"至"在《唐書》"：《舊五代史考異》："案《通鑑考異》引《周太祖實錄》云：行珪在武州，食盡，乃夜

縋其弟行周于晉軍乞兵。"《通鑑》卷二六八乾化三年三月條："李嗣源進攻武州，高行珪以城降。元行欽聞之，引兵攻行珪。行珪使其弟行周質於晉軍以求救，李嗣源引兵救之，行欽解圍去。嗣源與行周追至廣邊軍，凡八戰，行欽力屈而降。嗣源愛其驍勇，養以爲子。嗣源進攻儒州，拔之，以行珪爲代州刺史。行周留事嗣源，常與嗣源假子從珂分將牙兵以從。"又見《輯本舊史》卷二八《唐莊宗紀二》天祐十年三月條、卷六五《高行珪傳》，《新五代史》卷四八《高行周傳》。《通鑑》並附《考異》："《莊宗實錄》《薛史·紀》及《元行欽傳》《明宗實錄》皆云：'行欽聞行珪降晉，帥兵攻之。'惟《周太祖實錄·高行周傳》云：'行欽稱留後，行珪城守，不從。'然恐行周卒時，去燕亡已久，行周名位尊顯，門生故吏虛美其兄弟，故與諸説特異。今從衆書。"據《通鑑》諸書所載，高行珪叛燕降晉，行周實預其事，本傳削而未載。

　　及莊宗收燕，以行周隸明宗帳下，常與唐末帝分率牙兵。[1]明宗征燕，率兵隨行。[2]鄉人趙德鈞謂明宗曰：[3]"行周心甚謹厚，必享貴位。"梁將劉鄩之據莘也，[4]與太原軍對壘，旦夕轉鬭。嘗一日，兩軍成列，元行欽爲敵軍追躡，劍中其面，血戰未解。行周以麾下精騎突陣解之，行欽獲免。[5]莊宗方寵行欽，召行周撫諭賞勞，而欲置之帳下，又念於明宗帳下已奪行欽，更取行周，恐傷其意，密令人以利祿誘之。行周辭曰："總管用人，亦爲國家，事總管猶事王也。余家昆仲，脫難再生，承總管之厚恩，忍背之乎！"[6]及兩軍屯於河上，覘知梁軍自汴入楊村寨，明宗晨至斗門，[7]設伏將邀之，衆寡不敵，反爲所乘。時矛矟叢萃，勢甚危蹙。行周聞之，出騎橫擊梁軍，遂得解去。明宗之襲鄆州也，行周爲前鋒。會夜分澍雨，人無進志，行周曰：
"此天贊也，彼必無備。"是夜，涉河入東城，比曙
平之。[8]

[1]莊宗：即後唐莊宗李存勗。沙陀部人。五代後唐王朝的建
立者。紀見本書卷二七至卷三四、《新五代史》卷四、卷五。　明
宗：即後唐明宗李嗣源。紀見本書卷三五至卷四四、《新五代史》
卷六。　唐末帝：即後唐末帝李從珂。又稱廢帝。鎮州平山（今河
北平山縣）人。後唐明宗養子。明宗入洛陽，他率兵追隨，以功拜河
中節度使，封潞王。紀見本書卷四六至卷四八、《新五代史》卷七。

[2]率兵隨行：中華書局本有校勘記："殿本、孔本作'率其下
擁從'。"

[3]趙德鈞：人名。幽州（今北京市）人。初爲幽州節度使劉
守光部將，後爲後唐、遼國將領。傳見本書卷九八。

[4]劉鄩：人名。山東密州安丘（今山東安丘市）人。唐末、
五代將領。傳見本書卷二三、《新五代史》卷二二。　莘：縣名。
治所在今山東莘縣。

[5]元行欽：人名。幽州（今北京市）人。五代後唐將領。傳
見本書卷七〇、《新五代史》卷二五。　"嘗一日"至"行欽獲
免"：《通鑑》卷二六九繫此事於貞明元年（915）七月。

[6]"行周辭曰"至"忍背之乎"：《舊五代史考異》："案《通
鑑考異》云：明宗時爲代州刺史，天祐十八年始爲副總管。蓋《周
太祖實錄》之誤，《薛史》未及改正。"見《通鑑》卷二六九貞明
元年七月條《考異》。

[7]汴：州名。治所在今河南開封市。　楊村寨：地名。位於
今河南濮陽縣西南。　斗門：地名。位於今河南濮陽縣東南。

[8]鄆州：州名。治所在今山東東平縣。　"明宗之襲鄆州
也"至"比曙平之"：《通鑑》卷二七二繫此事於同光元年（923）

閏四月。

　　莊宗平河南，累加檢校太保，領端州刺史。[1]同光末，出守絳州。[2]明宗即位，特深委遇。[3]天成中，從王晏球圍定州，敗王都，擒禿餒，皆有功。[4]賊平，遷潁州團練使。[5]長興初，以北邊隣契丹，[6]用爲振武節度使。[7]明年，以河西用軍，移鎮延安。[8]

　　[1]檢校太保：官名。爲散官或加官，以示恩寵，無實際執掌。太保，與太師、太傅合稱三師。　端州：州名。治所在今廣東肇慶市。

　　[2]同光：後唐莊宗李存勗年號（923—926）。　絳州：州名。治所在今山西新絳縣。　“莊宗平河南”至“出守絳州”：《通鑑》卷二七四天成元年（926）三月條：“李嗣源之爲亂兵所逼也，李紹榮（元行欽）有衆萬人，營於城南，嗣源遣牙將張虔釗、高行周等七人相繼召之，欲與共誅亂者。”《宋本冊府》卷三六〇《將帥部·立功門一三》：“高行周初仕後唐，爲絳州刺史。”明本《冊府》卷一二八《帝王部·明賞門二》：“（天成四年四月）神武都虞候、北面行營右厢馬軍都指揮使、守端州刺史高行周爲潁川團練使，賞中山之功也。”據《通鑑》，明宗即位之際，高行周尚爲其牙將，出任刺史，當在明宗踐祚之後。據《冊府》，行周初爲絳州刺史，至天成四年，仍領端州刺史。本傳謂行周於莊宗朝歷任端州、絳州刺史，誤。

　　[3]特深委遇：《輯本舊史》卷三八《唐明宗紀四》天成二年五月癸亥條：“以前復州刺史高行周爲右龍武統軍。”《宋本冊府》卷三六〇《將帥部·立功門一三》：“天成中，（高行周）預平朱守殷於浚下。”《新五代史》卷四八《高行周傳》：“明宗時，從平朱守殷。”本傳未載其事。

　　[4]天成：五代後唐明宗李嗣源年號（926—930）。　　王晏球：人名。洛陽（今河南洛陽市）人。五代將領。傳見本書卷六四、《新五代史》卷四六。　　定州：州名。治所在今河北定州市。　　王都：人名。中山陘邑（今河北定州市）人。本姓劉，後爲義武軍節度使王處直養子。五代軍閥。傳見本書卷五四。　　禿餒：人名。奚人。契丹將領。事見《通鑑》卷二七六。　　“天成中”至“皆有功”：《輯本舊史》卷三九《唐明宗紀五》天成三年四月壬寅條：“以王晏球爲北面行營招討使，知定州行軍州事。”同書卷六四《王晏球傳》：“王都、禿餒出軍拒戰，晏球督屬軍士，令短兵擊賊，戒之曰：‘迴首者死。’符彥卿以龍武左軍攻其左，高行周以龍武右軍攻其右，奮劍揮檛，應手首落，賊軍大敗於嘉山之下，追襲至於城門。”同書卷四〇《唐明宗紀六》天成四年二月乙巳條：“王晏球奏，此月三日收復定州。”

　　[5]潁州：州名。治所在今安徽阜陽市。　　團練使：官名。唐代中期以後，於不設節度使的地區設團練使，掌本區各州軍事。遷潁州團練使：《宋本册府》卷八四六《總録部·善射門》：“高行周初在後唐，遷潁州團練使。郡境比多鷙獸，一日，牧豎言有伏虎，即跨馬彎弧視之。虎見騎集，屬吻而起，行周矢一發，洞胸而斃。”

　　[6]長興：後唐明宗李嗣源年號（930—933）。　　以北邊隣契丹：隣，中華書局本作“陷”，有校勘記：“原作‘隣’，據殿本、孔本改。影庫本批校：‘陷契丹，“陷”訛“隣”。’”《輯本舊史》卷四一《唐明宗紀七》長興元年十一月庚午條：“以潁州團練使高行周爲安北都護，充振武節度使。”檢《輯本舊史》卷四一《唐明宗紀七》、《通鑑》卷二七七，此年未見北地陷於契丹之記載，傳文當作“隣”，不應改“陷”。

　　[7]振武：方鎮名。後梁貞明二年（916）以前，治所位於單于都護府城（今内蒙古和林格爾縣）。貞明二年，單于都護府城爲契丹占據。此後至後唐清泰三年（936），治所位於朔州（今山西朔

州市朔城區）。後晉時隨燕雲十六州割予契丹，改名順義軍。　節度使：官名。唐時在重要地區所設掌握一州或數州軍政、民政、財政的長官。　用爲振武節度使：《輯本舊史》卷九八《安重榮傳》："唐長興中，爲振武道巡邊指揮使，犯罪下獄。時高行周爲帥，欲殺之，其母赴闕申告，樞密使安重誨陰護之，奏於明宗，有詔釋焉。"

　　[8]延安：即延州。州名。治所在今陝西延安市。　"明年"至"移鎮延安"：《輯本舊史》卷四五《唐閔帝紀》應順元年（934）閏正月戊午條："以前振武軍節度使、安北都護高行周爲彰武節度使。"延州爲彰武軍節度使治所，延安爲延州舊稱。本傳繫此事於長興二年，誤。《宋本册府》卷五二二《憲官部·譴讓門》："延州保安鎮將白文審，郡之劇賊。高行周作鎮時，差人往替，不受代屬。"

　　清泰初，改潞州節度使。[1]晉祖建義於太原，唐末帝命張敬達征之，行周與符彥卿爲左右排陣使。[2]契丹主入援太原也，行周、彥卿引騎拒之，尋爲契丹所敗，遂與敬達保晉安砦，累月救軍不至。[3]楊光遠欲圖敬達，行周知之，引壯士護之。敬達性戇，不知其營護，謂人曰："行周每踵余後，其意何也？"繇是不復敢然，敬達遂爲光遠所害。[4]

　　[1]清泰：五代後唐廢帝李從珂年號（934—936）。　潞州：州名。治所在今山西長治市。　改潞州節度使：《輯本舊史》卷四八《唐末帝紀下》清泰三年（936）七月乙未條："以前彰武軍節度使高行周爲潞州節度使，充太原四面招撫排陣使。"清泰前後僅三年，本傳繫此事於清泰初年，誤。

[2]晋祖：即石敬瑭。沙陀部人。五代後唐將領、後晋開國皇帝。紀見本書卷七五至卷八〇、《新五代史》卷八。　張敬達：人名。代州（今山西代縣）人。五代後唐將領。傳見本書卷七〇、《新五代史》卷三三。　符彦卿：人名。陳州宛丘（今河南淮陽縣）人。五代後周、宋初將領。後周世宗宣懿皇后、宋太宗懿德皇后，皆符彦卿之女。傳見《宋史》卷二五一。　排陣使：官名。唐節度使所屬武官中有排陣使，五代後梁時設於諸軍，爲先鋒之職。參見王軼英《中國古代排陣使述論》，《西北大學學報》2010年第6期。　行周與符彦卿爲左右排陣使：《輯本舊史》卷四八《唐末帝紀下》清泰三年五月丙辰條："以前彰武軍節度使高行周爲太原四面招撫兼排陣使。"同年八月辛巳條："張敬達奏，賊城內出騎軍三十隊、步卒三千人衝長連城，高行周襲殺入壕，溺死者大半，擒賊將安小喜以下百餘人，甲馬一百八十匹。"

[3]契丹：古部族、政權名。公元4世紀中葉宇文部爲前燕攻破，始分離而成單獨的部落，自號契丹。唐貞觀中，置松漠都督府，以其首領爲都督。唐末强盛，916年迭剌部耶律阿保機建立契丹國（遼）。先後與五代、北宋並立，保大五年（1125）爲金所滅。參見張正明《契丹史略》，中華書局1979年版。　晋安砦：地名。位於今山西太原市晋源區晋祠鎮南。　"契丹主入援太原也"至"累月救軍不至"：《輯本舊史》卷四八《唐末帝紀下》清泰三年九月甲辰（十八）條："張敬達奏，此月十五日，與契丹戰於太原城下，王師敗績。時契丹主自率部族來援太原，高行周、符彦卿率左右厢騎軍出鬭，蕃軍引退。巳時後，蕃軍復成列，張敬達、楊光遠、安審琦等陣於賊城西北，倚山橫陣，諸將奮擊，蕃軍屢却。至晡，我騎軍將移陣，蕃軍如山而進，王師大敗，投兵仗相藉而死者山積。是夕，收合餘衆，保於晋祠南晋安寨，蕃軍塹而圍之，自是音聞阻絕。朝廷大恐。"

[4]楊光遠：人名。沙陀部人。五代後唐、後晋將領。傳見本書卷九七、《新五代史》卷五一。　"楊光遠欲圖敬達"至"敬達

遂爲光遠所害”：《通鑑》卷二八〇天福元年（清泰三年，936）閏十一月條：“晋安寨被圍數月，高行周、符彦卿數引騎兵出戰，衆寡不敵，皆無功……諸將每旦集於招討使營。甲子（初九），高行周、符彦卿未至，光遠乘其無備，斬敬達首，帥諸將上表降於契丹。”楊光遠殺張敬達後，率諸將同降契丹，行周亦在“諸將”之列，本傳未明言之。

　　晋祖入洛，令行周還藩，[1]加同平章事。[2]晋祖都汴，以行周爲西京留守。未幾，移鄴都。[3]晋祖幸鄴，會安從進叛，命行周爲襄州行營都部署。[4]明年秋，平定漢南。[5]

　　[1]洛：即河南府，治所在今河南洛陽市。　　令行周還藩：《通鑑》卷二八〇天福元年（936）閏十一月條：“趙德鈞、趙延壽南奔潞州，唐敗兵稍稍從之，其將時賽帥盧龍輕騎東還漁陽。帝（石敬瑭）先遣昭義節度使高行周還具食，至城下，見德鈞父子在城上，行周曰：‘僕與大王鄉曲，敢不忠告！城中無斗粟可守，不若速迎車駕。’甲戌（十九），帝與契丹主至潞州，德鈞父子迎謁於高河，契丹主慰諭之。”潞州爲昭義軍節度使治所。

　　[2]同平章事：官名。“同中書門下平章事”之簡稱。唐高宗以後，凡實際任宰相之職者，常在其本官後加同平章事的職銜。後成爲宰相專稱。後晋天福五年（940），升中書門下平章事爲正二品。　　加同平章事：《輯本舊史》卷七六《晋高祖紀二》天福二年正月丙寅條：“前昭義節度使、檢校太傅、同平章事高行周起復右金吾衛大將軍，依前昭義軍節度使。”同年六月甲午條：“六宅使張言自魏府迴，奏范延光叛命。”同月丁未條：“昭義節度使高行周充魏府西面都部署。”討范延光。同年七月甲寅條：“以昭義節度使高行周爲河南尹、東都留守，充西面行營諸軍都部署。”明本《册

府》卷四八五《邦計部·濟軍門》：天福三年二月，"東京留守高行周進助國錢五千貫"。宋本漫漶不清。

[3]西京留守：官名。唐玄宗久住東都洛陽，天寶元年（742）以京師長安爲西京，改西都留守爲西京留守，仍掌京師軍政要務。蕭宗以後稱長安爲上都，仍沿用西京留守舊稱。　鄴都：地名。治所在今河北大名縣。五代後唐同光元年（923），改魏州爲興唐府，建號東京，三年改東京爲鄴都。　"晋祖都汴"至"移鄴都"：《輯本舊史》卷七七《晋高祖紀三》天福三年十月庚辰條："汴州宜升爲東京，置開封府。"同年十一月辛亥條："升廣晋府爲鄴都，置留守……以西京留守高行周爲廣晋尹、鄴都留守。"明本《册府》卷一六九《帝王部·納貢獻門》：天福三年十一月，"壬申（二十九），前西京留守高行周進絹一千疋，馬十匹"；十二月，"己卯（初六），新授鄴都留守高行周進謝恩馬十匹，絹一千疋，銀器三百兩，内宴錢一萬貫"。《輯本舊史》卷八〇《晋高祖紀六》天福六年七月癸亥條："以前鄴都留守、廣晋尹高行周爲河南尹、西都留守。"

[4]安從進：人名。索葛部人。五代後唐、後晋將領。傳見本書卷九八、《新五代史》卷五一。　襄州：州名。治所在今湖北襄陽市。　行營都部署：官名。凡行軍征討，掛帥率軍戰鬥，總管行營事務。　"晋祖幸鄴"至"命行周爲襄州行營都部署"：《輯本舊史》卷八〇《晋高祖紀六》天福六年十一月丁丑條："襄州安從進舉兵叛，以西京留守高行周爲南面行營都部署，率兵討之，以前同州節度使宋彥筠爲副，以宣徽南院使張從恩監護焉。"同年十二月丁亥（初二）條："詔襄州行營都部署高行周權知襄州軍州事。"同月丁未（二二）條："南面行營都部署高行周奏，今月十三日，部領大軍至襄州城下，相次降賊軍二千人。其降兵馬軍詔以'彰聖'爲號，步軍以'歸順'爲號。"

[5]平定漢南：《輯本舊史》卷八〇《晋高祖紀六》天福七年六月丁巳條："襄州都部署高行周奏，安從進觀察判官李光圖出城

請援，送赴闕。"同書卷八一《晋少帝紀一》天福七年八月甲子條："襄州行營都部署高行周奏，收復襄州，安從進自焚而死，生擒男弘贊，斬之。"漢南爲襄州古稱。高行周平定襄州時，晋少帝已即位。

　　晋少帝嗣位，加兼侍中，移鎮睢陽。[1]開運初，從幸澶淵，拒敵於河上。[2]車駕還京，代景延廣爲侍衛親軍都指揮使，[3]移鄆州節度使。[4]時李彥韜爲侍衛都虞候，[5]可否在己。行周雖典禁兵，每心遊事外，退朝歸第，門宇翛然，賓友過從，但引滿而已。尋改歸德軍節度使，[6]以李守貞代掌兵柄，許行周歸藩。[7]晋軍降於中渡也，[8]少帝命行周與符彥卿同守澶州。[9]戎王入汴，召赴京師，會草寇攻宋州急，遣行周歸鎮。[10]及契丹主死於欒城，契丹將蕭翰立許王李從益知南朝軍國事，遣死士召行周，辭之以疾，退謂人曰："衰世難輔，況兒戲乎！"[11]

　　[1]晋少帝：人名。即石重貴。沙陀部人。後晋高祖石敬瑭從子。紀見本書卷八一至卷八五、《新五代史》卷九。　侍中：官名。秦始置。隋、唐前期爲門下省長官。唐後期多爲大臣加銜，不參與政務，實際職務由門下侍郎執行。正二品。　睢陽：地名。宋州古稱。治所在今河南商丘市睢陽區。　"晋少帝嗣位"至"移鎮睢陽"：《輯本舊史》卷八一《晋少帝紀一》天福七年（942）七月乙巳條："西都留守、充襄州行營都部署高行周加兼侍中。"同年九月癸未（初二）條："帝御乾明門，觀襄州行營都部署高行周、都監張從恩等獻俘馘。"同月丁亥（初六）條："以襄州行營都部署、西京留守高行周爲宋州節度使，加檢校太師。"

[2]開運：後晉出帝石重貴年號（944—946）。 澶淵：古湖名。又稱繁淵。位於今河南濮陽市西北。 "開運初"至"拒敵於河上"：《輯本舊史》卷八二《晉少帝紀二》天福八年十二月癸丑（初九）條："詔河陽節度使符彦卿、宋州節度使高行周、貝州節度使王令温、同州節度使李承福、陳州梁漢璋、亳州李萼、懷州薛懷讓並赴闕，分命使臣諸州郡巡檢，以契丹入寇故也。"開運元年（944）正月庚辰（初七）條："以宋州節度使高行周爲北面行營都部署。"同年二月丙午（初三）條："先鋒指揮使石公霸與契丹遇於戚城之北，爲契丹所圍。高行周、符彦卿方息於林下，聞賊至駭愕，督軍而進，契丹衆甚盛，被圍數重，遣人馳告景延廣，請益師。延廣遲留，候帝進止，行周等大譟，瞋目奮擊賊衆，傷死者甚多，帝自御親兵救之方解。"同年三月癸酉（初一）條："契丹主領兵十餘萬來戰……前軍高行周在戚城之南，賊將趙延壽、趙延昭以數萬騎出王師之西，契丹主自擁精騎出王師之東，兩軍接戰，交相勝負。"

[3]景延廣：人名。陝州（今河南三門峽市陝州區）人。五代後晉將領。傳見本書卷八八、《新五代史》卷二九。 侍衛親軍都指揮使：官名。五代時侍衛親軍長官。多由皇帝親信擔任。 代景延廣爲侍衛親軍都指揮使：《輯本舊史》卷八二《晉少帝紀二》開運元年四月己酉（初七）條："詔取今月八日車駕還京，令高行周、王周留鎮澶淵，近地兵馬委便宜制置。"同月辛酉（十九）條："以宋州節度使高行周爲侍衛親軍都指揮使。"

[4]移鄆州節度使：《新五代史》卷九《晉出帝本紀》開運二年正月辛酉條："高行周爲御營使。"《輯本舊史》卷八三《晉少帝紀三》開運二年四月庚寅條："宋州節度使兼侍衛親軍馬步都指揮使高行周移鎮鄆州，侍衛如故。"

[5]李彦韜：人名。太原（今山西太原市）人。後晉出帝寵臣，與宦官近臣相勾結，排擠文臣。傳見本書卷八八。 侍衛都虞候：官名。五代時期侍衛親軍高級統率官，判六軍諸衛事。

[6]歸德軍：方鎮名。治所在宋州（今河南商丘市睢陽區）。
尋改歸德軍節度使：《輯本舊史》之影庫本粘籤："歸德，原本作
'歸順'，今從《通鑑》改正。"《輯本舊史》卷八四《晋少帝紀
四》開運三年六月壬午條："以鄆州節度使兼侍衛親軍都指揮使高
行周爲宋州節度使，加兼中書令，充北面行營副都統。"宋州爲歸
德軍節度使治所。《通鑑》卷二八五開運三年十二月壬戌條："詔以
歸德節度使高行周爲北面都部署。"

[7]李守貞：人名。河陽（今河南孟州市）人。五代將領。傳
見本書卷一〇九、《新五代史》卷五二。　許行周歸藩：明本《册
府》卷四〇五《將帥部·識略門四》："李彦韜爲侍衛都虞候，可否
在己，晋王莫不聽從。行周雖典禁兵，心遊事外，退朝歸第，門宇
蕭然，賓友過從，但引滿而已。屢求還鎮，初未允從，後彦韜、馮
玉委用轉深，欲擅權勢，故許行周歸藩。"

[8]中渡：地名。滹沱河渡口。位於今河北正定縣。

[9]澶州：州名。唐、五代初，治所在今河南清豐縣。後晋天
福四年（939），移治於今河南濮陽縣。　少帝命行周與符彦卿同守
澶州：《輯本舊史》卷八五《晋少帝紀五》開運三年十二月壬戌
（初六）條："又遣高行周屯澶州，景延廣守河陽。"同月丙寅（初
十）條："詔宋州高行周充北面行營都部署，符彦卿充副，邢州方
太充都虞候，領後軍駐於河上，以備敵騎之奔衝也。"《通鑑》卷
二八五開運三年十二月條："高行周、符彦卿皆詣契丹牙帳降。"高
行周降於契丹，本傳未明言其事。

[10]宋州：州名。治所在今河南商丘市睢陽區。　遣行周歸
鎮：《舊五代史考異》："案《宋史·高懷德傳》：杜重威降契丹，京
東諸州羣盜大起，懷德堅壁清野，敵不能入，行周率兵歸鎮，敵遂
解去。"

[11]欒城：縣名。治所在今河北石家莊市欒城區。　蕭翰：人
名。契丹人。遼朝宰相蕭敵魯之子，述律太后之姪，太宗皇后之
兄。遼初將領。傳見本書卷九八、《遼史》卷一一三。　李從益：

人名。沙陀部人。後唐明宗李嗣源幼子。契丹蕭翰北歸，以其爲傀儡統治中原地區。傳見本書卷五一。　"及契丹主死於欒城"至"況兒戲乎"：《輯本舊史》卷五一《李從益傳》："及漢高祖將離太原，從益召高行周、武行德欲拒漢高祖。行周等不從，且奏其事。漢高祖怒，車駕將至闕，從益與王妃俱賜死於私第，時年十七，時人哀之。"

　　漢高祖入汴，加守太傅、兼中書令，代李守貞爲天平節度使。[1]杜重威據鄴叛，漢祖以行周爲招討使，總兵討之。[2]鄴平，授鄴都留守，加守太尉，[3]進爵臨清王。[4]乾祐中，入覲，加守太師，進封鄴王。[5]復授天平節鉞，[6]改封齊王。[7]

　　[1]漢高祖：即後漢高祖劉知遠。紀見本書卷九九至卷一〇〇、《新五代史》卷一〇。　太傅：官名。三師之一。始設於周代。掌佐天子，理陰陽，經邦弘化。唐後期、五代時多爲大臣、勳貴加官。正一品。　中書令：官名。漢代始置，隋、唐前期爲中書省長官，屬宰相之職；唐後期多爲授予元勳大臣的虛銜。正二品。　天平：方鎮名。治所在鄆州（今山東東平縣）。　"漢高祖入汴"至"代李守貞爲天平節度使"：《輯本舊史》卷一〇〇《漢高祖紀下》天福十二年（947）七月丙申條："以宋州節度使、檢校太師、兼中書令高行周爲鄴都留守，加守太傅；以鄆州節度使、檢校太師、兼侍中李守貞爲河中節度使，加兼中書令……以河中節度使、檢校太尉趙贊爲晉昌軍節度使，加同平章事。"《通鑑》卷二八七天福十二年七月條："會鄴都留守、天雄節度使兼中書令杜重威、天平節度使兼侍中李守貞皆奉表歸命。重威仍請移他鎮。歸德節度使兼中書令高行周入朝，丙申，徙重威爲歸德節度使，以行周代之。"鄆州爲天平軍節度使治所。漢高祖以高行周爲鄴都留守，非天平軍節

度使，代李守貞者實爲白文珂，本傳誤。

[2]杜重威：人名。其先朔州（今山西朔州市朔城區）人，後徒居太原（今山西太原市）。五代後晋、後漢將領。傳見本書卷一〇九、《新五代史》卷五二。　招討使：官名。唐始置。戰時任命，兵罷則省。常以大臣、將帥或地方軍政長官兼任。掌招撫、討伐等事務。　“杜重威據鄴叛”至“總兵討之”：《輯本舊史》卷一〇〇《漢高祖紀下》天福十二年閏七月庚午條：“新授宋州節度使杜重威據鄴都叛，詔削奪重威官爵，貶爲庶人。以高行周爲行營都部署，率兵進討。”《通鑑》卷二八七天福十二年十月戊戌（十七）條：“帝至鄴都城下，舍於高行周營。行周言於帝曰：‘城中食未盡，急攻，徒殺士卒，未易克也。不若緩之，彼食盡自潰。’帝然之。”《輯本舊史》卷一〇〇《漢高祖紀下》天福十二年十月丙午（廿五）條：“詔都部署高行周督衆攻城，帝登高阜以觀之，時衆議未欲攻擊，副部署慕容彦超堅請攻之。是日，王師傷夷者萬餘人，不克而退。”《新五代史》卷五三《慕容彦超傳》：“杜重威反於魏，高祖以天平軍節度使（當作‘鄴都留守’）高行周爲都部署以討之，以彦超爲副。彦超與行周謀議多不協，行周用兵持重，兵至城下，久之不進。彦超欲速進戰，而行周不許。行周有女嫁重威子，彦超揚言行周以女故，惜賊城而不攻，行周大怒。高祖聞二人不相得，懼有他變，由是遂親征。彦超數以事凌辱行周，行周不能忍，見宰相涕泣，以屎塞口以自訴。高祖知曲在彦超，遣人慰勞行周，召彦超責之，又遣詣行周謝過，行周意稍解。”高行周爲慕容彦超所辱，本傳未載其事。

[3]太尉：官名。與司徒、司空並爲三公，唐後期、五代時多爲大臣、勳貴加官。正一品。　“鄴平”至“加守太尉”：《輯本舊史》卷一〇〇《漢高祖紀下》天福十二年十一月丁丑（廿七）條：“杜重威素服出降，待罪於宮門，詔釋其罪。鄴都留守、天雄軍節度使高行周加守太尉，封臨清王。”高行周於是年七月已授鄴都留守，本傳繫於平鄴之後，誤。

[4]進爵臨清王：《輯本舊史》之影庫本粘籤："臨清，原本作'監清'，今從《歐陽史》改正。"見《新五代史》卷四八《高行周傳》。

[5]乾祐：後漢高祖劉知遠、隱帝劉承祐年號（948—950）。北漢世祖劉旻、睿宗劉鈞沿用至九年（956）。 太師：官名。與太傅、太保合稱三師，唐後期、五代時多爲大臣、勳貴加官。正一品。 "乾祐中"至"進封鄴王"：《輯本舊史》卷一〇一《漢隱帝紀上》乾祐元年三月丙辰條："鄴都留守、太尉、中書令、臨清王高行周進封鄴王。"同書卷一〇二《漢隱帝紀中》乾祐二年（949）九月乙卯條："鄴都高行周加守太師。"高行周於乾祐元年受封鄴王，二年加守太師，本傳合爲一事，繫於乾祐中（乾祐僅三年），誤。同書卷一〇六《張鵬傳》："乾祐初，授鎮州副使。過鄴城，高行周接之甚歡。鵬因言及晋朝傾亡之事，少帝任用失人，藩輔之臣，唯務積財富家，不以國家爲意，以至宗社泯滅，非獨帝王之咎也。行周性寬和，不以鵬言爲過。鵬既退，行周左右謂行周曰：'張副使之言，蓋譏令公也。'行周因發怒，遂奏鵬怨國訛言，故朝廷降詔，就誅於常山，時乾祐元年七月也。"《宋本册府》卷九八七《外臣部·征討門六》：乾祐二年十一月，"契丹入寇，前軍至貝州，陷高老鎮千餘家，乃西北至南宮、堂陽，剽虜人畜，諸鎮守閉關自固。時高行周以重名鎮鄴，而諸屯戍甲兵雲布，帝慮行周年高，避事緩急踈於應變"。

[6]復授天平節鉞：《輯本舊史》卷一〇三《漢隱帝紀下》乾祐三年三月壬戌條："鄴都高行周移鎮鄆州，兗州符彥卿移鎮青州，並加邑封。"同年十一月丙子條："誅樞密使楊邠、侍衛都指揮使史弘肇、三司使王章，夷其族……急詔鄆州高行周、青州符彥卿、永興郭從義、兗州慕容彥超、同州薛懷讓、鄭州吳虔裕、陳州李穀等赴闕。"

[7]改封齊王：《舊五代史考異》："案《歐陽史》云：周太祖入立，封齊王。據《薛史》，則漢末已封齊王矣。"見《新五代史》

卷四八《高行周傳》。《五代會要》卷一一封建條："周廣順元年正月，進封鄆州節度使高行周爲齊王。"

太祖踐祚，加守尚書令，[1]增食邑至一萬七千户。太祖以行周耆年宿將，賜詔不名，但呼王位而已。[2]慕容彦超據兗叛，[3]太祖親征，奉迎輿駕，傾家載贄，奉觴進俎，率以身先，太祖待之逾厚。[4]廣順二年秋，以疾薨於位，[5]享年六十八。賵賻加等，册贈尚書令，追封秦王，謚曰武懿。

[1]尚書令：官名。秦始置。隋、唐前期爲尚書省長官，與中書令、侍中並爲宰相。唐後期多爲大臣加銜，不參與政務。正二品。　加守尚書令：《輯本舊史》卷一一〇《周太祖紀一》廣順元年（951）正月乙亥條："鄆州節度使、守太師、兼中書令、齊王高行周進位尚書令。"

[2]"太祖以行周耆年宿將"至"但呼王位而已"：明本《册府》卷四〇九《將帥部·退讓門二》："周高行周，太祖時，爲鄆州節度使，以降詔不呼名，上章讓曰：'陛下每降詔書，過踰常制，耳聞宣讀，心不遑安。詔書呼名，人臣常分，乞不踰聖制者。'太祖初踐祚，志懷謙抑，藩岳元老，多不呼名，與行周詔，即呼齊王，故有是奏。"

[3]慕容彦超：人名。沙陀部人（一説吐谷渾部人）。五代後漢將領，後漢高祖劉知遠同母弟。傳見本書卷一三〇、《新五代史》卷五三。　兗：州名。治所在今山東濟寧市兗州區。　慕容彦超據兗叛：《輯本舊史》卷一三〇《慕容彦超傳》："周太祖時，彦超進呈鄆州節度使高行周來書，其書意即行周毀讟太祖結連彦超之意。帝覽之，笑曰：'此必是彦超之詐也。'試令驗之，果然。其鄆州印元有缺，文不相接，其爲印即無闕處，帝尋令齎書示諭行周，行周

上表謝恩。"此條引自《大典》卷一八四一七"謗"字韻"事韻"。

[4]"太祖親征"至"太祖待之逾厚":明本《册府》卷一六九《帝王部·納貢獻門》:廣順二年"三月,鄆州高行周進助軍絹五千疋并戎裝器仗五百事";五月,"甲子(初九)旦,次成武,鄆州高行周自鎮來朝,貢絹三十疋及器械"。同書卷一一一《帝王部·宴享門三》:廣順二年六月,"丁亥(初三),平兖州迴,次鄆州,高行周進錢絹,請開宴。戊子(初四),宴從臣將校於行宮"。《輯本舊史》卷一三一《劉皞傳》:"廣順二年春,朝廷以皞爲高麗册使。三月,至鄆,節度使高行周以皞嗜酒,留連累日,旦夕沉醉。"

[5]廣順:後周太祖郭威年號(951—953)。 以疾薨於位:《輯本舊史》卷一一二《周太祖紀三》廣順二年八月壬寅(十九)條:"鄆州節度使高行周薨。"《通鑑》卷二九〇廣順二年八月條:"行周有勇而知義,功高而不矜,策馬臨敵,叱咤風生,平居與賓僚宴集,侃侃和易,人以是重之。"

　　子懷德,皇朝駙馬都尉、宋州節度使。[1]《永樂大典》卷一萬八千一百三十二。[2]

[1]駙馬都尉:漢武帝時始置,魏晋以後,公主夫婿多加此稱號。從五品下。 皇朝駙馬都尉、宋州節度使:《宋史》卷二五〇《高懷德傳》:"(宋)太祖即位,拜殿前副都點檢,移鎮滑州,充關南副都部署,尚宣祖女燕國長公主,加駙馬都尉……建隆二年,改歸德軍節度。開寶六年秋,加同平章事;冬,長公主薨,去駙馬都尉號。"

[2]《大典》卷一八一三二"將"字韻"後周將(一)"事目。

安審琦　兄審暉　從兄審信

安審琦，字國瑞，其先沙陀部人也。[1]祖山盛，朔州牢城都校，[2]贈太傅。父金全，安北都護、振武軍節度使，[3]累贈太師，《唐書》有傳。審琦性驍果，善騎射，幼以良家子事莊宗，爲義直軍使，遷本軍指揮使。[4]天成初，唐末帝由潞邸出鎮河中，奏審琦爲牙兵都校，未幾，入爲歸化指揮使。[5]王師伐蜀，充行營馬軍都指揮使，及凱旋，改龍武右厢都校，[6]領富州刺史。[7]清泰初，爲捧聖指揮使，[8]領順化軍節度使。[9]其年鎮邢州，兼北面行營排陣使。[10]從張敬達圍太原。[11]及楊光遠舉晋安寨降於晋祖，審琦亦預焉。[12]

[1]沙陀部：部族名。原意爲沙漠。沙陀部源出西突厥。隋文帝開皇二年（582），突厥汗國分裂爲東、西突厥。處月部爲西突厥所屬部落，朱邪是處月的别部。唐初，處月部居於大磧（今蒙古高原大沙漠），因稱沙陀突厥。唐中期時西突厥、處月部均已衰落，朱邪部遂自號沙陀，其首領以朱邪爲姓。事見《新唐書》卷二一八、本書卷二五、《新五代史》卷四末歐陽脩考證。參見樊文禮《沙陀的族源及其早期歷史》，《民族研究》1999 年第 6 期。

[2]山盛：人名。即安山盛。本書僅此一見。　朔州：州名。治所在今山西朔州市朔城區。　牢城都校：官名。看守流配罪犯的統兵官。

[3]金全：人名。即安金全。代北人。後唐將領。傳見本書卷六一、《新五代史》卷二五。　安北都護：官名。安北都護府長官。據《通鑑》卷二六九胡注，唐中葉以後，振武節度使皆帶安北都護。參見李大龍《都護制度研究》，黑龍江教育出版社 2003 年版。

[4]義直軍使：官名。所部統兵將領。"義直"爲部隊番號。指揮使：官名。所部統兵將領。

[5]河中：方鎮名。治所在河中府（今山西永濟市）。　牙兵都校：五代時期藩鎮親兵將領。參見來可泓《五代十國牙兵制度初探》，《學術月刊》1995年第11期。　歸化：部隊番號。

[6]行營馬軍都指揮使：官名。行營馬軍長官。五代軍隊編制，五百人爲一指揮，設指揮使、副指揮使；十指揮爲一軍，設都指揮使、副都指揮使。　龍武右厢都校：官名。唐置六軍，分左、右羽林，左、右龍武，左、右神武等，即"北衙六軍"。　改龍武右厢都校：《宋本冊府》卷一五八《帝王部·誡勵門三》：長興三年（932）十月，"己巳，安審琦率捧聖龍武馬軍北戍忻、代。召將校至中興殿，面戒勵之曰：'邊人生梗，不奈侵搔，爾等咸宜戢斂。岢嵐軍地當要害，城池常須善完。軍旅之間，須明賞罰。'"

[7]富州：州名。治所在今廣西昭平縣。

[8]捧聖指揮使：捧聖爲部隊番號。《輯本舊史》之影庫本粘籤："捧聖，原本作'持聖'，今從《通鑑》改正。"檢《通鑑》原書，未見安審琦爲捧聖指揮使之記載。《輯本舊史》卷四六《唐末帝紀上》清泰元年（934）五月乙巳條："以左龍武指揮使安審琦爲左右捧聖都指揮使。"《五代會要》卷一二京城諸軍條："清泰元年六月，改捧聖馬軍爲彰聖左右軍。"可知是年六月以後，"捧聖"又改稱"彰聖"。

[9]順化軍：方鎮名。治所在楚州（今江蘇淮安市）。　領順化軍節度使：《輯本舊史》卷四七《唐末帝紀中》清泰二年三月壬戌條："以左右彰聖都指揮使、富州刺史安審琦領楚州順化軍節度使，軍職如故。審琦受閔帝命西征，至鳳翔而降，故有是命。"

[10]北面行營排陣使：官名。唐節度使所屬武官中有排陣使，五代後梁以後設於諸軍，爲先鋒之職。參見王軼英《中國古代排陣使述論》，《西北大學學報》2010年第6期。　兼北面行營排陣使：《輯本舊史》卷四七《唐末帝紀中》清泰二年五月丙辰條："以順

化軍節度使兼彰聖都指揮使、北面行營排陣使安審琦爲邢州節度使。”同年六月庚辰條：“北面招討使趙德鈞奏，行營馬步軍都虞候、定州節度使楊光遠，行營排陣使、邢州節度使安審琦帥本軍至易州，見進軍追襲契丹次。”

[11]從張敬達圍太原：《輯本舊史》卷四八《唐末帝紀下》清泰三年五月乙卯條：“以邢州節度使安審琦爲太原四面馬軍都指揮使。”

[12]審琦亦預焉：《輯本舊史》卷七〇《張敬達傳》：“副將楊光遠、次將安審琦知不濟，勸敬達宜早降以求自安……光遠、審琦知敬達意未決，恐坐成魚肉，遂斬敬達以降。”《通鑑》卷二八〇天福元年（936）閏十一月條：“楊光遠、安審琦勸敬達降於契丹……光遠目審琦欲殺敬達，審琦未忍……諸將每旦集於招討使營，甲子，高行周、符彦卿未至，光遠乘其無備，斬敬達首，帥諸將上表降於契丹。”

晋祖踐阼，加檢校太傅、同平章事，充天平軍節度使兼侍衛馬步軍都指揮使，旋以母喪起復。[1]天福三年，就加檢校太尉，尋改晋昌軍節度使、京兆尹。[2]七年，移鎮河中。[3]

[1]檢校太傅：官名。爲散官或加官，以示恩寵，無實際執掌。侍衛馬步軍都指揮使：官名。五代時侍衛親軍長官。多由皇帝親信擔任。 旋以母喪起復：《輯本舊史》卷七六《晋高祖紀二》天福二年（937）六月丁酉條：“天平軍節度使安審琦起復舊任。”

[2]天福：五代後晋高祖石敬瑭年號（936—942）。出帝石重貴沿用至九年（944）。後漢高祖劉知遠繼位後沿用一年，稱天福十二年（947）。 檢校太尉：官名。爲散官或加官，以示恩寵，無實際執掌。太尉，與司徒、司空並爲三公。 晋昌軍：方鎮名。後晋

改永平軍置，治所在京兆府（今陝西西安市）。　京兆尹：官名。唐開元元年（713）改雍州置京兆府，治所在今陝西西安市。以京兆尹總其政務。從三品。　尋改晉昌軍節度使、京兆尹：《輯本舊史》卷七七《晉高祖紀三》天福三年十月戊子條："以前天平軍節度使、檢校太尉、同平章事安審琦爲晉昌軍節度使，行京兆尹。"

[3]移鎮河中：《輯本舊史》卷八〇《晉高祖紀六》天福七年三月乙亥條："以晉昌軍節度使安審琦爲河中節度使。"

　　晉少帝嗣位，加檢校太師。[1]開運末，朝廷以北戎入寇，以審琦爲北面行營馬軍左右廂都指揮使，與諸將會兵於洺州。[2]俄而敵騎大至，時皇甫遇、慕容彦超亦預其行，乃率所部兵與敵戰於安陽河上。[3]時遇馬爲流矢所中，勢已危蹙，諸將相顧，莫有敢救者。審琦謂首將張從恩曰："皇甫遇等未至，必爲敵騎所圍，若不急救，則爲擒矣。"[4]從恩曰："敵勢甚盛，無以枝梧，將軍獨往何益？"審琦曰："成敗命也，若不濟，與之俱死，假令失此二將，何面目以見天子！"遂率鐵騎北渡。敵見塵起，謂救兵至，[5]乃引去。遂救遇與彦超而還。[6]晉少帝嘉之，加兼侍中，移領許州。[7]未幾，移鎮兗海。[8]

[1]檢校太師：官名。爲散官或加官，以示恩寵，無實際執掌。

[2]北面行營馬軍左右廂都指揮使：官名。北面行營馬軍長官。五代軍隊編制，五百人爲一指揮，設指揮使、副指揮使；十指揮爲一軍，設都指揮使、副都指揮使。　洺州：州名。治所在今河北邯鄲市永年區。　"開運末"至"與諸將會兵於洺州"：《輯本舊史》卷八三《晉少帝紀三》開運元年（944）八月辛丑條："命十五將以

禦契丹……河中節度使安審琦充馬步軍都指揮使。"同年閏十二月
條:"契丹耶律德光與趙延壽領全軍入寇,圍恒州,分兵陷鼓城、
槀城、元氏、高邑、昭慶、寧晋、蒲澤、欒城、柏鄉等縣,前鋒至
邢州,河北諸州告急。詔張從恩、馬全節、安審琦率師屯邢州,趙
在禮屯鄴都。"此爲開運初年事,本傳繫於末年,誤。

[3]皇甫遇:人名。常山(今河北正定縣)人。五代後唐、後
晋將領。傳見本書卷九五、《新五代史》卷四七。 安陽河:水名。
即洹水。位於今河南安陽市北。

[4]張從恩:人名。太原(今山西太原市)人。五代後晋外
戚、將領。仕至宋初。傳見《宋史》卷二五四。

[5]謂救兵至:《輯本舊史》之影庫本粘籤:"救兵,原本作
'救冰',今據文改正。"《輯本舊史》卷九五《皇甫遇傳》:"契丹
見塵起,謂救軍併至,乃引去。"《新五代史》卷七二《四夷附録
一》:"(皇甫)遇前渡漳水,遇契丹,戰于榆林,幾爲所虜。審琦
從後救之,契丹望見塵起,謂救兵至,引去。"

[6]遂救遇與彥超而還:《輯本舊史》卷八三《晋少帝紀三》
開運二年正月壬子條:"王師與契丹相拒於相州北安陽河上,皇甫
遇、慕容彥超率前鋒與敵騎戰於榆林店,遇馬中流矢,僅而獲免。"
同年二月戊子(二一)條:"安審琦、梁漢璋領兵北征。"同月甲午
(二七)條:"以河中節度使安審琦爲北面行營馬步軍都虞候。"三
月乙巳條:"杜威奏,與李守貞、馬全節、安審琦、皇甫遇部領大
軍赴定州。"

[7]許州:州名。治所在今河南許昌市。 "晋少帝嘉之"至
"移領許州":《輯本舊史》卷八三《晋少帝紀三》開運二年四月庚
寅條:"河中節度使安審琦加兼侍中,移鎮許州。"

[8]兗海:兗海節度使爲唐時舊稱,後改稱泰寧軍節度使,治
兗州。《輯本舊史》卷八四《晋少帝紀四》開運三年正月辛亥條:
"以許州節度使安審琦爲兗州節度使。"同年四月條:"時河南、河
北大飢,殍殕甚衆,沂、密、兗、鄆寇盜群起,所在屯聚,剽劫縣

邑，吏不能禁。兗州節度使安審琦出兵捕逐，爲賊所敗。"《宋本册府》卷六七五《牧守部‧仁惠門》："安審琦爲兗州節度使，言：'四縣逃户租税，臣自以粟帛代納。'詔褒之。"《輯本舊史》卷八四《晋少帝紀四》開運三年五月戊戌條："沂州奏，淮南遣海州刺史領兵一千五百人，應接賊頭常知及，詔兗州安審琦領兵捕逐。"同月甲辰條："兗州安審琦奏，淮賊抽退，賊頭常知及與其次首領武約等並乞歸命。"同年九月條："乙巳，詔安審琦率兵赴鄴都，皇甫遇赴相州。"同書卷八五《晋少帝紀五》開運三年十月辛未條："兗州安審琦爲左右厢都指揮使。"《通鑑》卷二八六天福十二年二月條："東方羣盜大起，陷宋、亳、密三州。契丹主謂左右曰：'我不知中國之人難制如此！'亟遣泰寧節度使安審琦、武寧節度使符彥卿等歸鎮，仍以契丹兵送之。"可知安審琦曾降於契丹，本傳爲之諱言。

漢有天下，授襄州節度使、兼中書令。[1]屬荆人叛命，潛遣舟師數千，將屠襄、郢，[2]審琦禦之而遁。朝廷賞功，就加守太保，進封齊國公。[3]歲餘，又加守太傅。[4]

[1]襄州：州名。治所在今湖北襄陽市。　授襄州節度使、兼中書令：《輯本舊史》卷一〇〇《漢高祖紀下》天福十二年（947）七月庚子條："以兗州節度使、檢校太師、兼侍中安審琦爲襄州節度使。"

[2]郢：州名。治所在今湖北鍾祥市。　將屠襄、郢：中華書局本有校勘記："'將'字原闕，據《册府》卷三六〇、卷三八七補。"

[3]太保：官名。與太師、太傅並爲三師。唐後期、五代多爲大臣、勳貴加官。正一品。　"朝廷賞功"至"進封齊國公"：

《輯本舊史》卷一〇一《漢隱帝紀上》乾祐元年（948）三月庚申條："襄州節度使、檢校太師、兼中書令虢國公安審琦加守太保，進封齊國公。"

[4]又加守太傅：《輯本舊史》卷一〇二《漢隱帝紀中》乾祐二年九月乙卯條："襄州安審琦加守太傅。"

國初，封南陽王。[1]顯德初，進封陳王。[2]世宗嗣位，加守太尉。[3]三年，拜章請覲，優詔許之，加守太師，[4]增食邑至一萬五百户，食實封二千三百户。審琦鎮襄、沔僅一紀，[5]嚴而不殘，威而不暴，故南邦之民甚懷其惠。五年，移平盧軍節度使，承詔赴鎮，因朝于京師。世宗以國之元老，禮遇甚厚，車駕親幸其第以寵之。[6]六年正月七日夜，爲其隸人安友進、安萬合所害，時年六十三。[7]

[1]封南陽王：《輯本舊史》卷一一〇《周太祖紀一》廣順元年（951）正月乙亥條："襄州節度使、檢校太師、守太傅、兼中書令、齊國公安審琦進封南陽王。"

[2]顯德：五代後周太祖郭威年號（954）。世宗柴榮、恭帝柴宗訓沿用（954—960）。　進封陳王：《輯本舊史》卷一一三《周太祖紀四》顯德元年正月庚辰條："襄州安審琦進封陳王。"

[3]加守太尉：《輯本舊史》卷一一四《周世宗紀一》顯德元年（954）七月丁丑條："襄州節度使、陳王安審琦加守太尉。"

[4]"三年"至"加守太師"：《輯本舊史》卷一一六《周世宗紀三》顯德三年十月丙子條："襄州節度使、守太尉、兼中書令、陳王安審琦加守太師。審琦鎮漢上十餘年，至是來朝，故以命寵之。"《通鑑》卷二九三顯德三年十月條："山南東道節度使、守太

尉兼中書令安審琦鎮襄州十餘年，至是入朝，除守太師，遣還鎮。既行，上問宰相：'卿曹送之乎？'對曰：'送至城南，審琦深感聖恩。'上曰：'近朝多不以誠信待諸侯，諸侯雖有欲效忠節者，其道無由。王者但能毋失其信，何患諸侯不歸心哉！'"

[5]沔：州名。治所在今湖北武漢市。

[6]平盧軍：方鎮名。治所在青州（今山東青州市）。　"五年"至"車駕親幸其第以寵之"：《輯本舊史》卷一一八《周世宗紀五》顯德五年五月辛卯條："以襄州節度使安審琦爲青州節度使。"同年閏七月辛丑條："幸新授青州節度使安審琦第。"

[7]安友進、安萬合：人名。事見本書本卷、《通鑑》卷二九四。　"六年正月七日夜"至"時年六十三"：《輯本舊史》卷一一九《周世宗紀六》顯德六年正月壬戌（十六）條："青州奏，節度使、陳王安審琦爲部曲所殺。"此爲青州上奏之日，非安審琦被害之日。

初，友進與審琦之愛妾私通，有年數矣。其妾常慮事泄見誅，因與友進謀害審琦，友進甚有難色。其妾曰："爾若不從，我當反告。"友進乃許之。至是夕，審琦沈醉，寢於帳中，其妾乃取審琦所枕劍與友進，友進猶惶駭不敢剚刃，[1]遽召其黨安萬合，使殺審琦。既而慮事泄，乃引其帳下數妓，盡殺以滅其跡。不數日，友進等竟敗，悉爲子守忠臠而戮之。[2]世宗聞之震悼，輟視朝三日，詔贈尚書令，追封齊王。

[1]剚（zì）刃：指用刀劍刺殺。

[2]守忠：人名。即安守忠。沙陀族人。并州晉陽（今山西太原市）人。後唐振武節度使安金全之孫、後周平盧節度使安審琦之

子。五代至北宋初將領。傳見《宋史》卷二七五。

守忠仕皇朝，累爲郡守。[1]《永樂大典》卷一萬八千一百三十二。[2]

[1]累爲郡守：《輯本舊史》引《五代史補》：“安審琦素惡釋氏，凡居方鎮，僧凡有過，不問輕重殺之。及鎮青州也，一旦方大宴，忽有紫衣僧持錫杖直上廳事，審琦赫怒連叱，是僧安然不顧，縱步而向内室，至中門，審琦仗劍逐之，將及而滅，但聞錫杖聲鏗然，入在臥所。審琦驚懼之際，有小蒼頭報曰：‘國夫人生子矣。’得非紫衣錫杖者乎？因命之曰僧哥，即安守忠也，自是審琦稍稍信重。”《宋史》卷二七五《安守忠傳》：“宋初，入爲左衛將軍。建隆四年，湖南初平，命爲永州刺史。乾德中，護河陰屯兵。蜀平，太祖知遠俗苦苛虐，南鄭爲走集之地，故特命守忠知興元府以撫綏之。四年，改漢州刺史……開寶初，改濮州刺史。會河決澶州，命守忠副潁州團練使曹翰護役，河決遂塞。五年，知遼州……初，審琦以愛妾故，爲隸人所戕。守忠終身不畜妓妾，而喜佞佛，蓋有所懲云。”

[2]《大典》卷一八一三二“將”字韻“後周將（一）”事目。

安審暉，字明遠，審琦之兄也。起家自長直軍使，轉外衙左厢軍使。[1]從莊宗平幽、薊，戰山東，[2]定河南，皆預其功。同光中，授蔚州刺史。[3]天成初，改汝州防禦副使，[4]歷鳳翔徐州節度副使、河東行軍司馬。[5]

[1]長直：部隊番號。　起家自長直軍使：《宋本册府》卷八四五《總録部·善武藝門》：“安審暉爲邢州節度使，器局謹重，從

父戰陣，武藝絕人，起家長直軍副兵馬使。"較本傳詳審。　外衙左厢軍使：官名。所部統兵將領。

　　[2]薊：縣名。治所在今北京市。　山東：太行山以東。

　　[3]蔚州：州名。治所在今河北蔚縣。

　　[4]汝州：州名。治所在今河南汝州市。　防禦副使：官名。防禦使副職，唐代始置，設有都防禦使、州防禦使兩種。常由刺史或觀察使兼任，實際上爲唐代後期州或方鎮的軍政長官。

　　[5]鳳翔：方鎮名。治所在鳳翔府（今陝西鳳翔縣）。　徐州：州名。治所在今江蘇徐州市。　節度副使：官名。唐五代方鎮屬官。位於行軍司馬之下、判官之上。　河東：方鎮名。治所在太原（今山西太原市）。　行軍司馬：官名。出征將領及節度使屬官。掌軍籍符伍、號令印信，是藩鎮重要的軍政官員。

　　晉高祖龍飛，以霸府上僚授振武兵馬留後，遷河陽節度使，不踰月，移鎮鄜州。[1]丁内艱，起復視事。五年，李金全據安州叛，詔馬全節爲都部署，領兵討之，以審暉爲副。[2]安陸平，移鎮鄧州，進位檢校太傅。[3]六年冬，襄州安從進叛，舉漢南之衆北攻南陽。南陽素無城壁，唯守衙城，賊傅城下，審暉登陴，召賊帥以讓之，從進不克而退。[4]襄州平，就加檢校太尉。少帝嗣位，加檢校太師，罷鎮，授右羽林統軍。[5]歲餘，出鎮上黨。[6]屬契丹内侵，授邢州節度使。[7]居無何，目疾暴作，上章求代，歸於京師，養疾累年。

　　[1]霸府：藩王或者藩臣的府署。　兵馬留後：官名。唐五代時，代行方鎮長官之職者稱留後。代行州兵馬使之職者，即爲兵馬留後。掌本州兵馬。　河陽：方鎮名。全稱"河陽三城"。治所在

孟州（今河南孟州市）。　移鎮鄜州：鄜州，州名。治所在今陝西富縣。《輯本舊史》卷七六《晉高祖紀二》天福二年（937）二月丙戌條：“以河陽節度使安審暉爲鄜州節度使。”

[2]李金全：人名。吐谷渾族，早年爲五代後唐明宗李嗣源奴僕，驍勇善戰，因功升遷。後晉時封安遠軍節度使，後投奔南唐。傳見本書卷九七、《新五代史》卷四八。　安州：州名。治所在今湖北安陸市。　馬全節：人名。魏郡元城（今河北大名縣）人。五代後唐、後晉將領。傳見本書卷九〇、《新五代史》卷四七。　都部署：官名。五代後唐始置，爲臨時委任的大軍區統帥。掌管屯戍、攻防等事務。　“五年”至“以審暉爲副”：《輯本舊史》之影庫本粘籤：“全節，原本作‘全積’，今從《通鑑》改正。”《通鑑》卷二八二天福五年五月丙戌（二一）條：“帝聞金全叛，命馬全節以汴、洛、汝、鄭、單、宋、陳、蔡、曹、濮、申、唐之兵討之，以保大節度使安審暉爲之副。”《輯本舊史》卷七九《晉高祖紀五》天福五年五月條：“以前鄜州節度使安審暉爲副。”鄜州爲保大軍節度使治所。《通鑑》卷二八二天福五年六月條：“癸卯（初九），唐李承裕等至安州。是夕，李金全將麾下數百人詣唐軍，妓妾資財皆爲承裕所奪，承裕入據安州。甲辰（初十），馬全節自應山進軍大化鎮，與承裕戰于城南，大破之。承裕掠安州南走，全節入安州。丙午（十二），安審暉追敗唐兵於黃花谷，段處恭戰死。丁未（十三），審暉又敗唐兵於雲夢澤中，虜承裕及其衆。唐將張建崇據雲夢橋拒戰，審暉乃還。馬全節斬承裕及其衆千五百人于城下，送監軍杜光業等五百七人于大梁。”

[3]安陸：縣名。治所在今湖北安陸市。　鄧州：州名。治所在今河南鄧州市。　“安陸平”至“進位檢校太傅”：《輯本舊史》卷七九《晉高祖紀五》天福五年七月丙寅條：“前鄜州節度使安審暉加檢校太傅，爲威勝軍節度使。”鄧州爲威勝軍節度使治所。

[4]南陽：縣名。治所在今河南南陽市。　“六年冬”至“從進不克而退”：《通鑑》卷二八二天福六年十一月條：“安從進攻鄧

州，威勝節度使安審暉據牙城拒之，從進不能克而退。”明本《册府》卷三九三《將帥部·威名門二》：“從進率襄、漢之衆攻南陽，州無城壁，僅守署衙而已。賊逼城下，審暉登埤，召賊帥而讓之，以審暉家世，戰將聞其言愧畏而去，從進不能止。”

[5]右羽林統軍：官名。唐代右羽林軍統兵官。唐置六軍，分左、右羽林，左、右龍武，左、右神武等，即“北衙六軍”。興元元年（784），六軍各置統軍，以寵功勳臣。其品秩，《唐會要》卷七一、《舊唐書》卷一二記載爲“從二品”，《通鑑》卷二二九記載爲“從三品”。《輯本舊史》卷八一《晋少帝紀一》天福七年十二月乙丑條：“以前鄧州節度使安審暉爲左羽林統軍。”與本傳異。

[6]上黨：即潞州。治所在今山西長治市。《輯本舊史》卷八一《晋少帝紀一》天福八年六月乙卯條：“以左羽林統軍安審暉爲潞州節度使。”潞州爲昭義軍節度使治所，隋唐時曾改潞州爲上黨郡。

[7]授邢州節度使：《輯本舊史》卷八三《晋少帝紀三》開運元年（944）七月癸酉條：“以昭義節度使安審暉爲邢州節度使，加檢校太師。”安審暉是時方加檢校太師，本傳繫於晋少帝即位之初，誤。

　　太祖即位，召於内殿，從容顧問，尤所歎重。將以禄起之，審暉辭以暮齒，願就頤養。拜太子太師致仕，[1]封魯國公，累食邑五千户，實封四百户。廣順二年春卒，[2]年六十三。廢朝二日，詔贈侍中，[3]謚曰静。

[1]太子太師：官名。與太子太傅、太子太保統稱太子三師。隋唐以後多作加官或贈官。從一品。　拜太子太師致仕：《輯本舊史》卷一一一《周太祖紀二》廣順元年（951）三月戊辰條：“以前邢州節度使安審暉爲太子太師致仕。”

　　[2]廣順二年春卒：《輯本舊史》卷一一二《周太祖紀三》廣順二年二月壬子條："太子太師致仕安審暉卒。"

　　[3]詔贈侍中：明本《册府》卷八六六《總録部・貴盛門》："安審暉以太子太師致仕，卒贈侍中。今襄帥陳王審琦、邠州副使審韜、鄆州副使審玉、前太原西宮使審寓、延州行軍司馬審卿、供奉官審霸，皆審暉之弟也。將門之盛，近代罕儔。"

　　子守鏻，仕皇朝爲贊善大夫。[1]《永樂大典》卷一萬八千一百四十四。[2]

　　[1]守鏻：人名。即安守鏻。本書僅此一見。　　贊善大夫：官名。即太子贊善大夫。掌規諫太子過失，贊相禮儀等事。正五品。

　　[2]《大典》卷一八一四四"將"字韻"宋將（七）"事目，誤。當爲卷一八一三二"將"字韻"後周將（一）"事目。

　　安審信，字行光，審琦之從父兄也。父金祐，[1]世爲沙陀部偏裨，名聞邊塞。審信習騎射，世父金全，天成初，爲振武節度使，補爲牙將。俄而兄審通爲滄州節度使，用爲衙内都虞候，歷同、陝、許三州馬步軍都指揮使。[2]晋祖起義於太原，唐末帝命張敬達以兵攻之，[3]而審信率先以部下兵遁入并州，[4]晋祖以其故人，得之甚悅。其妻與二子在京師，皆爲唐末帝所戮，但貸其老母而已。契丹既降晋安砦，晋高祖以審信爲汾州刺史、檢校太保，充馬步軍副部署。[5]晋祖入洛，授河中節度使、檢校太尉、同平章事。[6]審信性既翻覆，率多疑忌，在蒲中時，[7]每王人告諭，騎從稍多，必潛設備，以防其圖己。尋歷許、兗二鎮，[8] 所至以聚斂爲務，民甚苦之。[9] 會朝廷謀大舉北伐，凡藩侯皆預將帥，以審信爲馬步軍右廂都排陣使，[10] 俄改華州節度使。[11] 漢初，移鎮同州，入爲左衛上將軍。[12]

[1] 金祐：人名。即安金祐。本書僅此一見。

[2] 滄州：州名。治所在今河北滄縣舊州鎮。　衙內都虞候：官名。唐末、五代藩鎮衙內之牙將。　同：州名。治所在今陝西大荔縣。　陝：州名。治所在今河南三門峽市陝州區。

[3] 唐末帝命張敬達以兵攻之：《輯本舊史》之影庫本粘籤："敬達，原本作‘敬遠’，今從《歐陽史》改正。"《新五代史》卷八《晉高祖本紀》天福元年（936）五月條："廢帝下詔削奪敬瑭官爵，命張敬達等討之。"

[4] 并州：州名。治所在今山西太原市。　而審信率先以部下兵遁入并州：《輯本舊史》卷四八《唐末帝紀下》清泰三年（936）五月戊申條："張敬達奏，西北面先鋒都指揮使安審信率雄義左第二指揮二百二十七騎，并部下共五百騎，劓劫白井，叛入太原。又奏，大軍已至太原城下。詔安審信及雄義兵士妻男並處斬，家產沒官。先是，雄義都在代州屯戌，其指揮使安元信謀殺代州刺史張朗，事洩，戌兵自潰，奔安審信軍，審信與之入太原。"同書卷七五《晉高祖紀一》清泰三年條："七月，代州屯將安元信率一軍，與西北面先鋒指揮使安審信引五百騎俱至。"《新五代史》卷七《唐愍帝本紀》、《通鑑》卷二八〇所載年月日，同《輯本舊史·唐末帝紀》。

[5] 汾州：州名。治所在今山西汾陽市。　馬步軍副部署：官名。佐部署掌馬步軍事。

[6] 授河中節度使、檢校太尉、同平章事：中華書局本有校勘記："‘河中’，原作‘河州’，據劉本、邵本校改。按本卷下文云‘在蒲中時’，蒲州即河中府，本書卷七九《晉高祖紀》五有河中

節度使安審信。"《輯本舊史》卷七九《晋高祖紀五》天福五年正月丙申條:"河中節度使安審信奏:軍校康從受、李崇、孫大裕、張崇、于千等以所部兵爲亂,尋平之,死者五百人。"

[7]蒲中:此處指河中府。唐開元八年(720)改蒲州爲河中府,因地處黄河中游而得名,其後名稱屢有改易。治所在今山西永濟市。

[8]尋歷許、兗二鎮:中華書局本有校勘記:"'二',原作'州',據《册府》卷七〇〇改。"

[9]民甚苦之:《輯本舊史》卷七九《晋高祖紀五》天福五年三月乙亥條:"河中節度使安審信改許州節度使。"《新五代史》卷九《晋出帝本紀》天福八年五月條:"泰寧軍節度使安審信捕蝗于中都。"兗州爲泰寧軍節度使治所,中都爲兗州所轄之縣。《通鑑》卷二八四開運元年(944)四月條:"先是,詔以楊光遠叛,命兗州脩守備。泰寧節度使安審信,以治樓堞爲名,率民財以實私藏。大理卿張仁愿爲括率使,至兗州,賦緡錢十萬。值審信不在,拘其守藏吏,指取錢一囷,已滿其數。"

[10]馬步軍右廂都排陣使:官名。唐節度使所屬武官中有排陣使,五代後梁以後設於諸軍,爲先鋒之職。參見王軼英《中國古代排陣使述論》,《西北大學學報》2010年第6期。　以審信爲馬步軍右廂都排陣使:《輯本舊史》卷八三《晋少帝紀三》開運元年八月辛丑條:"命十五將以禦契丹……前兗州節度使安審信充馬步軍右廂排陣使。"二年三月丁未條:"敗於戚城,還幸景延廣、安審信軍。"

[11]華州:州名。治所在今陝西渭南市華州區。　俄改華州節度使:《輯本舊史》卷八四《晋少帝紀四》開運二年十二月癸未條:"以前兗州節度使安審信爲華州節度使。"

[12]左衛上將軍:官名。唐置,掌宫禁宿衛。唐代置十六衛,即左右衛、左右驍衛、左右武衛、左右威衛、左右領軍衛、左右金吾衛、左右監門衛、左右千牛衛,各置上將軍,從二品;大將軍,正三品;將軍,從三品。　入爲左衛上將軍:《輯本舊史》卷一〇

三《漢隱帝紀下》乾祐三年（950）四月甲午條："以前華州節度使安審信爲左衛上將軍。"

國初，轉右金吾上將軍。[1]三年夏四月，太祖御乾元殿入閣，[2]審信不赴班位，爲御史所彈，[3]詔釋之。時審信久病，神情恍惚，聞臺司奏劾，揚言曰："趨朝偶晚，未是大過，何用彈舉，我終進奉二萬緡，盡逐此乞索兒輩。"未幾，以病請退，授太子太師致仕。是歲秋卒，年六十。[4]贈侍中，謚曰成穆。《永樂大典》卷一萬八千一百四十四。[5]

[1]右金吾上將軍：官名。即"金吾衛上將軍"。唐置十六衛之一，掌宮禁宿衛。從二品。

[2]乾元殿：此處似爲"崇元殿"之誤。本書卷一一一《周太祖紀一》："帝自皋門入大内，御崇元殿，即皇帝位。"本書卷一一三《周太祖紀四》："（三年）五月己卯朔，帝御崇元殿受朝，仗衛如儀。"可見後周都城正殿爲崇元殿，而非乾元殿。崇元殿，宮殿名。位於今河南開封市。

[3]御史：御史臺執掌監察官員的泛稱。

[4]"未幾"至"年六十"：《輯本舊史》卷一一三《周太祖紀四》廣順三年（953）七月丙戌（初九）條："以左金吾上將軍安審信爲太子太師致仕。"同月丙申（十九）條："太子太師致仕安審信卒。"

[5]《大典》卷一八一四四"將"字韻"宋將（七）"事目，誤。當爲卷一八一三二"將"字韻"後周將（一）"事目。

李從敏

李從敏，字叔達，唐明宗之猶子也。[1]沈厚寡言，善騎射，多計數。初，莊宗召見，試弓馬，用爲衙內馬軍指揮使。[2]從平汴、洛，補帳前都指揮使，遷捧聖都將。[3]明宗移鎮真定，[4]表爲成德軍馬步軍都指揮使。[5]從明宗入洛，補皇城使，出爲陝府節度使。[6]王都據定州叛，命王晏球爲招討使，率師討之，以從敏爲副，領滄州節度使。[7]王都平，移授定州。[8]尋代范延光爲成德軍節度使，[9]加檢校太尉，封涇王。[10]

[1]猶子：指侄子或侄女。

[2]衙內馬軍指揮使：官名。唐五代時期衙內指揮使爲節度使府衙內之牙將，統最親近衛兵，高一級的稱衙內都指揮使。　用爲衙內馬軍指揮使：《新五代史》卷一五《李從敏傳》："初從莊宗爲馬步軍都指揮使兼行軍司馬。"

[3]帳前都指揮使：官名。唐末五代統兵將領，掌帳前兵馬。捧聖：部隊番號。

[4]真定：縣名。治所在今河北正定縣。

[5]成德軍：方鎮名。治所在恒州（今河北正定縣）。

[6]皇城使：官名。唐末始置，爲皇城司長官，一般由君主的親信充任，以拱衛皇城。　出爲陝府節度使：《輯本舊史》卷三八《唐明宗紀四》天成二年（927）十一月庚戌條："以皇城使、行袞州刺史李從敏爲陝州節度使。"陝府爲唐代陝州大都督府之省稱。

[7]"王都據定州叛"至"領滄州節度使"：《輯本舊史》卷三九《唐明宗紀五》天成三年四月壬寅條："以王晏球爲北面行營招討使，知定州行軍州事，以滄州節度使兼北面行營馬軍都指揮使安

審通爲副招討使兼諸道馬軍都指揮使。"同年七月丁未條："以滄州節度使安審通卒於師輟朝。"同年閏八月乙丑條："陝州節度使李從敏移鎮滄州。"同年十月丙午條："以滄州節度使李從敏兼北面招討使。"《通鑑》卷二七六作"北面行營副招討使"。副王晏球討王都者，初爲安審通，審通卒後，乃以從敏代之。且從敏先爲滄州節度使，後兼北面行營副招討使。本傳所載不確。

[8]移授定州：《輯本舊史》卷四〇《唐明宗紀六》天成四年二月乙巳條："王晏球奏，此月三日收復定州。"同月辛亥條："以北面行營副招討使、滄州節度使李從敏爲定州節度使。"《宋本册府》卷六八九《牧守部·革弊門》："周李從敏爲定州節度使，其政靜而不煩。易、定征賦，舊典三鎮同風，賦斂出自藩侯，朝法不能拘制。至是，從敏削除舊弊，載振朝綱，不取兵於民，不橫賦於境，部內便之。"

[9]范延光：人名。鄴郡臨漳（今河北臨漳縣）人。五代後唐、後晉將領。傳見本書卷九七。　尋代范延光爲成德軍節度使：《輯本舊史》卷四二《唐明宗紀八》長興二年（931）六月乙卯條："定州節度使李從敏移鎮州節度使。"鎮州爲成德軍節度使治所。同書卷四三《唐明宗紀九》長興三年十月庚申條："幸至德宮，因幸石敬瑭、李從昶、李從敏之第。"

[10]封涇王：《輯本舊史》之影庫本粘籤："涇王，原本作'渭王'，今從《歐陽史》改正。"《新五代史》卷六《唐明宗本紀》長興四年五月戊寅條："封子從珂爲潞王，從益許王，姪從溫兗王，從璋洋王，從敏涇王。"

鎮州有市人劉方遇，家富於財。方遇卒，無子。妻弟田令遵者，幼爲方遇治財，善殖貨，劉族乃共推令遵爲方遇子，親族共立券書，以爲誓信。累年後，方遇二女取資於令遵不如意，乃訟令遵冒姓，奪父家財。從敏令判官陸浣鞫其獄，而殺令遵。[1]令遵父詣臺訴冤，詔本州節度副使符蒙、掌書記徐台符鞫之，[2]備明姦狀。及詰二女，伏行賂於節度副使趙環、代判高知柔、觀察判官陸浣，[3]並捕下獄，具服贓罪。事連從敏，甚懼，乃令其妻赴洛陽，入宮告王淑妃。[4]明宗知之，怒曰：“朕用從敏爲節度使，而枉法殺人，我羞見百官，又令新婦奔赴，不須見吾面。”時王淑妃頗庇護之，趙環等三人竟棄市，從敏罪止於罰俸而已。[5]

[1]鎮州：州名。治所在今河北正定縣。　劉方遇：人名。籍貫不詳。事見《北夢瑣言》卷二〇。　田令遵：人名。籍貫不詳。事見《北夢瑣言》卷二〇。　判官：官名。唐、五代方鎮僚屬，位在行軍司馬下。分掌使衙內各曹事，並協助使職官員通判衙事。陸浣：人名。籍貫不詳。事另見本書卷四四。　“鎮州有市人劉方遇”至“而殺令遵”：《舊五代史考異》：“案《北夢瑣言》云：鎮州市民劉方遇，家財數十萬。方遇妻田氏蚤卒，田之妹爲尼，常出入方遇家，方遇使尼長髮爲繼室。有田令遵者，方遇之妻弟也，善貨殖，方遇以所積財令令遵興殖焉。方遇有子年幼，二女皆嫁。方遇疾卒，子幼不能督家業，方遇妻及二女以家財數爲令遵興殖，乃聚族合謀，請以令遵姓劉，爲方遇繼嗣，即令鬻券人安美爲親族請嗣。券書既定，乃遣令遵服斬衰居喪。而二女初立令遵時，先邀每月供財二萬，及後求取無厭，而石、李二女夫使二女詣本府論訴，云令遵冒姓，奪父家財，令遵下獄。石、李二夫族與本府要吏親黨，上至府帥判官、行軍司馬、隨使都押衙，各受方遇二女賂錢數千緡，而以令遵與姊及書券安美同情共盜，俱棄市，人知其冤。”見《北夢瑣言》卷二〇委使按問條。

[2]符蒙：人名。籍貫不詳。後唐、後晉時曾任鎮州節度副使、

右諫議大夫、給事中、禮部侍郎。事見本書卷七七、卷八一、卷八三。　掌書記：官名。唐五代方鎮僚屬，位在判官下。掌表奏書檄、文辭之事。　徐台符：人名。鎮州獲鹿（今河北石家莊市鹿泉區）人。五代大臣。傳見本書附錄。

[3]趙環：人名。籍貫不詳。本書僅此一見。　代判：官名。代替節度使管理文書、處理政務等事宜。參見劉喆《五代十國時期藩鎮制的變化及特點》，《唐史論叢》第 21 輯。　高知柔：人名。籍貫不詳。事見本書卷四四。　伏行賂於節度副使趙環：中華書局本有校勘記：“‘節度副使’，原作‘節度使’，據《册府》卷五八改。按本卷上文，時節度使爲李從敏。”《輯本舊史》卷四四《唐明宗紀十》長興四年（933）三月條作“行軍司馬趙瓌”，與本傳異。

[4]洛陽：後唐都城。位於今河南洛陽市。　王淑妃：後唐明宗妃嬪。傳見本書卷五一、《新五代史》卷一五。　“事連從敏”至“入宮告王淑妃”：《北夢瑣言》卷二〇委使按問條：“府帥李從敏令妻來朝，懼事發，令内地彌縫。侍御史趙都嫉惡論奏，明宗驚怒，下鎮州，委副使符蒙按問，果得事實。自親吏高知柔，及判官、行軍司馬，及通貨僧人、婦人皆棄市。”

[5]赴：中華書局本據《册府》卷五八改爲“走”。　棄市：死刑之一。於鬧市對犯人處以死刑。　從敏罪止於罰俸而已：《舊五代史考異》：“案《北夢瑣言》云：從敏初欲削官，中宮哀祈，竟罰一年俸。”《輯本舊史》卷四四《唐明宗紀十》長興四年三月甲申條：“鎮州奏，行軍司馬趙瓌、節度判官陸浣、元從押衙高知柔等並棄市，坐受賂枉法殺人也。節度使李從敏罰一季俸。”

　　長興初，移鎮宋州。[1]唐末帝起兵於鳳翔，其子重吉爲亳州防禦使，從敏承朝廷命害之。[2]清泰中，從敏與洋王從璋並罷歸第，待之甚薄。[3]嘗宮中同飲，既醉，末帝謂從璋、從敏曰："爾等何物，處雄藩大鎮！"二人大懼，賴曹太后見之，[4]叱曰："官家醉，爾輩速出去！"方得解。

[1]移鎮宋州：《輯本舊史》卷四五《唐閔帝紀》長興四年（933）十二月癸丑條："以前鎮州節度使、涇王從敏權知河南府事，尋以盧質代之。"應順元年（清泰元年，934）二月乙亥（初五）條："以前鎮州節度使、涇王從敏爲宋州節度使。"本傳繫於長興初年，誤。

[2]重吉：人名。即李重吉。後唐廢帝長子。傳見本書卷五一、《新五代史》卷一六。　亳州：州名。治所在今安徽亳州市。　防禦使：官名。唐代始置，設有都防禦使、州防禦使兩種。常由刺史或觀察使兼任，實際上爲唐代後期州或方鎮的軍政長官。　"唐末帝起兵於鳳翔"至"從敏承朝廷命害之"：《通鑑》卷二七九清泰元年二月丁酉（二七）條："詔遣殿直楚匡祚執亳州團練使李重吉，幽於宋州。"同年三月條："遣楚匡祚殺李重吉於宋州。匡祚榜棰重吉，責其家財。"同年七月條："從敏在宋州預殺重吉，帝尤惡之。"殺李重吉者實爲楚匡祚，從敏僅預其事，本傳所載不確。

[3]從璋：人名。後唐明宗從子。五代後唐、後晉將領。傳見本書卷八八、《新五代史》卷一五。　待之甚薄：《輯本舊史》卷四六《唐末帝紀上》清泰元年六月庚辰條："幸至德宮，因幸房知溫、安元信、范延光、索自通、李從敏第。"《宋本册府》卷五〇八《邦計部·俸禄門四》："末帝清泰元年七月，詔洋王從璋、涇王從敏月各給俸錢一十萬，米麥各五十石，兼三十人衣糧，馬十五匹芻粟。"明本《册府》卷二七七《宗室部·褒寵門三》作"馬五十匹芻粟"。

[4]曹太后：即後唐明宗李嗣源的皇后。籍貫不詳。傳見本書卷四九、《新五代史》卷一五。

　　晋祖革命，降封莒國公，再領陝州，[1]尋移鎮上黨，[2]入爲左龍武統軍，[3]出爲河陽節度使。[4]漢祖入汴，移授西京留守，累官檢校太師、同平章事。[5]隱帝即位，就加兼侍中，[6]改封秦國公。[7]歲餘，以王守恩代還。[8]廣順元年春，以疾卒，[9]年五十四。詔贈中書令，謚曰恭惠。《永樂大典》卷一萬三百九十。[10]

　　[1]再領陝州：《輯本舊史》卷七六《晋高祖紀二》天福二年（937）三月乙亥條：“前宋州節度使李從敏加檢校太尉。”同年八月丁亥條：“以前宋州節度使李從敏爲陝州節度使。”

　　[2]尋移鎮上黨：《輯本舊史》卷八〇《晋高祖紀六》天福六年七月己卯條：“以前陝州節度使李從敏爲昭義軍節度使。”潞州爲昭義軍節度使治所，上黨爲潞州舊稱。

　　[3]左龍武統軍：官名。唐代左龍武軍統兵官。唐置六軍，分左、右羽林，左、右龍武，左、右神武等，即“北衙六軍”。興元元年（784），六軍各置統軍，以寵功勳臣。其品秩，《唐會要》卷七一、《舊唐書》卷一二記載爲從二品，《通鑑》卷二二九記載爲從三品。原本“左”作“右”。《輯本舊史》卷八二《晋少帝紀二》天福八年八月癸酉條：“以前昭義節度使李從敏爲左龍武統軍。”同書卷八三《晋少帝紀三》開運元年七月辛巳條：“以左龍武統軍李從敏爲潞州節度使。”據改。

　　[4]出爲河陽節度使：《輯本舊史》卷八四《晋少帝紀四》開運三年（946）六月丙寅條：“以前昭義軍節度使李從敏爲河陽節度使。”

　　[5]“漢祖入汴”至“同平章事”：《輯本舊史》卷一〇〇《漢高祖紀下》天福十二年七月庚子條：“檢校太師、莒國公李從敏爲西京留守，加同平章事。”

　　[6]隱帝：即後漢隱帝劉承祐。後漢高祖劉知遠次子。紀見本

書卷一〇一至一〇三、《新五代史》卷一〇。　　就加兼侍中：《輯本舊史》卷一〇一《漢隱帝紀上》乾祐元年（948）三月丙寅條："西京留守、檢校太師、（同）平章事、莒國公李從敏，夏州節度使、檢校太師、同平章事李彝殷，並加兼侍中。"

[7]改封秦國公：《輯本舊史》卷一一一《周太祖紀二》廣順元年（951）二月辛丑條："前西京留守、莒國公李從敏進封秦國公。"本傳繫於漢隱帝朝，誤。

[8]王守恩：人名。太原（今山西太原市）人。後晉潞州節度使王建立子，後漢時曾任宰相。傳見本書卷一二五。

[9]以疾卒：《輯本舊史》卷一一一《周太祖紀二》廣順元年三月壬戌條："前西京留守李從敏卒。"

[10]《大典》卷一〇三九〇"李"字韻"姓氏（三五）"事目。

鄭仁誨

鄭仁誨，字日新，晉陽人。[1]父霸，[2]累贈太子太師。仁誨幼事唐驍將陳紹光，[3]紹光恃勇使酒，[4]嘗乘醉抽佩劍，將割刃於仁誨，左右無不奔避，唯仁誨端立以俟，略無懼色。紹光因擲劍於地，謂仁誨曰："汝有此器度，必當享人間富貴。"及紹光典郡，仁誨累爲右職。後退歸鄉里，以色養稱。[5]

[1]晉陽：縣名。治所在今山西太原市。

[2]霸：人名。即鄭霸。本書僅此一見。

[3]陳紹光：人名。籍貫不詳。後唐將領。事見本書本卷、《新五代史》卷三一。《輯本舊史》之影庫本粘籤："紹光，原本作

‘昭光’，今從《册府元龜》改正。”見《宋本册府》卷八四三《總録部・知人門二》、卷八五〇《總録部・器量門》。《御覽》卷三四二《兵部劍門》上引《五代周史》，亦作“陳紹光”。

　　[4]紹光恃勇使酒：中華書局本有校勘記：“‘紹光’二字原闕，據《御覽》卷三四二引《五代周史》、《册府》卷八四三補。”今據補。

　　[5]以色養稱：中華書局本有校勘記：“殿本、孔本作‘以色養爲樂’。”

　　漢高祖之鎮河東也，太祖累就其第，與之燕語，[1]每有質問，無不以正理爲答，太祖深器之。漢有天下，太祖初領樞務，即召爲從職。及太祖西征，嘗密贊軍機，西師凱旋，累遷至檢校吏部尚書。[2]太祖踐阼，旌佐命功，授檢校司空、客省使，[3]兼大内都點檢、恩州團練使，[4]尋爲樞密副使。[5]踰年，[6]轉宣徽北院使、右衛大將軍。[7]出鎮澶淵，[8]轉檢校太保，入爲樞密使，加同平章事。[9]

　　[1]燕語：筵飲暢談。

　　[2]檢校吏部尚書：官名。爲散官或加官，以示恩寵，無實際執掌。

　　[3]檢校司空：官名。爲散官或加官，以示恩寵，無實際執掌。
　　客省使：官名。客省長官。唐代宗時始置，五代沿置。掌接待四方奏計及外族使者。　　“太祖踐阼”至“客省使”：《舊五代史考異》：“案《歐陽史》云：漢興，周太祖爲樞密使，乃召仁誨用之，累官至内客省使。太祖入立，以仁誨爲大内都巡檢。據此傳，仁誨仕周始爲客省使，與《歐陽史》異。”見《新五代史》卷三一《鄭仁誨傳》。《輯本舊史》卷一一〇《周太祖紀一》廣順元年（951）正月癸酉條：“以元從都押衙鄭仁誨爲客省使。”

　　[4]大内都點檢：官名。五代後唐置，凡車駕行幸及出征則置。後周世宗顯德中選驍勇之士充殿前諸班，改稱殿前都點檢。　　恩州：州名。治所在今廣東陽江市。　　團練使：官名。唐代中期以後，於不設節度使的地區設團練使，掌本區各州軍事。　　恩州團練使：《通鑑》卷二九〇廣順二年三月戊辰條胡三省注：“按：是時中國無恩州，此即南漢之恩州也，鄭仁誨遥領團練使耳。”

　　[5]樞密副使：官名。樞密院副長官。

　　[6]踰年：《宋本册府》卷三〇九《宰輔部·佐命門二》所載“漢高祖之鎮河東也”至“加同平章事”，文字與本傳大致相同，然無“踰年”二字。

　　[7]宣徽北院使：官名。唐始置。宣徽北院的長官。初用宦官，五代以後改用士人。與宣徽南院使通掌内諸司及三班内侍之名籍，郊祀、朝會、宴享供帳之儀，檢視内外進奉名物。參見王永平《論唐代宣徽使》，《中國史研究》1995年第1期；王孫盈政《再論唐代的宣徽使》，《中華文史論叢》2018年第3期。　　右衛大將軍：官名。唐置十六衛之一，掌宮禁宿衛。正三品。　　轉宣徽北院使、右衛大將軍：《輯本舊史》卷一一二《周太祖紀三》廣順二年三月戊辰條：“以内客省使、恩州團練使鄭仁誨爲樞密副使。”同年四月乙卯條：“以樞密副使鄭仁誨爲右衛大將軍，依前充職，兼權大内都點檢。”同年十月己亥條：“以樞密院副使鄭仁誨爲宣徽北院使兼樞密副使。”本傳載仁誨所歷官職，前後多有錯亂，兹據《周太祖紀》釐正。《輯本舊史》卷一二一《董德妃傳》：“及太祖駐蹕魯中，妃志欲令内人進侍，發中使往來言之。太祖手敕鄭仁誨曰：切慮德妃以朕至兖州行營，津置内人承侍。緣諸軍在野，不可自安，令鄭仁誨專心體候。如德妃津置内人束來，便須上聞約住，或取索鞍馬，不得供應；如意堅確，即以手敕示之。”此廣順二年五六月間事。《宋本册府》卷一七九《帝王部·姑息門四》廣順二年八月

條："李重進、鄭仁誨、向訓等，皆帝親舊腹心也。（王）峻潛忌之，每見仁誨等在帝左右，漸見進用，尤所不平，至是連拜三章，求解樞務。"

[8]出鎮澶淵：《輯本舊史》卷一一三《周太祖紀四》廣順三年三月丙戌條："以宣徽北院使兼樞密副使鄭仁誨爲澶州節度使。"

[9]樞密使：官名。樞密院長官。唐代宗時始以宦官掌機密，至昭宗時借朱温之力盡誅宦官，始改以士人任樞密使。備顧問，參謀議，出納詔奏，權侔宰相。參見李全德《唐宋變革期樞密院研究》，國家圖書館出版社 2009 年版。 加同平章事：《輯本舊史》卷一一三《周太祖紀四》顯德元年（954）正月丙戌條："以澶州節度使鄭仁誨爲樞密使，加同平章事。"亦見《通鑑》卷二九一。

世宗之北征也，以仁誨爲東京留守，調發軍須，供億無所闕。車駕迴，[1]加兼侍中。[2]尋丁内艱，未幾起復。顯德二年冬，疾亟，世宗幸其第，親加撫問，欷歔久之。及卒，[3]世宗親臨其喪，哭踊數舉。是時，世宗將行，近臣奏云："歲道非便，不宜臨喪。"弗聽，然而先之以桃茢之事，時以爲得禮。[4]

[1]車駕迴：中華書局本有校勘記："'車'字原闕，據殿本、《册府》卷三一九補。"

[2]加兼侍中：《輯本舊史》卷一一四《周世宗紀一》顯德元年（954）三月甲申條："以樞密使鄭仁誨爲東京留守。"同年七月癸巳條："樞密使、檢校太保、同平章事鄭仁誨加兼侍中。"

[3]及卒：《輯本舊史》卷一一五《周世宗紀二》顯德二年十二月丙戌條："樞密使鄭仁誨卒。"

[4]"世宗親臨其喪"至"時以爲得禮"：《通鑑》卷二九二顯德二年十二月條："樞密使兼侍中韓忠正公鄭仁誨卒。上臨其喪，

近臣奏稱歲道非便，上曰：‘君臣義重，何日時之有！’往哭盡哀。”

　　仁誨爲人端厚謙損，造次必由于禮。及居樞務，[1]雖權位崇重，而能孜孜接物，無自矜之色。及終，故朝廷咸惜之。詔贈中書令，追封韓國公，諡曰忠貞。[2]既葬，命翰林學士陶穀撰神道碑文，[3]官爲建立，表特恩也。

　　[1]及居樞務：明本《册府》卷三一〇《宰輔部·閲望門》“造次必由于禮”後無“及居樞務”四字，然有“在帝左右，弼諧將順，甚得大臣之體”十四字。
　　[2]諡曰忠貞：“忠貞”，原本作“忠正”。錢大昕《廿二史考異》卷六二《五代史二》：“按諡法無‘正’字，本當諡忠貞，避宋諱追改耳。張承業諡正憲，亦當爲‘貞’字。”據改。《新五代史》卷三八《張成業傳》“諡曰正憲”，《輯本舊史》卷七二《張成業傳》正作“貞憲”，可證錢氏之説。
　　[3]翰林學士：官名。又稱“翰林”“學士”，唐開元間始置。掌爲皇帝撰擬“内制”，參預機密。　陶穀：人名。邠州新平（今陝西彬縣）人。五代、宋初大臣。傳見《宋史》卷二六九。

　　子勳，[1]累歷内職，早卒，絶嗣。初，廣順末，王殷受詔赴闕，太祖遣仁誨赴鄴都巡檢。及殷得罪，仁誨不奉詔即殺其子，蓋利其家財妓樂也。[2]及仁誨卒而無後，人以爲陰責焉。《永樂大典》卷一萬八千八百八十。[3]

　　[1]勳：人名。即鄭勳。本書僅此一見。
　　[2]王殷：人名。瀛州（今河北河間市）人。一作大名（今河

北大名縣）人。五代將領，從郭威推翻後漢，後因功高震主爲郭威所殺。傳見本書卷一二四、《新五代史》卷五〇。　“初”至“蓋利其家財妓樂也”：《通鑑》卷二九一廣順三年（953）十二月乙丑條：“（王）殷入朝，詔留殷充京城内外巡檢。”同月壬申條：“帝力疾御滋德殿，殷入起居，遂執之。下制誣殷謀以郊祀日作亂，流登州，出城，殺之。命鎮寧節度使鄭仁誨詣鄴都安撫。仁誨利殷家財，擅殺殷子，遷其家屬於登州。”《輯本舊史》卷一二四《王殷傳》：“太祖乃力疾坐於滋德殿，殷入起居，即命執之，尋降制流竄，及出都城，遽殺之……太祖尋令澶帥鄭仁誨赴鄴，殷次子爲衙内指揮使，不出候謁，仁誨誅之，遷其家屬於登州。”亦見《宋本册府》卷九五一《總録部·咎徵門二》。周太祖先誅王殷，後令鄭仁誨赴鄴都安撫，本傳誤。

　[3]《大典》卷一八八八〇“鄭”字韻“姓氏（九）”事目。

張彦成

　張彦成，潞州潞城人也。[1]曾祖静，[2]汾州刺史。祖述，澤州刺史。[3]父礪，昭義行軍司馬。[4]彦成初爲并門牙將。[5]天成中，自秦州鹽鐵務官改鄆州都押牙。[6]漢祖鎮北門，[7]表爲行軍司馬，以隱帝娶其女，特見親愛。從平汴、洛，累加特進、檢校太尉、同州節度使。[8]隱帝即位，就加同平章事。[9]太祖之伐河中，彦成有饋輓之勞，[10]河中平，加檢校太師。乾祐三年冬，移鎮相州。[11]

　[1]張彦成：《輯本舊史》之案語：“案《通鑑考異》：彦成本名彦威，避周祖諱，故改名。”明本《册府》卷三《帝王部·名諱

門》："周太祖諱威，廣順元年正月即位。相州張彥成、澶州李洪義、侍衛步軍指揮使曹英、前陳州刺史馬令琮、慶州刺史郭彥欽皆以名下一字與御名同，改爲成、義、英、琮、欽。"《通鑑》卷二八八乾祐元年（948）三月丁丑條《考異》："《周太祖實錄》作'彥成'，蓋避周祖諱，《薛史》因之。今從廣本。" 潞城：縣名。治所在今山西潞城市。

[2]静：人名。即張静。本書僅此一見。

[3]述：人名。即張述。本書僅此一見。 澤州：州名。治所在今山西澤州縣。

[4]礦：人名。即張礦。本書僅此一見。 昭義：方鎮名。治所在潞州（今山西長治市）。 行軍司馬：官名。出征將領及節度使的屬官。掌軍籍符伍、號令印信，是藩鎮重要的軍政官員。

[5]并門：即并州。治所在今山西太原市。

[6]秦州：州名。治所在今甘肅天水市。 鹽鐵務官：官名。即主管鹽鐵的官員。 都押牙：官名。"押牙"即"押衙"。唐、五代時期節度使辟署的屬官，有稱左、右都押衙或都押衙者。掌領方鎮儀仗侍衛、統率軍隊。參見劉安志《唐五代押牙（衙）考略》，武漢大學歷史系魏晉南北朝隋唐史研究室編《魏晉南北朝隋唐史資料》第16輯，武漢大學出版社1998年版。

[7]北門：即北衙。唐代禁衛軍分南北衙。《新唐書·兵志》："及貞觀初，太宗擇善射者百人，爲二番於北門長上，曰百騎，以從田獵。"

[8]"從平汴、洛"至"同州節度使"：《輯本舊史》卷九九《漢高祖紀上》天福十二年（947）二月戊辰條："河東行軍司馬張彥威與文武將吏等，以中原無主，帝威望日隆，群情所屬，上牋勸進，帝謙讓不允。"同年四月條："以河東行軍司馬張彥威爲同州節度使、檢校太保。"同書卷一〇〇《漢高祖紀下》天福十二年七月甲辰條："華州節度使侯章、同州節度使張彥威、涇州節度使史威，並加檢校太尉。"

[9]就加同平章事：《輯本舊史》卷一〇一《漢隱帝紀上》乾祐元年三月庚午條："涇州節度使史懿、潞州節度使常思、同州節度使張彥威、延州節度使高允權，並依前檢校太尉，加同平章事。"《通鑑》卷二八八乾祐元年三月丁丑條："邠、涇、同、華四鎮俱上言護國節度使兼中書令李守貞與永興、鳳翔同反……同州距河中最近（河中府西至同州六十里耳），匡國節度使張彥威，常詗守貞所爲，奏請先爲之備，詔滑州馬軍都指揮使羅金山將部兵戍同州；故守貞起兵，同州不爲所併。"同州爲匡國軍節度使治所。

[10]饋輓：運送糧餉。

[11]相州：州名。治所在今河南安陽市。

廣順初，就加兼侍中，[1]尋移鎮南陽。[2]三年秋，代歸，[3]授右金吾衛上將軍。[4]其年秋，以疾卒，[5]年六十。贈侍中。《永樂大典》卷六千三百五十一。[6]

[1]就加兼侍中：《輯本舊史》卷一一〇《周太祖紀一》廣順元年正（951）月辛巳條："鎮州武行德、晉州王晏、相州張彥成、潞州常思、邠州侯章並加兼侍中。"

[2]尋移鎮南陽：《輯本舊史》卷一一一《周太祖紀二》廣順元年四月條："相州張彥成移鎮鄧州。"鄧州爲武勝軍節度使治所，南陽爲鄧州所轄之縣，本傳以之代指鄧州。

[3]代歸：明本《册府》卷一六八《帝王部・却貢獻門》：廣順三年（953），"二月，前鄧州節度張彥成獻錢七千萬，請開宴，不納"。是年二月已稱"前鄧州節度"，傳文"三年秋"，似應作"三年初"。

[4]右金吾衛上將軍：官名。唐置，掌宮禁宿衛。唐代置十六衛之一，從二品。 授右金吾衛上將軍：《輯本舊史》卷一一三《周太祖紀四》廣順三年七月條："以前鄧州節度使張彥成爲右金吾

上將軍。”

[5]以疾卒：《輯本舊史·周太祖紀四》廣順三年十月己酉條：
“右金吾上將軍張彥成卒。”彥成卒於廣順三年冬，本傳言“其年
秋”，誤。《舊五代史考異》：“案《宋史·楊克讓傳》：乾祐中，同
州節度使張彥成表授掌書記。周廣順初，彥成移鎮安陽、穰下，克
讓以舊職從行。彥成入爲執金吾，病篤，奏稱其材可用。克讓以彥
成死未葬，不忍就禄，退居别墅，俟張氏子外除，時論稱之。”《宋
史》卷二七四《張延通傳》：“張延通，潞州潞城人。父彥成，周右
金吾衛上將軍。”彥成有子延通，本傳未載其事。

[6]《大典》卷六三五一“張”字韻“姓氏（二一）”事目。

安叔千

安叔千，[1]沙陁三部落之種也。[2]父懷盛，[3]事唐武
皇，以驍勇聞。叔千習騎射，從莊宗定河南，爲奉安部
將。[4]天成初，王師伐定州，命爲先鋒都指揮使。[5]王都
平，授泰州刺史，[6]連判涿、易二郡。[7]清泰初，契丹寇
雁門，叔千從晋祖迎戰，敗之，進位檢校太保、振武節
度使。[8]

[1]安叔千：《新五代史》卷四八《安叔千傳》：“安叔千，字
胤宗。”

[2]沙陁三部落之種也：《通鑑》卷二七九清泰元年（934）十
二月己巳條胡注：“宋白曰：安叔千本貫雲州界，户屬奉誠軍灰
泉村。”

[3]懷盛：人名。即安懷盛。本書僅此一見。

[4]奉安都將：“奉安”爲部隊番號。中華書局本有校勘記：

"'都',原作'部',據《册府》卷三八七改。"《新五代史·安叔千傳》作"奉安指揮使"。

[5]先鋒都指揮使:官名。先鋒,即先鋒部隊。都指揮使,爲所部統兵將領。

[6]授泰州刺史:"泰州",殿本、劉本、《新五代史》卷四八《安叔千傳》、《宋本册府》卷三八七均作"秦州"。明本《册府》卷一二八《帝王部·明賞門二》天成四年二月乙卯條:"泰州刺史安叔千爲涿州刺史。"泰州在定州北,定(今河北正定縣)、易(今河北易縣)之間,秦州在今甘肅天水市北。應爲泰州。

[7]涿:州名。治所在今河北涿州市。 易:州名。治所在今河北易縣。

[8]雁門:關名。位於今山西代縣西北。 振武:方鎮名。後梁貞明二年(916)以前,治所位於單于都護府城(今内蒙古和林格爾縣)。貞明二年,單于都護府城爲契丹占據。此後至後唐清泰三年(936),治所位於朔州(今山西朔州市朔城區)。後晋時隨燕雲十六州割予契丹,改名順義軍。 振武節度使:《輯本舊史》卷四六《唐末帝紀上》清泰元年十二月己巳條:"以北面馬軍都指揮使、易州刺史安叔千爲安北都護、振武節度使。"同書卷四八《唐末帝紀下》清泰三年五月己酉條:"振武節度使安叔千奏,西北界巡檢使安重榮驅掠戍兵五百騎叛入太原。"同年八月癸亥條:"以振武軍節度使安叔千充代北兵馬都部署。"

晋祖踐阼,就加同平章事。天福中,歷邠、滄、邢、晋四鎮節度使。[1]叔千鄙野而無文,當時謂之"安没字",言若碑碣之無篆籀,但虛有其表耳。開運初,朝廷將大舉北伐,授行營都排陣使,[2]俄改左金吾衛上將軍。[3]獯戎犯闕,[4]百僚迎見于赤崗,虜主登高崗,[5]駐馬而撫諭漢官。[6]叔千出班夷言,[6]虜主曰:"爾是安没

字否？卿比在邢州日，遠輸誠款，我至此，汝管取一喫
飯處。"叔千拜謝而退，俄授鎮國軍節度使。[7]

[1]邠：州名。治所在今陝西彬縣。邠州爲靜難軍節度使治所。
歷邠、滄、邢、晋四鎮節度使：《新五代史》卷八《晋高祖紀》
天福二年（937）八月丙申條："靜難軍節度使安叔千進添都馬。"
《輯本舊史》卷七八《晋高祖紀四》天福四年五月戊申條："以前
邠州節度使安叔千爲滄州節度使。"同書卷八〇《晋高祖紀六》天
福七年正月戊辰條："以滄州節度使安叔千爲邢州節度使。"同書卷
八二《晋少帝紀二》開運元年（944）六月辛亥條："以邢州節度使
安叔千爲晋州節度使，加同平章事。"叔千任晋州節度使、加同平
章事，皆在晋少帝朝，本傳繫於高祖朝，誤。

[2]授行營都排陣使：《輯本舊史》卷八三《晋少帝紀三》開
運元年八月辛丑條："命十五將以禦契丹……晋州節度使安叔千充
馬步軍左厢排陣使。"

[3]左金吾衛上將軍：官名。唐置，掌宮禁宿衛。唐代置十六
衛之一，從二品。《輯本舊史》卷八四《晋少帝紀四》開運二年八
月丁丑條："以前晋州節度使安叔千爲右金吾上將軍。"與本傳異。

[4]獯戎：本意爲北方遊牧民族，匈奴之先祖。此處借指契丹。
獯戎犯闕：原本作"契丹入汴"，係清四庫館臣諱改，今據《宋
本册府》卷九二三《總録部·不忠門》改正。

[5]赤崗：地名。今名霍赤岡。位於今河南開封市東北。　虜
主登高崗："虜主"，原本作"契丹主"，據《宋本册府》卷九二三
改。本傳下一處同。

[6]叔千出班夷言："夷言"，原本作"效國語"。《宋本册府》
卷九二三、《新五代史》卷四八《安叔千傳》皆作"夷言"，《通
鑑》卷二八六天福十二年正月丁亥條作"胡語"。舊史乃宋初史臣
所修，不應稱契丹語爲"國語"，"效國語"三字，顯係四庫館臣

諱改，今據《册府》《新五代史》改正。

[7]鎮國軍：方鎮名。後梁開平二年（908），改保義軍爲鎮國軍，治所在陝州（今河南三門峽市陝州區）。後唐同光元年（923）改感化軍爲鎮國軍，治所在華州（今陝西渭南市華州區）。 "虜主曰"至"俄授鎮國軍節度使"：《輯本舊史》之案語："案《遼史·太宗紀》：安叔千出班獨立，上曰：'汝邢州之請，朕所不忘。'乃加鎮國軍節度使。與《薛史》微異。"見《遼史》卷四《太宗本紀下》會同九年（946）十二月壬午條。

　　漢初，遇代歸京。自以嘗附虜庭，[1]居常愧惕。久之，授太子太師致仕。[2]尋請告歸洛。廣順二年冬卒，[3]年七十二。詔贈侍中。《永樂大典》卷一萬八千一百四十四。[4]

[1]自以嘗附虜庭："虜庭"，原本作"幕庭"，亦四庫館臣諱改，據《宋本册府》卷九二三改正。

[2]授太子太師致仕：《輯本舊史》卷一〇一《漢隱帝紀上》乾祐元年（948）三月丙辰條："前邢州節度使安叔千以太子太師致仕。"

[3]廣順二年冬卒：《新五代史》卷四八《安叔千傳》："周太祖兵入京師，軍士大掠，叔千家貲已盡，而軍士意其有所藏者，箠掠不已。傷重，歸于洛陽，卒。"亦見《宋本册府》卷九四〇《總録部·患難門》。與本傳記載有異。《輯本舊史》卷一一二《周太祖紀三》廣順二年（952）十二月癸巳條："太子太師致仕安叔千卒。"

[4]《大典》卷一八一四四"將"字韻"宋將（七）"事目，誤。當爲卷一八一三二"將"字韻"後周將（一）"事目。

宋彥筠

宋彥筠，雍丘人也。[1]初隸滑州軍，梁氏與莊宗夾河之戰，彥筠時爲戰棹都指揮使，以勞遷開封府牙校。[2]莊宗有天下，擢領禁軍。[3]伐蜀之役，率所部從康延孝爲前鋒，蜀平，歷維、渝二州刺史。[4]明宗在位，連典數郡。[5]

[1]雍丘：縣名。治所在今河南杞縣。　雍丘人也：據高弼撰《大周故開府儀同三司太子太師致仕蔡國公贈侍中宋公墓誌銘（以下簡稱《宋彥筠墓誌銘》）》，宋彥筠祖績，父章，彥筠乃章之長子。見《全唐文補編》卷一〇六。

[2]滑州：州名。治所在今河南滑縣。　戰棹都指揮使：官名。戰棹爲戰船。所部統兵將領。　開封府：府名。治所在今河南開封市。　牙校：官名。低級武官。　“初隸滑州軍”至“以勞遷開封府牙校”：《舊五代史考異》：“案《洛陽縉紳舊聞記》：彥筠多力勇健，走及奔馬。爲小校時，欲立奇功，每見陣敵，于兜牟上闊爲雙髻，故軍中目之爲宋忙兒。後雖貴爲節將，遠近皆謂之宋忙兒。”見《洛陽縉紳舊聞記》卷四宋太師彥筠奉佛條。《宋彥筠墓誌銘》：“弱冠從軍，壯年立效，初從梁朝將，攻取幽州，陷其南壘，豎直繩而示勇，越斷布以登郫。尋授滑州徵武都頭，後遷左崇衙指揮使。聞敵必喜，馭衆惟嚴，遠近知名，行藏有異。遂擢授楊劉口戰棹都指揮使……後充夾馬都指揮使。累功遷宣武内衙都指揮使。”宣武軍爲開封府舊稱。

[3]擢領禁軍：《宋彥筠墓誌銘》：“莊宗允膺曆數，大有寰區，記以姓名，嘉其忠赤，遂超授神捷都指揮使。”

[4]康延孝：人名。代北（今山西代縣）人。五代後唐將領。傳見本書卷七四、《新五代史》卷四四。　維：州名。治所在今四

"伐蜀之役"至"歷維、渝二州刺史"：《宋彥筠墓誌銘》："時西蜀
未賓，王師出討，命公爲前鋒都指揮使。先下劍門關，相次於東西
兩蜀，降下綿、漢等四十餘城。大軍方至成都，乃授維、渝兩州
刺史。"

[5]連典數郡：《宋彥筠墓誌銘》："明宗皇帝應天馭極，法地承
祧，特念忠勤，詔歸畿甸，尋授虢州刺史。二年，改授武州刺史，
禦北狄也。清泰初，命掌禁軍，充嚴衛右廂都指揮使兼和州刺史，
續除授萊州刺史。"

　　晋初，自汝州防禦使討安從進於襄陽，[1]以功拜鄧
州節度使，累官至檢校太尉。[2]未幾，歷晋、陝二鎮。[3]
晋少帝嗣位，再領鄧州，[4]尋移鎮河中。[5]

　　[1]自汝州防禦使討安從進於襄陽：《宋彥筠墓誌銘》："天福二
年中，張從賓屯兵汜水，擬犯梁園。晋高祖皇帝命以近臣，宣於便
殿，令權虎旅，尋破梟巢，乃授汝州防禦使。方歷周年，就加匡國
軍節度使。授代赴鄴宮朝覲，便值安從進鴟張峴首，蟻聚襄陽，恃
漢水之狂濤，結常山之逆黨。朝廷以公頻經戰伐，洞曉機鈐，命公
充副招討使。"《輯本舊史》卷七八《晋高祖紀四》天福四年
(939) 四月丙子條："以汝州防禦使宋彥筠爲同州節度使。" 同州爲
匡國軍節度使治所。同書卷七九《晋高祖紀五》天福六年正月甲子
條："同州指揮使成殷謀亂事洩，伏誅。時節度使宋彥筠御下無恩，
既貪且鄙，故殷與子彥璋陰搆部下爲亂，會有告者，遂滅其黨。"
同書卷八〇《晋高祖紀六》天福六年十一月丁丑條："襄州安從進
舉兵叛，以西京留守高行周爲南面行營都部署，率兵討之，以前同
州節度使宋彥筠爲副。"本傳疏漏頗多，今據諸書釐正。
　　[2]累官至檢校太尉：《輯本舊史》卷八一《晋少帝紀一》天

福七年九月己丑條：“以前同州節度使、襄州行營副部署宋彥筠爲鄧州威勝軍節度使，加檢校太尉。”此時晋少帝已即位。

［3］歷晋、陝二鎮：《輯本舊史》卷八二《晋少帝紀二》天福八年十一月丁丑條：“以鄧州節度使宋彥筠爲晋州節度使。”開運元年六月辛亥條：“以晋州節度使宋彥筠爲陝州節度使。”本傳將兩事繫於晋高祖朝，誤。

［4］再領鄧州：《輯本舊史》卷八三《晋少帝紀三》開運元年（944）八月辛丑條：“命十五將以禦契丹……陝州節度使宋彥筠充馬軍右厢都指揮使。”同書卷八四《晋少帝紀四》開運二年五月戊戌條：“陝州節度使宋彥筠移鎮鄧州。”同年八月丙子條：“西京留司御史臺奏：‘新授鄧州節度使宋彥筠於銀沙灘斬廳頭鄭温。’詔鞫之，款云：‘彥筠出身軍旅，不知事體，不合專擅行法。’詔釋其罪。”

［5］尋移鎮河中：《輯本舊史》卷八五《晋少帝紀五》開運三年十月辛未條：“以鄴都留守杜威（杜重威）爲北面行營都招討使……前鄧州宋彥筠爲步軍左厢都指揮使。”是年十月之前，彥筠尚爲鄧州節度使，至十二月，後晋便亡，彥筠似不曾改任河中節度使，《宋彥筠墓誌銘》亦未載其事。《通鑑》卷二八五開運三年十二月條：“奉國都指揮使王清言於杜威曰：‘今大軍去恒州五里，守此何爲！營孤食盡，勢將自潰。請以步卒二千爲前鋒，奪橋開道，公帥諸軍繼之，得入恒州，則無憂矣。’威許諾，遣清與宋彥筠俱進。清戰甚鋭，契丹不能支，勢小却。諸將請以大軍繼之，威不許。彥筠爲契丹所敗，浮水抵岸得免，因退走。”同月甲子條：“契丹遥以兵環晋營，内外斷絶，軍中食且盡。杜威與李守貞、宋彥筠謀降契丹，威潜遣腹心詣契丹牙帳，邀求重賞。”本傳未載其事。《宋彥筠墓誌銘》：“二年，詔赴闕，授北面行營諸道步軍都指揮使，從元帥杜公拒戎王於滹川。時戎馬控弦者數十萬，滹水泛溢，王師不得渡，糧運俱絶，元帥已降，公猶力戰。戎王慕其忠節，尋换麾幢，移授静難軍節度使。”静難爲邠州節度使軍號，“二年”當爲

"三年"。墓誌銘之曲筆自無待言，然謂契丹命彥筠爲邠州節度使，據下文注釋乾祐間"以前邠州節度使宋彥筠爲太子太師致仕"云云，當得其實。

漢初，[1]授太子太師致仕。[2]國初，拜左衛上將軍。[3]世宗嗣位，復爲太子太師致仕。[4]顯德四年冬，卒于西京之私第。[5]輟視朝一日，詔贈侍中。

[1]漢初：《五代史補》卷四李知損輕薄條："乾祐中，（李知損）奉使鄭州，時宋彥筠爲節度使。彥筠小字忙兒，因宴會，彥筠酒酣，輒問曰：'衆人何爲號足下爲羅隱？'對曰：'下官平素好爲詩，其格致大抵如羅隱，故人爲號。'彥筠曰：'不然，蓋爲足下輕薄如羅隱耳。'知損大怒，厲聲曰：'只如令公，人皆謂之宋忙兒，未必便能放牛。'滿座皆笑。""鄭州"疑爲"邠州"之訛。又，《洛陽縉紳舊聞記》卷四宋太師彥筠奉佛條將此事繫於周初。

[2]授太子太師致仕：《宋本册府》卷八九九《總録部·致政門》："宋彥筠，漢乾祐二年自邠寧節度使上章，乞致仕爲僧，不允。"《輯本舊史》卷一〇三《漢隱帝紀下》乾祐三年（950）正月癸亥條："以前邠州節度使宋彥筠爲太子太師致仕。"本傳將此事繫於漢初，誤。

[3]左衛上將軍：官名。唐置，掌宮禁宿衛。唐代置十六衛之一，從二品。 拜左衛上將軍：《輯本舊史》卷一一一《周太祖紀二》廣順元年（951）二月丁酉條："以太子太師致仕宋彥筠爲左衛上將軍。"《宋本册府》卷九二六《總録部·愧恨門》："周宋彥筠仕漢，以太子太師致仕，閑居累歲。聞太祖之起也，復有秉旄之望，迎太祖於皋門，延留久之，彥筠從容進曰：'當日懸車，本非所願。漢朝寡援，排斥至此，老夫筋力未衰，願賜展力之所。'太祖笑而頷之。廣順初，除左衛上將軍。彥筠深失所望，退謂所親

曰：'余以軍伍立身，歷藩部十數任，今日第一度昇朝也。'未幾，當參墜笏失儀，爲御史所劾。太祖以勳武之臣，欲責其失。樞密使王峻請依常例簿罰，乃奪一月俸。彥筠大以爲恥，私謂人曰：'入仕四十年，未嘗遭一罰，今日甚可羞矣。'"另，《輯本舊史》卷一一三《周太祖紀四》廣順三年六月甲寅條："以左衛上將軍宋彥筠爲太子少師。"本傳未載其事。

[4]復爲太子太師致仕：《宋本册府》卷八九九《總錄部·致政門》："世宗顯德元年八月，以太子少師、鄆國公改太子太師致仕。"本傳未載彥筠封鄆國公事。《輯本舊史》卷一一四《周世宗紀一》顯德元年（954）八月癸丑條："以太子少師宋彥筠爲太子太師致仕。"同書卷一一五《周世宗紀二》顯德二年二月戊申條："遣使赴西京，賜太子太師致仕侯益、白文珂、宋彥筠等茶藥錢帛各有差，仍降詔存問。"

[5]卒於西京之私第：《輯本舊史》卷一一八《周世宗紀五》顯德五年八月己丑（十一）條："太子太師致仕宋彥筠卒。"本傳繫於顯德四年冬，誤。《宋彥筠墓誌銘》："公有長子崇義，充東頭供奉官，監護南征，没於王事。朝廷嘉其忠勇，追贈左衛將軍。婚新婦張氏。男可言，九歲授殿直，蓋旌其父之功也。"彥筠有子崇義，孫可言，本傳未載其事。

初，彥筠入成都，據一甲第，[1]第中資貨鉅萬，妓女數十輩，盡爲其所有。一旦，與其主母微忿，遽擊殺之，自後常有所睹，彥筠心不自安，乃修浮屠法以禳之，[2]因而溺志於釋氏。其後，每歲至金仙入涅槃之日，[3]常衣斬縗號慟於其像前，其佞佛也如是。[4]家有侍婢數十人，皆令削髮披緇，以侍左右，大爲當時所誚。又性好貨殖，能圖什一之利，良田甲第，相望於郡國。

將終，以伊、洛之間田莊十數區上進，[5]並籍於官焉。
《永樂大典》卷一萬三千四十四。[6]

[1]成都：府名。治所在今四川成都市。　甲第：指豪門貴族的住宅。

[2]浮屠：佛教。

[3]金仙入涅槃之日：金仙指佛教的最高果位——佛，金仙入涅槃日即佛涅槃日，爲農曆的二月十五日。中華書局本有校勘記：“‘槃’字原闕，據《册府》卷九二七補。”

[4]斬縗：古代喪服。爲喪服最重，服制爲三年。如臣爲君，子爲父，妻爲夫皆當服斬縗。　其佞佛也如是：《宋本册府》卷九二七《總録部·佞佛門》：“周宋彦筠初仕晋，爲同州節度使，貪鄙無術，溺於釋氏。唯營寺繢塑、香燈幢幡、僧尼資具之類，則捨之無慳，日給數十千，多取於四民以充其費。後爲齫州節度使，所貯資金多奉釋氏。嘗謂人曰：吾前後供僧一千餘萬，造佛宮九十餘所。”

[5]伊：水名。即今伊河。　洛：水名。即今洛河。

[6]《大典》卷一三〇四四“宋”字韻“姓氏（三）”事目。

史臣曰：近代領戎藩，列王爵，禄厚而君子不議，望重而人主不疑，能自晦於飲酌之間，保功名於始終之際，如行周之比者，幾何人哉！奕世藩翰，固亦宜然。審琦有分閫之勞，乏御家之道，峯摧玉折，蓋不幸也。其餘雖擁戎旆，未聞闑政，固不足與文、邵、龔、黄爲比也。[1]《永樂大典》卷一萬三千四十四。[2]

[1]戎旆：軍旗，指代軍旅。　文：人名。即文翁。盧江舒

（今安徽廬江縣西南）人。西漢循吏。傳見《漢書》卷八九。
邵：人名。即召信臣。九江壽春（今安徽壽縣）人。西漢循吏。傳見《漢書》卷八九。　龔：人名。即龔遂。山陽南平陽（今山東鄒城市）人。西漢循吏。傳見《漢書》卷八九。　黃：人名。即黃霸。淮陽陽夏（今河南太康縣）人。西漢官員，有循吏之名，後官至丞相。傳見《漢書》卷八九。

　　[2]《大典》卷一三〇四四"宋"字韻"姓氏（三）"事目。

舊五代史　卷一二四

周書十五

列傳第四

王殷

　　王殷，瀛州人。[1]曾祖昌裔，本州別駕。[2]祖光，滄州教練使，因家焉。[3]唐末，幽、滄大亂，殷父咸珪，[4]避地南遷，因投於魏軍。殷自言生於魏州之開元寺，[5]既長從軍，漸爲偏將。唐同光末，爲華州馬步軍副指揮使，因家于華下。[6]天成中，移授靈武都指揮使，[7]久之代還。清泰中，張令昭據鄴叛，殷從范延光討之，首冒矢石，率先登城，以功授祁州刺史，尋改原州。[8]殷性謙謹好禮，事母以孝聞，每與人結交，過從皆先稟於母，母命不從，殷必不往，雖在軍旅，交遊不雜。及爲刺史，政事小有不佳，母察之，立殷於庭，詰責而杖之。[9]

[1]瀛州：州名。治所在今河北河間市。《輯本舊史》之案語：
"《歐陽史》作大名人。"此據《新五代史》卷五〇《王殷傳》，蓋
以王殷生於魏州之故。

[2]昌裔：人名。即王昌裔。本書僅此一見。　別駕：官名。
漢代置別駕，唐代改別駕爲長史，後復與長史並置於州及都督府。
五代因唐制，府、州均置別駕。秩高俸厚，無具體職務。唐代別
駕，上州爲從四品下，中州爲正五品下，下州爲從五品上。

[3]光：人名。即王光。本書僅此一見。　滄州：州名。治所
在今河北滄縣舊州鎮。　教練使：官名。唐末、五代節度使屬官，
諸州亦置此職。掌訓練軍士。

[4]幽：州名。治所在今北京市。　咸珪：人名。即王咸珪。
本書僅此一見。

[5]魏州：州名。治所在今河北大名縣。　開元寺：寺院名。
《唐會要》卷五〇載，開元"二十六年六月一日，敕每州各以郭下
定形勝觀、寺，改以開元爲額"。

[6]同光：後唐莊宗李存勖年號（923—925）。　華州：州名。
治所在今陝西渭南市華州區。　馬步軍副指揮使：官名。所在州軍
統兵將領之副。中華書局本有校勘記："'指揮'二字原闕，據《永
樂大典》卷六八五一引《五代薛史》補。"　華下：即西嶽華山之
下的華州。

[7]天成：後唐明宗李嗣源年號（926—929）。　靈武：郡名。
治所在今寧夏吳忠市。乾元元年（758），改名靈州。此處代指治所
在靈州的方鎮朔方軍。　都指揮使：官名。唐末、五代行軍統兵主
帥。詳見杜文玉《晚唐五代都指揮使考》，《學術界》1995年第1
期。"靈武都指揮使"，《新五代史·王殷傳》作"靈武馬步軍都指
揮使"。

[8]清泰：五代後唐廢帝李從珂年號（934—936）。　張令昭：
人名。籍貫不詳。五代後唐將領。事見本書卷四八。　鄴：地名。
即鄴都。治所在今河北大名縣。五代後唐同光元年（923），改魏州

爲興唐府，建號東京。三年，改東京爲鄴都。　范延光：人名。鄴郡臨漳（今河北臨漳縣）人。五代後唐、後晉將領。傳見本書卷九七。　祁州：州名。治所在今河北無極縣。　刺史：官名。州一級行政長官。漢武帝時始置，總掌考覈官吏、勸課農桑、地方教化等事。唐中期以後，節度使、觀察使轄州而設，刺史爲其屬官，職任漸輕。從三品至正四品下。　原州：州名。治所在今甘肅鎮原縣。《新五代史》卷五〇《王殷傳》：“晉天福中，徙原州刺史。”

　　[9]“事母以孝聞”至“詰責而杖之”：《輯本舊史》之案語：“《歐陽史》云：殷爲刺史，政事有小失，母責之，殷即取杖授婢僕，自笞于母前。與《薛史》微異。”此據《新五代史·王殷傳》，“過從皆先稟於母”，中華書局本有校勘記：“‘過’，原作‘違’，據《永樂大典》卷六八五一引《五代薛史》、《册府》卷七五六改。”見《宋本册府》卷七五六《總録部·孝門六》。

　　晉天福中，丁內艱，尋有詔起復，授憲州刺史，[1]殷上章辭曰：“臣爲末將，出處無損益於國家。臣本燕人，值鄉國離亂，少罹偏罰，因母鞠養訓導，方得成人。臣不忍遽釋苴麻，[2]遠離廬墓，伏願許臣終母喪紀。”晉高祖嘉而許之。[3]晉少帝嗣位，會殷服闋，召典禁軍，累遷奉國右廂都指揮使。[4]

　　[1]天福：五代後晉高祖石敬瑭年號（936—942）。出帝石重貴沿用至九年（944）。後漢高祖劉知遠繼位後沿用一年，稱天福十二年（947）。　丁內艱：即丁憂。遇父母之喪，回籍守喪。　憲州：州名。治所在今山西婁煩縣。

　　[2]臣不忍遽釋苴麻：苴麻，喪服，居喪的婉稱。中華書局本有校勘記：“‘臣’字原闕，據《永樂大典》卷六八五一引《五代薛史》補。”

[3]晋高祖：即後晋高祖石敬瑭。沙陀部人。五代後唐將領、後晋開國皇帝。紀見本書七五至卷八〇、《新五代史》卷八。

[4]晋少帝：即後晋少帝石重貴。沙陀部人。後晋高祖石敬瑭從子。紀見本書卷八一至卷八五、《新五代史》卷九。　奉國右厢都指揮使：官名。所部統兵將領。"奉國"爲部隊番號，中央禁軍之一。　累遷奉國右厢都指揮使：《輯本舊史》卷一〇二《漢隱帝紀中》乾祐二年（949）十月丙戌條："以奉國左厢都指揮使、永州防禦使王殷爲夔州節度使，充侍衛步軍都指揮使。"言王殷自奉國左厢都指揮使遷官，與本傳異。

　　漢祖受命，從討杜重威於鄴下，殷與劉詞皆率先力戰，矢中於首，久之，出折鏃於口中，以是漢祖嘉之。[1]乾祐末，遷侍衛步軍都指揮使，領夔州節度使。[2]會契丹寇邊，遣殷領兵屯澶州。[3]及李業等作亂，漢隱帝密詔澶帥李洪義遣圖殷，洪義懼不克，反以變告殷。殷與洪義同遣人至鄴，請太祖赴內難。[4]殷從平京師，授侍衛親軍都指揮使。[5]

[1]漢祖：即後漢開國皇帝劉知遠。太原（今山西太原市）人，沙陀部人。紀見本書卷九九、卷一〇〇及《新五代史》卷一〇。　杜重威：人名。其先朔州（今山西朔州市朔城區）人，後徙居太原（今山西太原市）。五代後晋、後漢將領。傳見本書卷一〇九、《新五代史》卷五二。　鄴下：地名。鄴城的别稱。位於今河北臨漳縣西南鄴鎮。　劉詞：人名。元城（今河北大名縣）人。五代將領。傳見本書本卷、《新五代史》卷五〇。　"漢祖受命"至"以是漢祖嘉之"：《宋本册府》卷三九六《將帥部·勇敢門三》："漢祖受命，從征杜重威於鄴下，會慕容彦超請收城，殷與劉

詞皆率先登梯衝力戰。殷矢洞於首，久之，出鏃於口，以是漢祖嘉之。"

[2]乾祐：五代後漢高祖劉知遠及隱帝劉承祐年號（948—950）。北漢世祖劉旻、睿宗劉鈞繼續沿用至九年（956）。　侍衛步軍都指揮使：官名。五代時侍衛親軍長官。多由皇帝親信擔任。夔州：州名。治所在今重慶奉節縣。　節度使：官名。唐時在重要地區所設掌握一州或數州軍事、民事、財政的長官。"夔州節度使"，《新五代史》卷五〇《王殷傳》作"寧江軍節度使"，寧江軍爲夔州軍額。《通鑑》卷二八九乾祐三年十一月條胡三省注："時屬蜀，王殷遥領也。"

[3]澶州：州名。唐、五代初，治所在今河南清豐縣。後晉天福四年（939）移治於今河南濮陽縣。

[4]李業：人名。晉陽（今山西太原市）人。後漢高祖李皇后弟。隱帝時受信任，掌宮廷財務。傳見本書卷一〇七、《新五代史》卷三〇。　漢隱帝：即劉承祐。五代後漢高祖劉知遠次子。紀見本書卷一〇一至卷一〇三、《新五代史》卷一〇。　李洪義：人名。原名李洪威，李洪信之弟。初，授護聖左厢都校、領嶽州防禦使，遷侍衛馬軍都指揮使、領武信軍節度使。郭威起兵，以河橋降。避周太祖諱，改名洪義。宋初，加兼中書令，移鄜州。卒，贈太師。傳見《宋史》卷二五二。　太祖：即後周太祖郭威。邢州堯山（今河北隆堯縣）人。五代時後周王朝的建立者。紀見本書卷一一〇至卷一一三、《新五代史》卷一一。　"及李業等作亂"至"請太祖赴內難"：《通鑑》卷二八九乾祐三年十一月丁丑條："使者至澶州，李洪義畏懦，慮王殷已知其事，不敢發，乃引孟業見殷；殷囚業，遣副使陳光穗以密詔示郭威。"此處使者指孟業。

[5]侍衛親軍都指揮使：官名。五代時侍衛親軍長官。多由皇帝親信擔任。"侍衛親軍都指揮使"，《通鑑》卷二八九乾祐三年十一月壬辰條作"侍衛馬步軍都指揮使"。

太祖即位，授天雄軍節度使，加同平章事，典軍如故。[1]殷赴鎮，以侍衛司局從，凡河北征鎮有戍兵處，[2]咸稟殷節制。又於民間多方聚斂，太祖聞而惡之，因使宣諭曰："朕離鄴時，帑廩所儲不少，卿與國家同體，隨要取給，何患無財？"二年夏，太祖征兗還，[3]殷迎謁于路，宴賜而去。及王峻得罪，太祖遣其子飛龍使承誨往鄴，[4]令口諭峻之過惡，以慰其心。三年秋，以永壽節上表請覲，[5]太祖雖允其請，且慮殷之不誠，尋遣使止之。[6]何福進在鎮州，[7]素惡殷之太橫，福進入朝，摭其陰事以奏之，太祖遂疑之。是年冬，以郊禋有日，殷自鎮入覲，太祖令依舊内外巡警。殷出入部從不下數百人，又以儀形魁偉，觀者無不聳然。一日，遽入奏曰："郊禮在近，兵民大集，臣城外防警，請量給甲仗，以備非常。"太祖難之。時中外以太祖嬰疾，步履稍難，多不視朝，俯逼郊禋，殷有震主之勢，頗憂之。太祖乃力疾坐於滋德殿，[8]殷入起居，即命執之。尋降制流竄，及出都城，乃殺之，[9]衆情乃安。

[1]天雄軍：方鎮名。治所在魏州（今河北大名縣）。 同平章事：官名。"同中書門下平章事"之簡稱。唐高宗以後，凡實際任宰相之職者，常在其本官後加同平章事的職銜。後成爲宰相專稱。後晉天福五年（940），升中書門下平章事爲正二品。

[2]凡河北征鎮有戍兵處：中華書局本有校勘記："'戍兵'，原作'戎兵'，據孔本校、《永樂大典》卷六八五一引《五代薛史》改。"

[3]兗：州名。治所在今山東濟寧市兗州區。 二年夏，太祖

征充還：中華書局本有校勘記："'二年'，原作'三年'，據《永樂大典》卷六八五一引《五代薛史》改。按本書卷一一一《周太祖紀二》、《通鑑》卷二九〇繫其事於廣順二年。"見《輯本舊史》卷一一二《周太祖紀三》，《通鑑》卷二九〇廣順二年（952）五月、六月條，校勘記有誤。

[4]王峻：人名。相州安陽（今河南安陽市）人。五代將領，後周時任樞密使兼宰相。傳見本書卷一三〇、《新五代史》卷五〇。

飛龍使：官名。唐武則天時始置，初以宦官爲之，掌仗内飛龍厩馬，玄宗天寶時猶屬閑厩使，代宗以後閑厩御馬皆歸之。　承誨：人名。即王承誨。本書僅此一見。《輯本舊史》之影庫本粘籤："承誨，原本作'承謙'，今從《通鑑》改正。"此據《通鑑》卷二九一廣順三年二月甲子條。　鄴：中華書局本有校勘記："'鄴'，原作'謁'，據《永樂大典》卷六八五一引《五代薛史》改。"

[5]三年秋，以永壽節上表請覲：《新五代史》卷五〇《王殷傳》作"廣順三年秋九月永壽節，殷求入爲壽"，中華書局本《新五代史》校勘記曰："《舊五代史》卷一一一《周太祖紀一》：'百僚上表，請以七月二十八日皇帝降聖日爲永壽節。'按《舊五代史》卷一一三《周太祖紀四》、《通鑑》卷二九一皆記廣順三年秋七月王殷三次上表乞朝覲。吳光耀《纂誤續補》卷四：'"九"字疑"七"字傳寫之誤。'"

[6]尋遣使止之：《通鑑》卷二九一廣順三年七月條："王殷三表請入朝，帝疑其不誠，遣使止之。"

[7]何福進：人名。太原（今山西太原市）人。五代將領。傳見本書本卷。　鎮州：州名。治所在今河北正定縣。

[8]滋德殿：宮殿名。位於今河南開封市。

[9]"尋降制流竄"至"乃殺之"：《新五代史·王殷傳》作"長流登州，已而殺之"。"乃殺之"，《輯本舊史》作"遽殺之"，據《永樂大典》卷六八五一、《宋本册府》卷九五一《總録部·咎徵門二》改。《輯本舊史》卷一一三《周太祖紀四》廣順三年十二

月辛未條："鄴都留守、侍衛親軍都指揮使王殷削奪在身官爵，長流登州，尋賜死於北郊。其家人骨肉，並不問罪。"

是歲春末，鄴城寺鐘懸絶而落，[1]又火光出幡竿之上。殷之入覲也，都人餞於離亭，上馬失鐙，翻墮于地，人訝其不祥，果及於禍。太祖尋令澶帥鄭仁誨赴鄴，殷次子爲衙内指揮使，不出候謁，仁誨誅之，遷其家屬於登州。[2]《永樂大典》卷六千八百五十一。[3]

[1]鄴城寺鐘懸絶而落：中華書局本有校勘記："'寺'下原有'寺'字，據《永樂大典》卷六八五一引《五代薛史》、《册府》卷九五一删。"

[2]鄭仁誨：人名。晋陽（今山西太原市）人。後周太祖時樞密使、宰相。傳見本書卷一二三、《新五代史》卷三一。 衙内指揮使：官名。唐五代時期衙内指揮使爲節度使府衙内之牙將，統最親近衛兵。 登州：州名。治所在今山東蓬萊市。 "太祖尋令澶帥鄭仁誨赴鄴"至"遷其家屬於登州"：明本《册府》卷四五五《將帥部·貪黷門》："鄭仁誨爲澶州節度使。廣順末，王殷受詔赴闕，太祖遣仁誨赴鄴都巡檢。及殷得罪，仁誨不奉詔即殺其子，蓋利其家財、妓樂也。及仁誨卒而無後，人以爲陰責焉。"亦見《宋本册府》卷九四一《總録部·殃咎門》（明本《册府》卷九四一作《總録部·殃報門》）。不出候謁，中華書局本有校勘記："'出'字原闕，據《永樂大典》卷六八五一引《五代薛史》、《册府》卷九五一補。"

[3]《大典》卷六八五一"王"字韻"姓氏（三六）"事目。此卷現存。

何福進

何福進，字善長，太原人。[1]父神劍，累贈左驍衛大將軍。[2]福進少從軍，以驍勇聞。唐同光末，郭從謙以兵圍莊宗於大內，福進時爲宿衛軍校，獨出死力拒戰於內，後明宗知而嘉之，擢爲捧聖軍校，出爲慈州刺史，充北面行營先鋒都校。[3]清泰中，自彰聖都虞候率本軍從范延光平鄴，以功歷鄭、隴二州防禦使。[4]開運中，由潁州團練使入拜左驍衛大將軍。[5]屬契丹陷中原，令中朝文武臣僚凡數十人隨帳北歸，[6]時福進預其行。行次鎮州，聞戎王已斃，其黨尚據鎮陽，遂與李筠、白再榮之儔合謀力戰，[7]盡逐契丹，據有鎮陽。時漢祖已建號於河東，詔以福進爲北面行營馬步都虞候，尋拜曹州防禦使、檢校太保。[8]太祖出鎮於鄴，將謀北伐，奏以福進自隨。及太祖入平內難，以輔佐功拜忠武軍節度使，[9]不數月，移領鎮州。數年之間，北鄙無事。及聞太祖將有事於南郊，拜章入覲，改天平軍節度使，加同平章事。[10]未及之任，卒於東京之私第，年六十有六，時顯德元年正月也。累贈中書令。[11]

[1]太原：府名。治所在今山西太原市。《宋史》卷二七三《何繼筠傳》作河南人。

[2]神劍：人名。即何神劍。本書僅此一見。《輯本舊史》之影庫本粘籤："神劍，原本作'伸劍'，《册府元龜》作神劍。考五代時多有名'神劍'者，如吳有李神劍，蜀有陳神劍，皆見《九國志》。此處當以'神'字爲是，今改正。"檢《册府》，未見何福

進父之記載。又，李神劍當爲張神劍之誤，蓋《九國志》卷一有《李神福傳》，而無李神劍。張神劍之事見《舊唐書》卷一八二《畢師鐸傳》、《新唐書》卷二二四《高駢傳》、《通鑑》卷二五七光啓三年（887）四月條等處，粘籤混淆二人也。　左驍衛大將軍：官名。唐置，掌宮禁宿衛。唐代置十六衛，即左右衛、左右驍衛、左右武衛、左右威衛、左右領軍衛、左右金吾衛、左右監門衛、左右千牛衛。各置上將軍，從二品；大將軍，正三品；將軍，從三品。

[3]郭從謙：人名。籍貫不詳。五代後唐將領、伶人。傳見本書附録、《新五代史》卷三七。　莊宗：即後唐莊宗李存勗。沙陀部人。五代後唐王朝的建立者。紀見本書卷二七至卷三四、《新五代史》卷五。　宿衛軍校：低級武職。掌管宿衛事宜。　明宗：即五代後唐明宗李嗣源。926年至933年在位。原名邈佶烈，沙陀部人，爲李克用養子。同光四年（926），莊宗李存勗在兵變中被殺，李嗣源入洛陽，稱監國，後稱帝，改名亶。在位時，精減宮人伶官，廢内藏庫，百姓賴以休息。李嗣源病危時，次子李從榮作亂被殺，悲駭憂慮而死。紀見《舊五代史》卷三五至卷四四、《新五代史》卷六。　捧聖軍校：低級軍職。“捧聖”爲部隊番號。　慈州：州名。治所在今山西吉縣。中華書局本有校勘記：“‘慈州’，殿本、劉本作‘磁州’。”磁州，州名。治所在今河北磁縣。　北面行營先鋒都校：官名。唐末、五代時統兵官。負責北面行營衝鋒事宜。

[4]彰聖都虞候：官名。唐、五代方鎮高級軍官。“彰聖”爲部隊番號。　鄭：州名。治所在今河南鄭州市。　隴：州名。治所在今陝西隴縣。　防禦使：官名。唐代始置，設有都防禦使、州防禦使兩種。常由刺史或觀察使兼任，實際上爲唐代後期州或方鎮的軍政長官。　以功歷鄭、隴二州防禦使：《輯本舊史》卷七九《晉高祖紀五》天福五年（940）正月癸巳條：“以隴州防禦使何福進爲右神武統軍。”

[5]開運：後晋出帝石重貴年號（944—946）。　潁州：州名。治所在今安徽阜陽市。　團練使：官名。唐代中期以後，於不設節度使的地區設團練使，掌本區各州軍事。　潁州團練使：《通鑑》卷二八七天福十二年七月庚辰條作“潁州防禦使”。

[6]令中朝文武臣僚凡數十人隨帳北歸：中華書局本有校勘記：“‘令’，原作‘契丹’，據殿本改。‘隨帳北歸’上原有‘令’字，據殿本删。”

[7]鎮陽：地名。即鎮州。治所在今河北正定縣。　李筠：人名。籍貫不詳。五代後唐將領。事見本書卷七一。　白再榮：人名。蕃部（北方少數民族）人。五代將領。傳見本書卷一〇六、《新五代史》卷四八。

[8]河東：方鎮名。治所在太原（今山西太原市）。　北面行營馬步都虞候：官名。五代時期出征軍隊高級統兵官。　曹州：州名。治所在今山東曹縣西北。　檢校太保：官名。爲散官或加官，以示恩寵，無實際執掌。

[9]忠武軍：方鎮名。治所在許州（今河南許昌市）。《輯本舊史》卷一一〇《周太祖紀一》廣順元年（951）正月丁亥條：“以曹州防禦使、北面行營馬步都排陣使何福進爲許州節度使，加檢校太傅。”許州爲忠武軍節度使治所。

[10]天平軍：方鎮名。治所在今鄆州（今山東東平縣）。“及聞太祖將有事於南郊”至“加同平章事”：《輯本舊史》卷一一三《周太祖紀四》廣順三年十一月庚寅條：“鎮州節度使何福進奏乞朝覲，三奏，允之。”同年十二月甲子條：“鎮州節度使何福進來朝。”顯德元年正月丙戌條：“以鎮州節度使何福進爲鄆州節度使，加同平章事。”鄆州爲天平軍節度使治所。

[11]東京：指後周都城開封府（今河南開封市）。　顯德：五代後周太祖郭威年號（954）。世宗柴榮、恭帝柴宗訓沿用（954—960）。　中書令：官名。漢武帝時始置，以宦官主中書，掌傳宣詔命等。隋、唐前期爲中書省長官，屬宰相之職；唐後期多爲授予元

勳大臣的虛銜。正二品。

子繼筠，仕皇朝，領建武軍節度使卒。[1]《永樂大典》卷一萬八千一百三十二。[2]

[1]繼筠：人名。即何繼筠。北宋將領。傳見《宋史》卷二七三。　建武軍：方鎮名。治所在邕州（今廣西南寧市）。　"子繼筠"至"領建武軍節度使卒"：《長編》卷一〇開寶二年（969）八月條："以棣州防禦使何繼筠領建武節度使，判棣州。"同書卷一二開寶四年七月條："建武節度使、判棣州何繼筠來朝。癸亥，卒於京師。"

[2]《大典》卷一八一三二"將"字韻"後周將（一）"事目。

劉詞

劉詞，字好謙，元城人。[1]梁貞明中，事故鄴帥楊師厚，[2]以勇悍聞。唐莊宗入魏，亦列於麾下，兩河之戰，[3]無不預焉。同光初，爲効節軍使，轉劍直指揮使。[4]尋以忤於權臣，出爲汝州小校，[5]凡留滯十餘年。清泰初，詔諸道選驍果以實禁衛，[6]繇是得入典禁軍。[7]

[1]元城：縣名。治所在今河北大名縣。

[2]貞明：後梁末帝朱友貞年號（915—921）。　楊師厚：人名。潁州斤溝（今安徽太和縣阮橋鎮斤溝村）人。唐末、五代後梁將領。傳見本書卷二二、《新五代史》卷二三。

[3]兩河之戰：即貞明三年（917）至同光三年（925），歷時八年梁、晉之間的決戰。晉王李存勗占據河北後，與梁軍在楊劉、

德勝、楊村等三地夾黃河展開了曠日持久的拉鋸戰，最終奇襲開封，後梁滅亡。《新五代史》卷五〇《劉詞傳》言："唐莊宗下魏博，與梁戰夾河。"

[4]效節軍使：官名。所部統兵將領。"效節"爲部隊番號。

劍直指揮使：官名。所部統兵將領。"劍直"爲部隊番號。《輯本舊史》之案語："《歐陽史》作長劍指揮使。"此據《新五代史·劉詞傳》。

[5]汝州：州名。治所在今河南汝州市。　小校：低級軍官。

[6]詔諸道選驍果以實禁衛："驍果"，《新五代史》卷五〇《劉詞傳》作"驍勇者"。

[7]繇是得入典禁軍："入典禁軍"，《新五代史》卷五〇《劉詞傳》作"選爲禁軍校"。

晋初，從侯益收氾水關，佐楊光遠平鄆都，累遷奉國第一軍都虞候。[1]後從馬全節伐安陸，敗淮賊萬餘衆，晋祖嘉之，授奉國都校，累加檢校司空。[2]又從杜重威敗安重榮於宗城。[3]及圍鎮陽，詞自登雲梯，身先士伍，以功加檢校司徒、沁州刺史。[4]時王師方討襄陽，尋命詞兼行營都虞候，[5]襄陽平，遷本州團練使。在郡歲餘，臨事之暇，必被甲枕戈而臥，人或問之，詞曰："我以勇敢而登貴仕，不可一日而忘本也。若信其温飽，則筋力有怠，將來何以報國也！"[6]

[1]侯益：人名。汾州平遥（今山西平遥縣）人。五代後唐至宋初將領。傳見《宋史》卷二五四。　氾水關：關隘名。位於今河南榮陽市氾水鎮。　楊光遠：人名。沙陀部人。五代後唐、後晋將領。傳見本書卷九七、《新五代史》卷五一。　佐楊光遠平鄆都：

《新五代史》卷五〇《劉詞傳》作"從破張從賓、楊光遠"。中華書局本《新五代史》校勘記：《舊五代史》卷九七《張從賓傳》，范延光反，晉高祖命楊光遠、張從賓討之，張從賓遂與延光同反。楊光遠乃討叛者而非叛將。　鄴都：地名。治所在今河北大名縣。

奉國第一軍都虞候：官名。部隊統兵官。"奉國"爲部隊番號。

[2]馬全節：人名。魏郡元城（今河北大名縣）人。五代後唐、後晉將領。傳見本書卷九〇、《新五代史》卷四七。　安陸：縣名。治所在今湖北安陸市。　奉國都校：官名。五代統兵官。"奉國"爲部隊番號。　檢校司空：官名。爲散官或加官，以示恩寵，無實際執掌。司空，與太尉、司徒並爲三公。《宋本册府》卷三六〇《將帥部·立功門一三》："賜扈鑾忠孝功臣，加檢校司空。"

[3]安重榮：人名。朔州（今山西朔州市朔城區）人。五代後唐、後晉將領。傳見本書卷九八、《新五代史》卷五一。　宗城：縣名。治所在今河北威縣。"宗城"，中華書局本有校勘記："原作'京城'，據殿本，劉本，邵本校，彭校，《册府》卷三八七、卷三九六及本卷下文改。"　又從杜重威敗安重榮於宗城：《宋本册府》卷三九六《將帥部·勇敢門三》載此事作"從杜重暉敗安鐵胡於宗城"，《輯本舊史》卷一〇九《杜重威傳》作重威"敗（安）重榮於宗城"。知《册府》卷三九六之杜重暉即杜重威，安鐵胡即安重榮，前者爲避周太祖郭威諱改，知《册府》卷三九六此條出自《周太祖實録·劉詞傳》。

[4]檢校司徒：官名。爲散官或加官，以示恩寵，無實際執掌。司徒，與太尉、司空並爲三公。　沁州：州名。治所在今山西沁源縣。"沁州"，明本《册府》卷一一八《帝王部·親征門三》作"泌州"。

[5]襄陽：縣名。治所在今湖北襄陽市。　行營都虞候：官名。五代時期出征軍隊高級統率官。

[6]"遷本州團練使"至"將來何以報國也"：明本《册府》卷四三一《將帥部·勤戎事門》："劉詞爲沁州團練使，在郡臨事之

暇，必披甲枕戈而臥。人怪而問之，詞曰：'我以勇登爵，不可一日而忘本也。若國家遇邊事，信其溫飽，則筋力有怠，何以申毛髮之報？此其意也。'後從少帝禦北虜於河橋，每出師，則躡屬負戈，以爲前導，所向無不披靡，六師壯之。""後從少帝禦北虜"一節，本傳未載其事，知《册府》此條亦出自《周太祖實録·劉詞傳》。又，明本《册府》卷一一八《帝王部·親征門三》："晋少帝天福九年正月乙亥，滄鎮貝鄴馳告契丹前鋒趙延壽、趙延昭領兵五萬將及甘陵……庚辰，以宋州節度使高行周爲北面行營都部署……陝府節度使王周爲步軍左排陣使，沁州刺史劉詞副之。"明本《册府》卷一二○《帝王部·選將門二》略同。

及漢有天下，復爲奉國右厢都校，遥領閬州防禦使。[1]從漢祖平鄴，加檢校太保。[2]乾祐初，李守貞叛於河中，太祖征之，朝廷以詞爲侍衛步軍都指揮使，[3]遥領寧江軍節度使，充行營馬步都虞候，命分屯於河西。[4]二年正月，守貞遣敢死之士數千，夜入其營，諸將皆怖懼不知所爲，唯詞神氣自若，令於軍中曰："此小盜耳，不足驚也。"遂免胄横戈，叱短兵以擊之，賊衆大敗而退。自是守貞喪膽，不復有奔突之意。河中平，太祖嘉之，表其功爲華州節度使。[5]歲餘，移鎮邢臺。[6]太祖受命，加同平章事。三年秋，改鎮河陽。[7]

[1]奉國右厢都校：官名。五代統兵官。"奉國"爲部隊番號。閬州：州名。治所在今四川閬中市。

[2]從漢祖平鄴，加檢校太保："漢祖"，中華書局本沿《輯本舊史》誤作"太祖"，據《宋本册府》卷三八七《將帥部·褒異門一三》改，此爲後漢高祖，下文之"太祖"始爲後周太祖。據

《輯本舊史》卷一○○《漢高祖紀下》，天福十二年（947）九月，高祖始發京師，親征杜重威；十月丙申，至鄴都城下；十一月丁丑，杜重威出降。

[3]李守貞：人名。河陽（今河南孟州市）人。五代將領。傳見本書卷一○九、《新五代史》卷五二。　河中：方鎮名。治所在河中府（今山西永濟市）。　朝廷以詞爲侍衛步軍都指揮使：中華書局本有校勘記："'詞'字原闕，據《册府》卷三八七補。"見《宋本册府》卷三八七《將帥部·褒異門一三》。

[4]寧江軍：方鎮名。治所在夔州（今重慶市奉節縣）。　行營馬步都虞候：官名。五代時期出征軍隊高級統兵官。　充行營馬步都虞候，命分屯於河西：《宋本册府》卷三六○《將帥部·立功門一三》："充行營都虞候，屯于河西。"《通鑑》卷二八八乾祐元年（948）八月條："於是威自陝州，白文珂及寧江節度使、侍衛步軍都指揮使劉詞自同州，常思自潼關，三道攻河中。"知此河西當即指同州。同州，州名。治所在今陝西大荔縣。

[5]"二年正月"至"表其功爲華州節度使"："諸將皆怖懼不知所爲"，中華書局本有校勘記："'諸將'二字原闕，據《册府》卷三六○補。"按，《宋本册府》卷三六○《將帥部·立功門一三》："守貞遣敢死士數千，夜入其營，諸將惶怖，唯詞曰：'小盜耳，不足驚也。'遂免冑橫戈，叱短兵擊之，賊衆大敗而退。河中平，周太祖嘉其功，表爲華州節度使。"明本《册府》卷四三五《將帥部·獻捷門二》：二年正月，"時蜀軍自大散關來援王景崇。周太祖自將兵赴岐下，將行，戒白文琦、劉詞等曰：'賊之驍勇，竝在城西，慎爲儆備。'既行，至華州，聞川軍敗退，且憂文琦等爲賊奔突，遂兼程而迴，賊内俱知周太祖西行，夜遣賊將王三鐵等率驍勇千餘人沿流南行，坎岸而登，爲三道來攻。賊軍已入王師砦中，劉詞極力拒之，短兵既接，遽敗之"。又，明本《册府》卷一二八《帝王部·明賞門二》："周太祖以漢乾祐二年自河中征趙（思）綰⋯⋯正月五日夜，賊水砦内勁將王三鐵者，領千人突出河

西，攻白文珂砦，時文珂出迎帝，唯劉詞、葉仁魯等在砦，賊三道齊入，殺聲動地，會賊發火，洞炤內外，力戰敗之，死者僅七百人。翌日帝至，劉詞馬前請罪。帝曰：‘吾嘗懸料，正疑此事，彼技殫矣，賴兄果敢，不爲虜噬！’以鞍馬、衣服、幣帛勞之。”

[6] 邢臺：此處代指安國軍，治所在邢州（今河北邢臺市）。《輯本舊史》卷一〇三《漢隱帝紀下》乾祐三年四月壬申條：“華州劉詞移鎮邢州。”

[7] 河陽：方鎮名。全稱“河陽三城”。治所在孟州（今河南孟州市）。　“太祖受命”至“改鎮河陽”：《輯本舊史》卷一一〇《周太祖紀一》廣順元年正月乙酉條：“邢州劉詞並加同平章事。”同書卷一一三《周太祖紀四》廣順三年（953）八月庚申條：“邢州節度使劉詞移鎮河陽。”同卷顯德元年（954）正月丙戌條：“河陽劉詞加檢校太尉。”《宋本冊府》卷一七二《帝王部·求舊門二》：“（廣順）二年八月，以安國軍節度使劉詞爲河陽三城節度使。詞性忠實，帝龍潛時，累同征伐，頗深委信。永壽節來朝，帝內殿與詞從容話舊曰：‘吾輩老矣，自覺心力減耗於前，幸兒輩幹於庶事，移公近鎮，冀易相面。’”

顯德初，世宗親征劉崇，詞奉命領所部兵隨駕。行及高平南，遇樊愛能等自北退迴，且言官軍已敗，止詞不行。詞不聽，疾驅而北。世宗聞而嘉之，尋命爲隨駕都部署，又授河東道行營副部署。[1] 其年夏，車駕還京，授永興軍節度使，加兼侍中、行京兆尹。二年冬，以疾卒于鎮，年六十有五。[2] 贈中書令，諡曰忠惠。詞發身軍校，亟歷戎事，常以忠勇自負。洎領藩鎮，能靖恭爲治，無苛政以撓民，諡以忠惠，議者韙之。[3]

　　[1]世宗：即柴榮。邢州龍岡（今河北邢臺市）人。後周太祖郭威養子，顯德元年（954）繼郭威爲帝，廟號世宗。紀見本書卷一一四、《新五代史》卷一二。　劉崇：人名。即劉旻。太原（今山西太原市）人。後漢高祖劉知遠從弟。後漢時任太原尹，專制一方。後周代漢，他稱帝於太原，國號漢，史稱北漢。傳見本書卷一三五、《新五代史》卷七〇。　高平：縣名。治所在今山西高平市。樊愛能：人名。籍貫不詳。後周將領，高平之戰中不戰而逃，後被周世宗處死，以正軍法。傳見本書附錄。　隨駕都部署：官名。五代時皇帝親征時置，負責統領隨扈禁軍。　河東道行營副部署：官名。佐部署掌河東道行營事。　　“顯德初”至“又授河東道行營副部署”：“高平”，《輯本舊史》之影庫本粘籤：“高平，原本作‘高中’，今從《通鑑》改正。”此據《通鑑》卷二九一顯德元年三月壬辰條。《輯本舊史》卷一一四《周世宗紀一》顯德元年三月條：“癸未，詔以劉崇入寇，車駕取今月十一日（乙未）親征……十九日（癸巳）前鋒與賊軍相遇，賊陣於高平縣南之高原……兩軍交鋒，未幾，樊愛能、何徽望賊而遁，東廂騎軍亂，步軍解甲投賊，帝乃自率親騎，臨陣督戰……日暮，賊萬餘人阻澗而陣。會劉詞領兵至，與大軍迫之，賊軍又潰……諸將分兵追襲，殭尸棄甲，填滿山谷……庚子……以河陽節度使劉詞爲隨駕都部署。”《宋本冊府》卷四一《帝王部·寬恕門》：“顯德元年四月戊申，命河陽節度使劉詞押步騎三千赴洛州，皆樊愛能、何徽之部兵也。上以既誅其主將，不欲加罪於衆，乃遣詞押領，分屯於洛州。”

　　[2]永興軍：方鎮名。治所在京兆府（今陝西西安市）。　侍中：官名。秦始置。隋、唐前期爲門下省長官。唐後期多爲大臣加衘，不參與政務，實際職務由門下侍郎執行。正二品。　京兆尹：官名。唐開元元年（713）改雍州置京兆府，治所在今陝西西安市。以京兆尹總其政務。從三品。　　“其年夏”至“年六十有五”：《輯本舊史》卷一一四《周世宗紀一》顯德元年七月乙亥條：“河陽劉詞移鎮永興軍，加兼侍中。”同書卷一一五《周世宗紀二》顯

德二年十二月丙子條：“永興軍奏，節度使劉詞卒。”《宋史》卷二
五六《趙普傳》：“周顯德初，永興軍節度使劉詞辟爲從事，詞卒，
遺表薦普於朝。”

［3］“贈中書令”至“議者韙之”：“贈中書令”，《輯本舊史》
之案語：“《歐陽史》作贈侍中。據《薛史》則詞以兼侍中贈中書
令，非贈侍中也，疑《歐陽史》誤。”此據《新五代史》卷五〇
《劉詞傳》。“靖恭爲治”“無苛政以撓民”“謚以忠惠”，《宋本册
府》卷一一八《掌禮部·謚法門二》分別作“靖恭爲理”“無苛政
及民”“謚曰忠惠”。

子延欽，仕皇朝爲控鶴厢主。[1]《永樂大典》卷九千
九十九。[2]

［1］延欽：人名。即劉延欽。本書僅此一見。　控鶴厢主：官
名。控鶴軍左右厢都指揮使省稱。“控鶴”即控鶴軍，爲侍衛親軍。
［2］《大典》卷九〇九九“劉”字韻“姓氏（二七）”事目。

王進

王進，幽州良鄉人。[1]少落魄，不事生業，爲人勇
悍，走及奔馬，嘗聚黨爲盜，封境患之。符彥超爲河朔
郡守，[2]以賂誘置之左右。長興初，彥超鎮安州，屬部
曲王希全搆亂軍州，令進齎變狀聞於朝廷。明宗賞其捷
足，[3]詔隸於軍中。[4]洎契丹内寇，戰於膠口，[5]進獨追
擒六十七人。時漢祖總侍衛親軍，知其驍果，擢爲馬前
親校。[6]漢祖鎮河東，或邊上警急，令進齎封章達於闕
下。自并至汴，不六七日復焉，[7]繇是恩撫頗厚。繼任

戎職，累遷至奉國軍都指揮使。[8] 從太祖入平內難，以功遷虎捷右厢都指揮使，歷汝、鄭防禦使，亦有政聲。俄授相州節度使，[9] 爲政之道，頓減於前，議者惜之。顯德元年秋，以疾卒於任。[10] 贈檢校太師。[11]《永樂大典》卷六千三百二十。[12]

[1]良鄉：縣名。治所在今北京市房山區。

[2]符彥超：人名。陳州宛丘（今河南淮陽縣）人。五代後唐將領，符存審之子。傳見本書卷五六、《新五代史》卷二五。　河朔：古地區名。泛指黃河以北地區。

[3]長興：後唐明宗李嗣源年號（930—933）。　安州：州名。治所在今湖北安陸市。　王希全：人名。籍貫不詳。五代後唐符彥超家奴。事見本書卷四五。　"長興初"至"明宗賞其捷足"：《輯本舊史》卷四四《唐明宗紀一〇》長興四年（933）三月已亥條："以左龍武統軍符彥超爲安州節度使。"同書卷四五《唐閔帝紀》應順元年（934）閏正月丁巳條："安州奏，此月七日夜，節度使符彥超爲部曲王希全所害。"可知符彥超鎮安州在長興末，非初年；王希全搆亂在唐閔帝朝，非明宗朝。本傳誤。

[4]詔隸於軍中：《新五代史》卷四九《王進傳》作"以隸寧衛指揮"。《宋本冊府》卷八四五《總錄部·趫捷門》作"錄寧衛軍中"，明本《冊府》作"錄寧衛將軍"。

[5]膠口：地名。今地不詳。

[6]馬前親校：官名。所部統兵將領。

[7]并：州名。治所在今山西太原市。　汴：州名。治所在今河南開封市。　不六七日復焉：《新五代史·王進傳》作"往返不過五六日"。

[8]奉國軍：部隊番號。五代中央禁軍之一。

[9]相州：州名。治所在今河南安陽市。《輯本舊史》之影庫

本粘籤："相州，原本作'桐州'，今從《通鑑》改正。"《通鑑》原文未見。　俄授相州節度使：《新五代史·王進傳》作"彰德軍節度使"，彰德爲相州軍額。《輯本舊史》卷一一三《周太祖紀四》廣順三年（953）三月庚辰條："以鄭州防禦使王進爲相州節度使。"同卷顯德元年（954）正月戊子條："相州王進加檢校太傅。"同書卷一一四《周世宗紀一》顯德元年七月乙酉條："相州王進加檢校太尉。"

［10］顯德元年秋，以疾卒於任：《輯本舊史》卷一一四《周世宗紀一》顯德元年七月丁酉條："相州節度使王進卒。""秋"，《新五代史·王進傳》注："一本作'初'。"

［11］贈檢校太師：《新五代史·王進傳》作"贈太師"。

［12］《大典》卷六三二〇"漳"字韻"漳州府（三）"事目，誤。《大典》出處待考。

史彦超

史彦超，雲州人也。[1]性驍獷，有膽氣，累功至龍捷都指揮使。太祖之赴內難，彦超以本軍從。[2]國初，與虎捷都指揮使何徽戍晋州，[3]會劉崇與契丹入寇，攻圍州城月餘。是時，本州無帥，知州王萬敢不協物情，[4]彦超與何徽協力固拒，累挫賊鋒。攻擊日急，禦捍有備，軍政甚嚴，居人無擾。及朝廷遣樞密使王峻總兵爲援，[5]寇戎宵遁。太祖嘉其善守之功，賞賜甚厚。未幾，授龍捷右廂都指揮使，[6]尋授鄭州防禦使。劉崇之寇潞州也，[7]車駕親征，以彦超爲先鋒都指揮使。高平之戰，先登陷陣，以功授華州節度使，[8]先鋒如故。大軍至河東城下，契丹營於忻、代之間，遥應賊勢，詔天雄軍節度使符彥卿率諸將屯忻州以拒之。彥卿襲契丹於忻口。彥超以先鋒軍追蕃寇，離大軍稍遠，賊兵伏發，爲賊所陷。[9]世宗痛惜久之，詔贈太師，示加等也，仍命優卹其家焉。[10]《永樂大典》卷一萬一百八十三。[11]

[1]雲州：州名。治所在今山西大同市。

[2]龍捷：部隊番號。 "累功至龍捷都指揮使"至"彥超以本軍從"：《輯本舊史》卷一〇三《漢隱帝紀下》乾祐三年（950）十一月丙戌條載漢太后誥命，中有"護聖都指揮使史彥超，徑領兵師，來安社稷"等語。《通鑑》卷二九〇廣順元年（951）十月丁未條胡三省注："廣順元年，改侍衛馬步軍額，馬軍舊稱護聖，改爲龍捷。"可知史彥超領兵從周太祖入京師時，爲護聖都指揮使。

[3]虎捷：部隊番號。《輯本舊史》之案語："《歐陽史》：彥超遷虎捷都指揮使。與《薛史》異。"此據《新五代史》卷三三《史彥超傳》。 何徽：人名。高平之戰中不戰而逃，後被周世宗處死，以正軍法。傳見本書附錄。"何徽"，中華書局本有校勘記："原作'何徽'，據《冊府》卷三八七、卷四〇〇，《通鑑》卷二九〇改。本卷下一處同。"此據《宋本冊府》卷三八七《將帥部·襃異門一三》、卷四〇〇《將帥部·固守門二》，《通鑑》卷二九〇廣順元年十月丁未條。 晋州：州名。治所在今山西臨汾市。

[4]王萬敢：人名。籍貫不詳。歷任密州刺史、晋州巡檢、防禦使。事見本書卷一〇三、卷一一二。

[5]樞密使：官名。樞密院長官。唐代宗時始以宦官掌機密，至昭宗時借朱溫之力盡誅宦官，始改以士人任樞密使。備顧問，參謀議，出納詔奏，權侔宰相。參見李全德《唐宋變革期樞密院研究》，國家圖書館出版社2009年版。

[6]授龍捷右廂都指揮使：明本《冊府》卷一二八《帝王部·明賞門二》：周太祖廣順二年二月戊子，"龍捷右第五軍都指揮使、

檢校司徒、領連州刺史史彥超加太保，進爵伯，加食邑三百户……亦以固守晋州之功也"。

[7]潞州：州名。治所在今山西長治市。

[8]以功授華州節度使：明本《册府》卷一二八《帝王部·明賞門二》：顯德元年（954）三月庚子，"制……以鄭州防禦使史彥超爲鎮國軍節度使，賞高平之功也"。《通鑑》卷二九一顯德元年三月庚子條，亦云以史彥超爲鎮國軍節度使。中華書局本《新五代史·史彥超傳》作"感德軍節度使"，並有校勘記："《舊五代史》卷一一四《周世宗紀一》、卷一二四《史彥超傳》敍其事作'華州節度使'。《通鑑》卷二九一：'賞高平之功……史彥超爲鎮國節度使。'按五代無感德軍，華州號感化軍，後唐同光元年改名鎮國軍。"

[9]忻：州名。治所在今山西忻州市。　代：州名。治所在今山西代縣。　忻口：地名。位於今山西忻州市北忻口村，兩山相夾，滹沱河流經其間。　"大軍至河東城下"至"爲賊所陷"：《宋本册府》卷四五六《將帥部·不和門》：顯德元年五月，"時契丹駐忻北，遊騎每及近郊。其月二十三日（丙申），（符）彥卿與諸將勒兵列陣以待之。先鋒將史彥超，以二千騎遇賊於前。彥超勇憤，俱發左右馳擊，解而復合者數四，當其鋒者，無不顛仆。李筠、張永德以偏師自後擊之，軍退，史彥超死之，不獲其屍。前鋒爲虜隔絶，我軍重傷者數百人。蕃戎死者亦衆。是行，諸將論議，各有矛盾，故不能成大功"。《遼史》卷七七《耶律撻烈傳》："時周人侵漢，以撻烈都統西南道軍援之。周已下太原數城，漢人不敢戰。及聞撻烈兵至，周主遣郭從義、尚鈞等率精騎拒於忻口。撻烈擊敗之，獲其將史彥超，周軍遁歸，復所陷城邑，漢主詣撻烈謝。"

[10]太師：官名。與太傅、太保合稱三師，唐後期、五代多爲大臣、勳貴加官。正一品。　"世宗痛惜久之"至"仍命優卹其家焉"：據《宋本册府》卷一四〇《帝王部·旌表門四》，顯德元年七月，贈史彥超檢校太師，至顯德六年，始贈太師。

[11]《大典》卷一〇一八三"史"字韻"姓氏（一）"事目。

史懿

史懿，字繼美，代郡人也。本名犯太祖廟諱，故改焉。[1]考建瑭，事唐莊宗爲先鋒都校，《唐書》有傳。[2]莊宗之伐鎮陽，時建瑭爲流矢所中而卒，懿時年甫弱冠，莊宗以其父殁於王事，召拜昭德軍使，俄遷先鋒左右廂都校，[3]俾嗣其家聲。天成中，爲涿州刺史。[4]晋初，由趙州刺史遷洺州團練使，尋歷亳、鳳二州防禦使。[5]晋祖以其弟翰尚晋國長公主，[6]故尤所注意。天福中，授彰武軍節度觀察留後。[7]開運初，歷澶、貝二鎮節度使。三年，移鎮涇原。[8]未幾，契丹入中原，時四方征鎮爲戎王所召者，靡不麏至，唯懿堅壁拒命，仍送款於漢祖。漢有天下，就拜檢校太尉、同平章事，及賜功臣名號。[9]廣順初，加檢校太師、兼侍中，[10]進封邠國公。顯德元年春，以抱病歸朝，[11]途經洛，卒于其第，年六十二。[12]贈中書令。《永樂大典》卷一萬一百八十三。[13]

[1]本名犯太祖廟諱，故改焉：《舊五代史考異》："案'本名'二句，疑爲後人竄入。考懿名匡懿，避宋太祖御名，故去'匡'字。《薛史》成於開寶六年，不應豫稱爲太祖，或係宋人讀是書者附注于後，遂混入正文也。""本名"二句，亦見《宋本册府》卷八二五《總録部·名字門二》，應係舊史原文，《考異》誤。又，

《五代史輯本證補》：“懿原名匡威，避周太祖諱改名匡懿，傳所謂太祖蓋指周太祖，而非宋太祖，考證之説非。其後宋人修史以‘匡’字犯宋祖諱再去之。故《薛史》紀、傳之史匡威、史威、史匡懿、史懿皆係一人。”“史匡威”見《通鑑》卷二八六天福十二年（947）正月條，“史威”見《輯本舊史》卷八三《晋少帝紀三》開運元年（944）八月甲子條，“史匡懿”見《會要》卷一帝號條漢隱帝、周太祖使相。

［2］建瑭：人名。雁門（今山西代縣）人。唐九府都督史敬思之子。五代後唐將領。傳見本書卷五五、《新五代史》卷二五。先鋒都校：官名。所部統兵將領。先鋒，即先鋒部隊。

［3］昭德軍使：官名。所部統兵將領。“昭德”爲部隊番號。先鋒左右厢都校：官名。所部統兵將領。

［4］涿州：州名。治所在今河北涿州市。

［5］趙州：州名。治所在今河北趙縣。 洺州：州名。治所在今河北邯鄲市永年區。 亳：州名。治所在今安徽亳州市。 鳳：州名。治所在今陝西鳳縣。

［6］翰：人名。即史匡翰。五代後唐、後晋將領。傳見本書卷八八。 晋國長公主：人名。即石敬瑭之妹。《金石萃編》卷一二〇《義成軍節度使贈太保史匡翰碑》：“（匡翰）尚魯國大長公主。”

［7］彰武軍：方鎮名。治所在延州（今陝西延安市）。 節度觀察留後：官名。唐、五代時，代行方鎮長官之職者稱留後。代行觀察使之職者，即爲觀察留後。掌一州或數州軍政。

［8］貝：州名。治所在今河北清河縣。 涇原：地名。即涇州。治所在今甘肅涇川縣。 “開運初”至“移鎮涇原”：《輯本舊史》卷八三《晋少帝紀三》開運元年八月甲子條：“以延州節度使史威爲澶州節度使。”同年十一月壬午條：“以澶州節度使史威爲貝州節度使。”同書卷八四《晋少帝紀四》開運三年正月癸丑條：“以前貝州節度使史威爲涇州節度使。”

[9]檢校太尉：官名。爲散官或加官，以示恩寵，無實際執掌。

"漢有天下"至"及賜功臣名號"：《輯本舊史》卷一〇〇《漢高祖紀下》天福十二年七月甲辰條："涇州節度使史威，加檢校太尉。"同書卷一〇一《漢隱帝紀上》乾祐元年（948）三月庚午條："涇州節度使史懿，依前檢校太尉，加同平章事。"同書卷一〇二《漢隱帝紀中》乾祐二年九月乙丑條："涇州史懿，加檢校太師。"

[10]廣順：後周太祖郭威年號（951—953）。 檢校太師：官名。爲散官或加官，以示恩寵，無實際執掌。《輯本舊史》卷一一〇《周太祖紀一》廣順元年（951）正月癸未條："涇州史懿，加兼侍中。"

[11]以抱病歸朝：《舊五代史考異》："案《東都事略·楊廷璋傳》：周太祖常諭廷璋圖涇帥史懿，廷璋屏左右，示以詔書，懿受代入朝，遂免禍。"見《東都事略》卷一九。《宋本册府》卷一三六《帝王部·慰勞門》："（廣順）三年九月，涇州節度使史懿疾復作，遣客省使楊廷璋往知州事。賜襲衣、金帶、縑帛，詔諭彰義軍民吏曰：'朕以史懿自鎮邊蕃，克勤王事，眷言勳舊，深副倚毗。爰自近年，多嬰疾苦，邇來頻有發動，乞赴闕尋醫。既覽奏陳，須議俞允，已差客省使楊廷璋往彼知軍州事，即令史懿發來京師。朕念涇州久夾瘴癘之地，軍人百姓，撫愛皆同，今已指揮楊廷璋，候到日，凡事倍加撫安，不得輒有科率，俾令衆庶，皆遂蘇舒。'"又明本《册府》卷一六九《帝王部·納貢獻門》：廣順三年十一月，"戊寅，涇州節度使史懿朝見，獻馳馬二百，銀千兩"。

[12]洛：即河南府，治所在今河南洛陽市。 "途經洛"至"年六十二"：《輯本舊史》卷一一四《周世宗紀一》顯德元年（954）三月辛巳條："前涇州節度使史懿卒。""六十二"，中華書局本有校勘記："殿本作'六十三'。"

[13]《大典》卷一〇一八三"史"字韻"姓氏（一）"事目。

王令温

王令温，字順之，瀛州河間人也。[1]父迪，德州刺史，累贈太子太師。[2]令温少以武勇稱，初隸唐莊宗麾下，稍遷廳直軍校。[3]明宗之爲統帥，嘗與契丹戰於上谷。[4]明宗臨陣馬逸，[5]爲虜所迫，[6]令温乃以所乘馬授明宗，而自力戰，飛矢連發，敵兵爲之稍却。及明宗即位，歷遷神武、彰聖都校。[7]晋初，自淄州刺史遷洺州團練使。[8]及安重榮稱兵於鎮州，晋祖以令温爲行營馬軍都指揮使，與都帥杜重威敗賊於宗城，以功授亳州防禦使，尋拜永清軍節度使。[9]屬契丹來寇，時令温奉詔入朝，契丹遂陷貝州，其家屬因没於虜。[10]晋少帝憫之，授威勝軍節度使。[11]未幾，移鎮延州，又遷靈武。[12]漢有天下，復爲永清軍節度使，尋改安州。[13]國初，加檢校太尉、同平章事。世宗嗣位，遷鎮安軍節度使，[14]罷鎮歸闕。顯德三年夏，以疾卒，[15]時年六十有二。詔贈侍中。《永樂大典》卷一萬八千一百三十三。[16]

[1]河間：縣名。治所在今河北河間市。

[2]迪：人名。即王迪。本書僅此一見。　德州：州名。治所在今山東德州市陵城區。　太子太師：官名。與太子太傅、太子太保統稱太子三師。隋唐以後多作加官或贈官。從一品。

[3]廳直軍校：官名。所部統兵將領。"廳直"爲部隊番號。

[4]上谷：古郡名。隋大業初改易州置，治所在易縣（今河北易縣）。《寰宇記》卷六七"易州"：上谷郡"遥取漢上谷以爲名"。轄境相當今河北拒馬河以南、以西滿城、容城以北，府河上游以東

地。唐武德四年（621）復改爲易州。天寶、至德時又曾改爲上谷郡。

[5]明宗臨陣馬逸：中華書局本有校勘記：“‘逸’，《永樂大典》卷六八五〇引《五代薛史》作‘失’。”

[6]爲虜所迫：“虜”，《輯本舊史》作“敵”，據《永樂大典》卷六八五〇引《五代薛史》改。

[7]神武：禁軍名。唐肅宗至德二載（757）置禁軍，也叫神武天騎，分爲左、右神武天騎，左、右羽林，左、右龍武等六軍，稱“北衙六軍”。　彰聖都校：官名。所部統兵將領。“彰聖”爲禁軍番號。

[8]淄州：州名。治所在今山東淄博市。　洺州團練使：“洺州”，《宋本册府》卷三六〇《將帥部・立功門一三》、卷三八七《將帥部・褒異門一三》同。明本《册府》卷一二三《帝王部・征討門三》作“雒州”，時無雒州，若以洺州解，則時爲西京，不置團練使，故當爲洺州之誤。

[9]行營馬軍都指揮使：官名。行營馬軍長官。五代軍隊編制，五百人爲一指揮，設指揮使、副指揮使；十指揮爲一軍，設都指揮使、副都指揮使。　永清軍：方鎮名。後晉天福三年（938）置。治所在貝州（今河北清河縣）。　尋拜永清軍節度使：《輯本舊史》卷八〇《晉高祖紀六》天福七年三月乙亥條：“以前亳州防禦使王令溫爲貝州節度使。”貝州爲永清軍節度使治所。

[10]“屬契丹”至“其家屬因没於虜”：“虜”，《輯本舊史》作“契丹”，據《永樂大典》卷六八五〇引《五代薛史》改。《輯本舊史》卷八二《晉少帝紀二》天福八年十一月戊戌條：“遣前復州防禦使吳巒權知貝州軍事，詔節度使王令溫赴闕。”同年十二月癸丑條：“詔貝州節度使王令溫赴闕，分命使臣諸州郡巡檢，以契丹入寇故也。”同卷開運元年（944）正月己卯條：“契丹陷貝州，知州吳巒死之。”《新五代史》卷二九《吳巒傳》：“令溫牙將邵珂，素驕很難制，令溫奪其職。珂閑居無憀，乃陰使人亡入契丹，言貝

州積粟多而無兵守，可取。令溫以事朝京師，心頗疑珂，乃質其子崇範以自隨。晋大臣以巒前守雲州七月，契丹不能下，乃遣巒馳驛代令溫守貝州……珂因求見巒，願自效，巒推心信之。開運元年正月，契丹南寇，圍貝州，巒命珂守南門。契丹圍三日，四面急攻之……已而珂自南門引契丹入，巒守東門方戰，而左右報珂反，巒顧城中已亂，即投井死。"

[11]晋少帝：即後晋少帝石重貴。石敬瑭從子。紀見本書卷八一至卷八五、《新五代史》卷九。 威勝軍：方鎮名。治所在越州（今浙江紹興市）。"威勝軍"，《輯本舊史》作"武勝軍"，《宋本册府》卷九二〇《總録部·讎怨門》二作"威勝軍"。考《五代十國方鎮年表》，鄧州威勝軍於後周廣順二年（952）改武勝軍，時當後晋，則以威勝軍爲確。《輯本舊史》卷八二《晋少帝紀二》開運元年正月戊子條："以貝州節度使王令溫爲鄧州節度使，時令溫弟令崇自契丹至，訴以舉族陷於甘陵，故有是命。"甘陵指貝州。

[12]延州：州名。治所在今陜西延安市。 移鎮延州，又遷靈武：《輯本舊史》卷八三《晋少帝紀三》開運元年八月己酉條："以鄧州節度使王令溫爲延州節度使。"同書卷八四《晋少帝紀四》開運二年十月庚辰條："以前延州節度使王令溫爲靈州節度使。"靈武爲靈州舊稱。《通鑑》卷二八五開運三年四月戊午條："前彰式節度使王令溫代（馮）暉鎮朔方，不存撫羌、胡，以中國法繩之。羌、胡怨怒，皆叛，競爲寇鈔。拓跋彦超、石存、也廝褒三族，共攻靈州，殺令溫弟令周。戊午，令溫上表告急。"靈州爲朔方軍節度使治所。

[13]尋改安州：《輯本舊史》卷一〇三《漢隱帝紀下》乾祐三年（950）四月壬申條："貝州王令溫移鎮安州，並加邑封。"

[14]鎮安軍：方鎮名。後晋開運二年置，治所在陳州（今河南淮陽縣）。後漢初廢。後周廣順二年復置。北宋初廢。《輯本舊史》卷一一三《周太祖紀四》顯德元年（954）正月壬辰條："以前安州節度使王令溫爲陳州節度使。"陳州爲鎮安軍節度使治所。

時世宗尚未即位，本傳所言不確。

[15]顯德三年夏，以疾卒：《輯本舊史》卷一一六《周世宗紀三》顯德三年五月丁巳條："陳州節度使王令温卒。"

[16]《大典》卷一八一三三"將"字韻"後周將（二）"事目。此傳另見《大典》卷六八五〇。

周密

周密，字德峯，應州神武川人也。[1]初事後唐武皇爲軍職。[2]莊宗之平常山，明宗之襲汶陽，[3]密皆從征有功。莊宗平梁，授鎮州馬軍都指揮使。[4]明宗即位，累遷河東馬步軍副都指揮使。[5]晋天福初，除冀州刺史，累官至檢校司徒。入爲右羽林統軍、檢校太保。[6]四年秋，授保大軍節度使、檢校太傅。[7]屬部民作亂，密討平之。尋移鎮晋州，[8]加檢校太尉。開運中，入拜右龍武統軍。三年秋，出鎮延州。[9]其年冬，契丹陷中原，延州軍亂，立高允權爲帥。[10]時密據東城，允權據西城，相拒久之。會漢高祖建義於太原，遣使安撫，密乃棄其城奔於太原，[11]隨漢祖歸汴，久居於闕下。廣順初，授太子太師致仕。[12]顯德元年春卒，時年七十五。

[1]應州：州名。治所在今山西應縣。 神武川：地名。位於今山西山陰縣東北一帶。

[2]後唐武皇：人名。即後唐太祖李克用。沙陀部人。生於神武川新城（一説今山西朔州市朔城區之梵王寺村，一説今山西應縣縣城，一説今山西懷仁縣之日中城）。紀見《舊五代史》卷二五、《新五代史》卷四。

[3]常山：即鎮州，治所在今河北正定縣。　汶陽：縣名。治所在今山東泰安市。

[4]馬軍都指揮使：官名。所部統兵將領。

[5]馬步軍副都指揮使：官名。所部統兵將領。

[6]冀州：州名。治所在今河北衡水市冀州區。　檢校司徒：官名。爲散官或加官，以示恩寵，無實際執掌。司徒，與太尉、司空並爲三公。　右羽林統軍：官名。右羽林軍統兵官。唐置六軍，分左、右羽林，左、右龍武，左、右神武等，即"北衙六軍"。興元元年（784），六軍各置統軍，以寵功勳臣。其品秩，《唐會要》卷七一、《舊唐書》卷一二記載爲從二品，《通鑑》卷二二九記載爲從三品。

[7]保大軍：方鎮名。治所在鄜州（今陝西富縣）。《輯本舊史》卷七八《晋高祖紀四》天福四年（939）九月辛未條："以右羽林統軍周密爲鄜州節度使。"鄜州爲保大軍節度使治所。　檢校太傅：官名。爲散官或加官，以示恩寵，無實際執掌。

[8]尋移鎮晋州：《輯本舊史》卷八〇《晋高祖紀六》天福七年閏三月丙申條："以鄜州節度使周密爲晋州節度使。"明本《册府》卷一一八《帝王部·親征門三》：天福九年正月壬午，"前晋州節度使周密、前同州節度使李懷忠爲東京巡檢使"。

[9]右龍武統軍：官名。唐置北衙六軍之一。　"開運中"至"出鎮延州"：《輯本舊史》卷八二《晋少帝紀二》開運元年（944）六月庚午條："以前晋州節度使周密爲左龍武統軍。"同書卷八四《晋少帝紀四》開運三年八月辛未條："以右龍武統軍周密爲延州節度使。"

[10]高允權：人名。延州（今陝西延安市）人。五代將領。傳見本書卷一二五。

[11]"其年冬"至"密乃棄其城奔於太原"：《通鑑》卷二八六天福十二年二月條《考異》引《漢高祖實錄》："允權爲延川令，周密以允權故將之子，恐與邊人締結，移爲州主簿。密後以闇而黨

下，惟誅掠是務。允權乘其民怨，時以言間之，復遣親黨潛構諸部，衆心遂搖。"《輯本舊史》卷九九《漢高祖紀上》天福十二年三月辛卯條："權延州留後高允權遣判官李彬奏：本道節度使周密爲三軍所逐，以允權知留後事，上表歸順。未幾，帝召密赴行在。"同書卷九八《趙延壽傳》："延壽在汴州，復娶明宗小女爲繼室。先是，延州節度使周密爲其子廣娶焉，已納財畢，親迎有日矣，至是延壽奪取之。"

[12]授太子太師致仕：《輯本舊史》卷一一一《周太祖紀二》廣順元年（951）三月條："以前彰武軍節度使周密爲太子太師致仕。"彰武軍爲延州節度使軍號。

長子銳，仕皇朝爲内職。[1]次子廣，歷諸衞大將軍。[2]《永樂大典》卷一萬八千一百三十三。[3]

[1]銳：人名。即周銳。本書僅此一見。劉曄《乞揀選諸司庫務額員奏》稱"劉承珪提舉之日，曾于額外差殿直周銳簽書點檢"，可見周銳曾於天聖年間任殿直。見《宋會要輯稿》職官二七之四四。　　内職：北宋前期樞密院、宣徽院、三司使通稱爲"内職"。清紀昀《歷代職官表》卷三八《内務府》下："宋代樞密、宣徽、三司使，謂之内職。"

[2]廣：人名。即周廣。後周、北宋將領。傳見《宋史》卷二七一。　　次子廣，歷諸衞大將軍：《宋本册府》卷四一四《將帥部·赴援門》："周廣友，爲鄜州衙内都指揮使。天福七年二月，鄜州周密奏差男廣友部領馬步兵士二百人，往延州救應，殺戮逆黨，却回到州。"知周密之子周廣或作"周廣友"。《宋史》卷二七一《周廣傳》："廣幼從其父爲牙校。漢初，授供奉官。未幾，擢左千牛衞將軍。周祖命將討慕容彦超於兗州，以廣爲行營都監。賊平，録功遷右武衞將軍。俄改右神武將軍，充鎮淮軍兵馬都監……淮南

平，改眉州刺史。宋初，授隰州刺史。乾德三年，遷潘州團練使，令訓練雄武諸營。開寶二年，從征太原，爲攻城樓櫓戰權都部署，師還，加内外馬步軍副都軍頭。六年，改右屯衛大將軍，領郡如故。太平興國二年，卒。"

[3]《大典》卷一八一三三"將"字韻"後周將（二）"事目。

李懷忠

李懷忠，字光孝，太原晋陽人。[1]父海，本府軍校。[2]懷忠形質魁壯，[3]初事唐莊宗，隸于保衛軍。夾城之役，懷忠率先登城，以功補本軍副兵馬使。[4]莊宗平定山東，累遷保衛軍使。[5]天成中，歷陝府、許州、滄州都指揮使，遥領辰州刺史。[6]清泰初，以河西蕃部寇鈔，命懷忠屯方渠。[7]晋祖受命，以懷忠故人，召典禁兵，三遷護聖左右廂都指揮使，[8]遥領壽州節度使、檢校太保。[9]未幾，爲同州節度使、檢校太傅。[10]少帝嗣位，入爲右羽林統軍，改左武衛上將軍。[11]廣順中，以太子太傅致仕。[12]三年夏，卒，[13]年六十六。詔贈太子太師。《永樂大典》卷一萬三百九十。[14]

[1]晋陽：縣名。治所在今山西太原市。

[2]海：人名。即李海。本書僅此一見。　軍校：即牙校，低級武職。

[3]形質魁壯：《宋本册府》卷八八三《總録部·形貌門》作"形質魁壯，勇果出人"，明本《册府》作"形質魁壯，勇敢出人"。

[4]副兵馬使：官名。唐、五代方鎮自置之部隊統率官，兵馬

使副官。掌兵馬訓練、指揮。

[5]保衛：部隊番號。

[6]陝府：即陝州。治所在今河南三門峽市陝州區。 許州：州名。治所在今河南許昌市。 辰州：州名。治所在今湖南沅陵縣。 "天成中"至"遙領辰州刺史"：《宋本册府》卷三六○《將帥部·立功門一三》："李懷忠初仕後唐，爲陝府都指揮使。天成中，康福授靈武節度，時蕃部作梗，屯於保静，命懷忠援送，攻破諸戎，道途無滯。歷許州、滄州都指揮使，遙領辰州刺史。"

[7]方渠：縣名。治所在今甘肅環縣。

[8]護聖左右廂都指揮使：官名。所部統兵將領。"護聖"爲部隊番號。《輯本舊史》之影庫本粘籤："護聖，原本作'祜聖'，今從《通鑑》改正。"此所據未見詳引。

[9]壽州：州名。治所在今安徽壽縣。《輯本舊史》卷七八《晋高祖紀四》天福四年（939）四月丙子條："以護聖左右軍都指揮使李懷忠爲侍衛親軍馬軍都指揮使，領壽州忠正軍節度使。"

[10]同州：州名。治所在今陝西大荔縣。《輯本舊史》卷八○《晋高祖紀六》天福六年七月壬午條："以遙領壽州忠正軍節度使兼侍衛馬軍都指揮使李懷忠爲同州節度使。"

[11]少帝：即五代後唐愍帝（閔帝）李從厚。小名菩薩奴，明宗第三子。長興四年（933）十二月，李從厚即皇帝位，是爲後唐愍帝。應順元年（934）四月，李從珂入洛陽即帝位，令人毒殺愍帝。紀見本書卷四五、《新五代史》卷七。 左武衛上將軍：官名。唐置，掌宫禁宿衛。唐代置十六衛之一，從二品。 "少帝嗣位"至"改左武衛上將軍"：《輯本舊史》卷八二《晋少帝紀二》開運元年（944）六月庚午條："以同州節度使李懷忠爲左羽林統軍。"同書卷八四《晋少帝紀四》開運二年八月戊寅條："以右羽林統軍李懷忠爲左武衛上將軍。"

[12]太子太傅：官名。與太子太師、太子太保統稱太子三師。隋唐以後多作加官或贈官。從一品。《輯本舊史》卷一一一《周太

祖紀二》廣順元年（951）三月戊辰條："以前左武衞上將軍李懷忠爲太子太傅致仕。"

[13]三年夏，卒：《輯本舊史》一一三《周太祖紀四》廣順三年六月己巳條："太子太傅李懷忠卒。"

[14]《大典》卷一〇三九〇"李"字韻"姓氏（三五）"事目。

白文珂

白文珂，字德温，太原人也。[1]曾祖辯。父君成，遼州刺史。[2]文珂初事後唐武皇，補河東牙將，改遼州副使。莊宗嗣位，轉振武都指揮使。[3]天成中，鎮州節度使王建立表爲本州馬步軍都指揮使，遙授舒州刺史、檢校司空，歷青州、魏府都指揮使，歷瀛、蔚、忻、代四州刺史。[4]領代州日，兼蕃漢馬步都部署。漢高祖鎮并門，表爲副留守、檢校太保。[5]漢國初建，授河中節度使、西南面招討使、檢校太傅。漢祖定兩京，改天平軍節度使，加同平章事。[6]未幾，移鎮陝州，[7]檢校太師。會河中李守貞叛，詔充河中府行營都部署。[8]時文珂已老，朝議恐非守貞之敵，乃命太祖西征。河中平，[9]文珂授西京留守、河南尹。[10]太祖踐阼，加兼中書令。[11]頃之，以太子太師致仕。[12]世宗即位，封晉國公。顯德六年，[13]卒於西京，年七十九。輟視朝一日。

[1]太原人：《舊五代史考異》卷四："案：《洛陽縉紳舊聞記》作河東遼州人。"見《洛陽縉紳舊聞記》卷五"白中令知人"條。

　　[2]辯：人名。即白辯。本書僅此一見。　君成：人名。即白君成。本書僅此一見。　遼州：州名。治所在今山西左權縣。

　　[3]振武：方鎮名。後梁貞明二年（916）以前，治所位於單于都護府城（今内蒙古和林格爾縣）。貞明二年，單于都護府城爲契丹占據。此後至後唐清泰三年（936），治所位於朔州（今山西朔州市朔城區）。後晋時隨燕雲十六州割予契丹，改名順義軍。

　　[4]王建立：人名。遼州榆社（今山西榆社縣）人。五代後唐、後晋大臣。傳見《舊五代史》卷九一、《新五代史》卷四六。　馬步軍都指揮使：官名。五代時藩鎮馬步軍之長官。五代軍隊編制，五百人爲一指揮，設指揮使、副指揮使；十指揮爲一軍，設都指揮使、副都指揮使。　舒州：州名。治所在今安徽安慶市。　青州：州名。治所在今山東青州市。　魏府：即魏州。治所在今河北大名縣。　蔚：州名。治所在今河北蔚縣。　歷瀛、蔚、忻、代四州刺史：《輯本舊史》卷八三《晋少帝紀三》開運元年（944）九月壬辰條："太原奏，代州刺史白文珂破契丹於七里烽，斬首千餘級，生擒將校七十餘人。"

　　[5]蕃漢馬步都部署：官名。唐五代方鎮高級統兵官。　并門：指并州。治所在今山西太原市。　副留守：官名。即軍事長官副貳。　"領代州日"至"檢校太保"：《舊五代史考異》卷四："案《洛陽縉紳舊聞記》：白中令文珂在代州日，值漢祖授北京留守、河東節度使，代屬郡也。中令長子曰廷誨，時爲衙内指揮使，每日以事干郡政。漢祖聞之，怒其失教，遂奏之，罷郡。白以屬郡路由并州，遂詣府參謁。漢祖見之，覩其儀貌敦厚，舉止閒雅，訪以時事，對答有條。漢祖由是大喜，屢開筵宴，命賓客盡歡而罷。時漢祖已奏乞除一人北京副留守，未報，漢祖因奏公乞就除副留守，朝廷可之。"此《考異》中華書局本有校勘記："對答有條貫，'貫'字原闕，據《洛陽縉紳舊聞記》卷五補。"

　　[6]西南面招討使：官名。掌招撫、討伐等事務。　"漢國初建"至"加同平章事"：《輯本舊史》卷九九《漢高祖紀上》天福

十二年（947）三月癸丑條："以北京副留守、檢校司徒白文珂爲河中節度使、檢校太尉。"《通鑑》卷二八七天福十二年五月條："帝之即位也，絳州刺史李從朗與契丹將成霸卿等拒命，帝遣西南面招討使、護國節度使白文珂攻之，未下。帝至城下，命諸軍四布而勿攻，以利害諭之。戊申，從朗舉城降。"胡三省注："護國軍河中府；時未得河中，白文珂領節也。"《輯本舊史》卷一〇〇《漢高祖紀下》天福十二年七月甲辰條："以河中節度使、檢校太尉白文珂爲鄆州節度使，加同平章事。"鄆州爲天平軍節度使治所。

[7]移鎮陝州：中華書局本有校勘記："'移'字原闕，據孔本補。"《輯本舊史》卷一〇一《漢隱帝紀上》乾祐元年（948）三月甲戌條："以前河中節度使、檢校太尉、同平章事白文珂爲陝州節度使。"

[8]行營都部署：官名。凡行軍征討，掛帥率軍戰鬥，總管行營事務。《輯本舊史》卷一〇一《漢隱帝紀上》乾祐元年四月戊子條："以陝州節度使白文珂爲河中府城下一行都部署。"

[9]河中平：《舊五代史考異》卷四："案《洛陽縉紳舊聞記》：中令在北京日，素與周祖親洽，屢召中令諮詢戎事。三叛平，周祖德之。"

[10]西京留守：官名。唐玄宗久住東都洛陽，天寶元年（742）以京師長安爲西京，改西都留守爲西京留守，仍掌京師軍政要務。肅宗以後稱長安爲上都，仍沿用西京留守舊稱。五代沿置。

河南尹：官名。唐開元元年（713）改洛州爲河南府，治所在今河南洛陽市，河南府尹總其政務。從三品。　文珂授西京留守、河南尹：《輯本舊史》卷一〇二《漢隱帝紀中》乾祐二年八月甲申條："以陝州節度使、充河中一行兵馬都部署白文珂爲西京留守，加兼侍中。"《通鑑》卷二八八乾祐二年八月甲申條："郭威自河中還，過洛陽；（王）守恩自恃位兼將相，肩輿出迎。威怒，以爲慢己，辭以浴，不見，即以頭子命保義節度使、同平章事白文珂代守恩爲留守，文珂不敢違。守恩猶坐客次，吏白：'新留守已視事於府矣。'守恩大驚，狼狽而歸，見家屬數百已逐出府，在通衢矣。朝廷不之問，以文珂兼侍中，充西京留守。"

[11]加兼中書令：《輯本舊史》卷一一〇《周太祖紀一》廣順元年（951）正月己卯條："西京白文珂加兼中書令。"

[12]以太子太師致仕：《輯本舊史》卷一一二《周太祖紀三》廣順三年二月辛亥條："以前西京留守白文珂爲太子太師致仕，進封韓國公。"《舊五代史考異》卷四："案《洛陽縉紳舊聞記》：中令以年老堅請不已，遂許之，賜肩輿、鳩杖，命宰臣備祖筵于板橋，餞之。"明本《册府》卷七六《帝王部·禮大臣門》："周太祖廣順三年三月，太子太師致仕，白文珂辭還洛陽，賜襲衣、金帶、鞍馬、錦綵、銀器、肩輿，示優禮也。"

[13]顯德六年：中華書局本作"顯德元年"，有校勘記："'元年'，本書卷一二〇《周恭帝紀》作'六年'。按本書卷一一五《周世宗紀二》：'（顯德二年二月）賜太子太師致仕侯益、白文珂、宋彥筠等茶藥、錢帛各有差。'據此白文珂當卒於顯德二年後。"《輯本舊史》卷一二〇《周恭帝紀》顯德六年（959）十一月戊申條："西京奏，太子太師致仕白文珂卒。"據改。

　　子廷誨，仕皇朝，歷諸衞將軍，[1]卒。《永樂大典》卷二萬二千二百十六。[2]

[1]廷誨：人名。即白廷誨。北宋將領，曾任右衞將軍。事見《宋史》卷四七九《孟昶傳》："乾德二年，右衞將軍白廷誨充濠砦使。"另，《新五代史》卷三〇《王章傳》："爲州孔目官，張令昭逐節度使劉延皓，章事令昭。令昭敗，章婦翁白文珂與副招討李周善，乃以章托周。周匿章褥中，以橐駝負之洛陽，藏周第。唐滅，章乃出，爲河陽糧料使。"知白文珂有婿王章。

[2]《大典》卷二二二一六"白"字韻"姓氏（四）"事目。

白延遇

白延遇，字希望，太原人也。幼畜於晋之公宫，[1]年十三，從晋祖伐蜀，以趫悍見稱。晋有天下，歷典禁軍，累遷至檢校司空。天福中，晋祖在鄴，安重榮叛於鎮州，[2]帥衆數萬指闕而來，[3]晋祖命杜重威統諸將以禦之。[4]時延遇不預其行，乃泣告晋祖，願以身先，許之。及陣于宗城，延遇率其屬先犯之，斬級數十，[5]戰既酣，而劍亦折，諸將由是推伏。晋祖聞之，即命中使以寶劍、良馬賜之。[6]常山平，以功授檢校司徒，充馬軍左厢都校。[7]後出爲汾州刺史，遷復州防禦使。[8]

[1]幼畜於晋之公宫：中華書局本有校勘記：“‘晋’下《册府》卷八四七有‘高祖’二字。”見《宋本册府》卷八四七《總録部·勇門》。

[2]安重榮叛於鎮州：“安重榮”，《宋本册府》卷三九六《將帥部·勇敢門》三作“安鐵胡”。鐵胡爲安重榮小名。

[3]帥衆數萬指闕而來：中華書局本有校勘記：“‘指’，原作‘詣’，據《劍策》卷一〇引《五代史》，《册府》卷三八七、卷三九六改。”《宋本册府》卷三八七爲《將帥部·褒異門一三》。

[4]晋祖命杜重威統諸將以禦之：“杜重威”，《宋本册府》卷三八七《將帥部·褒異門一三》作“杜重暉”。

[5]斬級數十：中華書局本有校勘記：“‘數十’，《册府》卷三八七作‘數千’，《劍策》卷一〇引《五代史》、《册府》卷三九六作‘數百’。”

[6]中使：指宫中派出的使者，多爲宦官。

[7]馬軍左厢都校：官名。所部統兵將領。中華書局本有校勘

記："'左'，《劍策》卷一〇引《五代史》、《册府》卷三八七作'右'。"《通鑑》卷二八五開運三年（946）六月乙丑條："定州言契丹勒兵壓境……遣護聖指揮使臨清王彥超、太原白延遇以部兵十營詣邢州。"本傳未載其事。

[8]汾州：州名。治所在今山西汾陽市。　復州：州名。治所在今湖北天門市。

　　國初，加檢校太保，尋受代歸闕。屬太祖親征兗海，以延遇爲先鋒都校，兗州平，授齊州防禦使。[1]歲餘，改兗州防禦使。在兗二年，爲政有聞，人甚安之，州民數百詣闕，乞立德政碑以頌其美。顯德二年冬，世宗命宰臣李穀爲淮南道軍都部署，乃詔延遇爲先鋒都校。[2]三年春，帥其所部與韓令坤先入揚州，[3]軍聲甚振，尋命以別部屯於盛唐，[4]前後敗淮賊萬餘衆。四年夏，世宗迴自壽春，[5]制以延遇爲同州節度使。[6]未赴任，復命帥衆南征。是年冬，以疾卒於濠州城下。[7]詔贈太尉。[8]《永樂大典》卷二萬二千二百十六。[9]

　　[1]兗海：方鎮名。治所在兗州（今山東濟寧市兗州區）。兗州：州名。治所在今山東濟寧市兗州區。　齊州：州名。治所在今山東濟南市。

　　[2]李穀：人名。潁州汝陰（今安徽阜陽市）人。五代後周宰相。傳見《宋史》卷二六二。　淮南道軍都部署：淮南道，道名。唐貞觀十道、開元十五道之一。唐貞觀元年（627）置，轄境相當於今淮河以南，長江以北，東至海，西至今湖北中部。開元二十一年（733）置淮南道採訪處置使，治所在揚州（今江蘇揚州市）。乾元元年（758）廢。但作爲地理區劃一直沿用至五代。軍都部署，

似爲前軍都部署，官名。爲臨時委任的軍區統帥。掌管行營屯戍、攻防等事務。《輯本舊史》卷一一五《周世宗紀二》顯德二年（955）十一月壬戌條：“淮南前軍都部署李穀奏，先鋒都指揮使白延遇破淮賊於來遠鎮。”明本《册府》卷四三五《將帥部·獻捷門二》：“世宗顯德二年十二月，淮南道行營前軍都部署李穀上言：‘副部署王彦超敗淮賊二千餘人於壽州城下。’又言：‘先鋒都指揮使白延遇敗淮賊軍千餘人于山口鎮。’”

［3］韓令坤：人名。磁州武安（今河北武安市）人。五代、宋初將領。傳見《宋史》卷二五一。　揚州：州名。治所在今江蘇揚州市。　帥其所部與韓令坤先入揚州：《通鑑》卷二九二顯德三年二月乙酉條：“韓令坤奄至揚州；平旦，先遣白延遇以數百騎馳入城，城中不之覺。”明本《册府》卷四〇一《將帥部·行軍法門》：“向訓，顯德中爲淮南節度使。先是，王師久駐維楊，都將趙晁、白延遇等驕恣橫暴，不相稟命，競以子女玉帛，至有劫人之父夫强取人之妻子者，緜是人情大懼。及訓到鎮，戮其不奉法者數人，方稍整肅。”

［4］盛唐：地名。似位於揚州附近。《宋本册府》卷三八七《將帥部·襃異門一三》作“盛塘”。《輯本舊史》之影庫本粘籤：“盛唐，原本作‘成康’，今從《通鑑》改正。”此據《通鑑》卷二九二顯德三年二月戊辰條。

［5］壽春：縣名。治所在今安徽壽縣。“壽春”，《宋本册府》卷三八七《將帥部·襃異門一三》作“壽陽”。壽陽爲壽春舊稱。

［6］制以延遇爲同州節度使：《輯本舊史》卷一一七《周世宗紀四》顯德四年五月己亥條：“以兗州防禦使白延遇爲同州節度使。”

［7］濠州：州名。治所在今安徽鳳陽縣。　以疾卒於濠州城下：明本《册府》卷四二五《將帥部·死事門二》：“白延遇爲濠州刺史，帥衆從侍衛使李重進攻圍濠州，力戰，爲賊所傷，數日而卒。”

［8］太尉：官名。與司徒、司空並爲三公，唐後期、五代時多

爲大臣、勳貴加官。正一品。　詔贈太尉：《輯本舊史》卷一一七《周世宗紀四》顯德四年十二月丙子條：“故同州節度使白延遇贈太尉。”

[9]《大典》卷二二二一六“白”字韻“姓氏（四）”事目。

唐景思

唐景思，秦州人也。[1]幼以屠狗爲業，善角觝戲。初事僞蜀爲軍校。唐同光中，莊宗命魏王繼岌帥師伐蜀，時景思以所部戍於固鎮，首以其城降於繼岌，乃授興州刺史。[2]爲貝州行軍司馬，屬契丹攻其城，因陷於幕庭，趙延壽素知其名，令隸於帳下，署爲所部壕砦使。[3]開運末，契丹據中原，以景思爲亳州防禦使。領事之日，會草寇數萬攻圍其城，景思悉力以拒之。後數日城陷，景思挺身而出，使人告於鄰郡，得援軍數百，逐其草寇，復有其城，亳民賴是以濟。

[1]秦州：州名。治所在今甘肅天水市。

[2]繼岌：人名。即李繼岌。後唐莊宗李存勗長子，封魏王。傳見《新五代史》本卷。　固鎮：地名。位於今甘肅徽縣。　興州：州名。治所在今陝西略陽縣。　“唐同光中”至“乃授興州刺史”：《輯本舊史》卷三三《唐莊宗紀七》同光三年（925）十月戊寅條：“西征之師入大散關，僞命鳳州節度使王承捷、故鎮屯駐指揮使唐景思次第迎降。”《通鑑》卷二七三同光三年十月丁丑條：“李紹琛（即康延孝）攻蜀威武城，蜀指揮使唐景思將兵出降。”《考異》：“《實錄》：‘十月，戊寅，魏王繼岌至鳳州，王承捷以鳳、興、文、成四州降。前一日，康延孝、李嚴至故鎮威武城，唐景思

等降．'按今故鎮在鳳州西四程，延孝未下鳳州，何能先至故鎮！又蜀之守禦必在鳳州之東，或者當時鳳州之東別有威武城亦名故鎮、非今之故鎮歟？"同月辛巳條："興州刺史王承鑒棄城走，紹琛等克興州，郭崇韜以唐景思攝興州刺史。"又，"固鎮"，《新五代史》卷四九《唐景思傳》同，《輯本舊史》卷三三、《通鑑》卷二七三《考異》引《實錄》、《宋本册府》卷三六七《將帥部·機略門七》皆作"故鎮"。

[3]行軍司馬：官名。出征將領及節度使的屬官。掌軍籍符伍、號令印信，是藩鎮重要的軍政官員。 趙延壽：人名。本姓劉，恒山（今河北正定縣）人。後唐明宗李嗣源女婿，後降契丹，引導契丹攻滅後晋。傳見《遼史》卷七六。 壕砦使：官名。即壕寨使。掌修造壕寨壁壘等軍事工程。 "爲貝州行軍司馬"至"署爲所部壕砦使"：《新五代史》卷四九《唐景思傳》："晋高祖時，爲貝州行軍司馬。出帝時，契丹攻陷貝州，景思爲趙延壽所得，以爲壕砦使。"

漢初，改授鄧州行軍司馬，[1]常鬱鬱不得志，後受代歸闕。乾祐中，命景思爲沿淮巡檢使，屢挫淮賊。[2]時史弘肇淫刑黷貨，[3]多織羅南北富商殺之，奪其財，大開告密之門。景思部下有僕夫，[4]希求無厭，雖委曲待之，不滿其心，一日拂衣而去，見弘肇，言景思受淮南厚賂，私貯器械，欲爲内應。弘肇即令親吏殿三十騎往收之，告者謂收吏曰："景思多力，十夫之敵也，見便殺之，不然，則無及矣。"收騎至，景思迎接。有欲擒之者，景思以兩手抱之，大呼曰："冤哉！景思何罪？設若有罪，死亦非晚，何不容披雪？公等皆丈夫，安忍如此！"都將命釋之，引告者面證景思，言受淮南賂。[5]

景思曰："我從人家人並在此，若有十縚貯積，亦是受賂。言我貯甲仗，除官賜外，有一事亦是私貯。"使者搜索其家，唯衣一笥、軍籍糧簿而已，乃寬之。景思曰："使者但械繫送我入京。"[6]先是，景思別有紀綱王知權者，在京，聞景思被誣，乃見史弘肇曰："唐景思赤心爲國，某服事三十年，孝於父母，義於朋友，被此誣罔，何以伸陳。某請先下獄，願公追劾景思，免至冤橫。"弘肇憫之，令在獄，日與酒食。景思既桎梏就路，潁、亳之人隨至京師，衆保證之。弘肇乃令鞫告事者，具伏誣陷，即斬之，遂奏釋景思。

[1]鄧州：州名。治所在今河南鄧州市。

[2]巡檢使：官名。五代始置，設於京師、陪都、重要的州及邊防重鎮。　屢挫淮賊：明本《册府》卷八七五《總錄部·訟冤門四》其後尚有"而性忠恕，所至能撫養，民心歸之"十三字。

[3]史弘肇：人名。鄭州滎澤（今河南鄭州市）人。五代後漢將領。傳見本書卷一〇七、《新五代史》卷三〇。

[4]景思部下有僕夫：明本《册府》卷八七五《總錄部·訟冤門四》其後尚有"承京都薦托，恃其有主"九字。

[5]淮南：方鎮名。治所在揚州（今江蘇揚州市）。

[6]使者但械繫送我入京：中華書局本有校勘記："'者'字原闕，據《册府》卷八七一、卷八七五補。"見明本《册府》卷八七一《總錄部·救患門二》、卷八七五《總錄部·訟冤門四》。

顯德初，河東劉崇帥衆來寇，世宗親總六師以禦之。及陣於高平，景思於世宗馬前距踴數四，且曰："願賜臣堅甲一聯，以觀臣之效用。"世宗由是知其名，因以高平陣所得降軍數千人，署爲効順指揮，命景思董之，使屯于淮上。[1]三年春，世宗親征淮甸，景思繼有戰功，乃命遥領饒州刺史。[2]未幾，改授濠州行刺史，令帥衆攻圍濠州。[3]四年冬，因力戰，爲賊鋒所傷，數日而卒。世宗甚憫之，詔贈武清軍節度使。[4]《永樂大典》卷六千三百七十一。[5]

[1]使屯于淮上：中華書局本有校勘記："'屯'字原闕，據《御覽》卷三五五引《五代周史》，《册府》卷三八七、卷三八九補。"《宋本册府》卷三八七《將帥部·褒異門一三》作"屯於淮上"，《宋本册府》卷三八九《將帥部·請行門》作"屯淮上"。《通鑑》卷二九一顯德元年（954）三月甲午條："休兵於高平，選北漢降卒數千人爲効順指揮，命前武勝行軍司馬唐景思將之，使戍淮上，餘二千餘人賜貲裝縱遣之。"鄧州爲武勝軍節度使治所。

[2]淮甸：後周世宗三次親征南唐，取江淮十四州。　饒州：州名。治所在今江西鄱陽縣。　"三年春"至"乃命遥領饒州刺史"：明本《册府》卷一一八《帝王部·親征門三》：顯德三年正月，"丙辰，至壽州城下……丁巳……又命侍衛步軍都指揮使李繼勳領兵於城之南，効順都指揮使唐景思（原書誤作'景恩'）領兵於城之東，各進洞屋雲梯以攻之"。

[3]令帥衆攻圍濠州：《輯本舊史》之影庫本粘籤："濠州，原本作'灝州'，今從《通鑑》改正。"此據《通鑑》卷二九三顯德三年四月甲子條。

[4]武清軍：方鎮名。治所在衡州（今湖南衡陽市）。《輯本舊史》卷一一七《周世宗紀四》顯德四年十二月丙子條："故濠州刺史唐景思贈武清軍節度使。"

[5]《大典》卷六三七一"張"字韻"姓氏（四一）"事目，與唐景思姓氏不合，誤。《大典》出處待考。

　　史臣曰：自古爲人臣者，望重則必危，功崇則難保，自非賢者，疇能免之？況王鄴帥昧明哲之規，[1]周太祖乃雄猜之主，欲無及禍，其可得乎！自福進而下，皆將帥之英也，擁旄作翰，諒亦宜然。唯彦超以捍寇而没，可不謂忠乎！《永樂大典》卷六千三百七十一。[2]

　　[1]王鄴帥：即王殷，事於鄴帥范延光。

　　[2]《大典》卷六三七一"張"字韻"姓氏（四一）"事目。此條史論應與《唐景思傳》録自《大典》同一卷，後者所注《大典》卷數有誤，故此處所注卷數亦誤。

舊五代史　卷一二五

周書十六

列傳第五

趙暉

　　趙暉，字重光，澶州人也。弱冠以驍果應募，始隸
於莊宗帳前。與大梁兵經百餘戰，以功遷馬直軍使。[1]
同光中，從魏王破蜀，命暉分統所部，南戍蠻陬。[2]明
宗即位，徵還，授禁軍指揮使。[3]晋有天下，參掌衛兵，
從馬全節圍安陸，佐杜重威戰宗城，皆有功，改奉國指
揮使。[4]開運末，以部兵屯於陝，屬契丹入汴，[5]慨然有
憤激之意。及聞漢祖建義於并門，乃與部將王晏、侯章
戮力叶謀，[6]逐契丹所命官屬，據有陝州，即時馳騎，
聞於漢祖。[7]漢祖乃命暉爲保義軍節度、陝虢等州觀察
處置等使。[8]

　　[1]澶州：州名。唐大曆七年（772）移治今河南清豐縣，五

代後晉天福四年（939）移治今河南濮陽縣。　莊宗：即後唐莊宗李存勖。沙陀人。五代後唐王朝的建立者。紀見本書卷二七至卷三四、《新五代史》卷五。　馬直軍使：官名。所部統兵將領。"馬直"爲部隊番號。　"趙暉"至"以功遷馬直軍使"：《宋本册府》卷八四七《總録部·勇門》："趙暉，代家天水，近世徙居於魏，故今爲郡人焉。暉生於貧賤，弱冠習武，以挽强稱。唐莊宗之戰河朔也，廣募驍雄以備征伐，始隸於莊宗帳前。與大梁兵凡經百餘戰，摧堅陷陣，名出行伍間。"内容大體一致，字句頗有出入。

[2]同光：後唐莊宗李存勖年號（923—926）。　魏王：即李繼岌。後唐莊宗長子。傳見本書卷五一、《新五代史》卷一四。

[3]明宗：即李嗣源。沙陀部人，應州金城（今山西應縣）人。李克用養子，逼宮李存勖後自立爲後唐皇帝。紀見本書卷三五至卷四四、《新五代史》卷六。　禁軍指揮使：官名。唐後期、五代禁軍長官。

[4]馬全節：人名。魏郡元城（今河北大名縣）人。五代後唐、後晉將領。傳見本書卷九〇、《新五代史》卷四七。　安陸：縣名。治所在今湖北安陸市。　杜重威：人名。朔州（今山西朔州市朔城區）人。五代後晉重要軍政官員。傳見本書卷一〇九、《新五代史》卷五二。　宗城：縣名。治所在今河北威縣。　奉國：部隊番號。五代中央禁軍之一。

[5]開運：後晉出帝石重貴年號（944—946）。　陝：州名。治所在今河南三門峽市陝州區。　汴：地名。即今河南開封市。屬契丹入汴：中華書局本有校勘記："《册府》卷七六六作'屬北戎亂華'。"見《宋本册府》卷七六六《總録部·攀附門二》。

[6]漢祖：即劉知遠。太原（今山西太原市）人。其先西突厥沙陀部人。五代後唐、後晉將領，後漢高祖。紀見本書卷九九至卷一〇〇、《新五代史》卷一〇。　并門：即并州。治所在今山西太原市。　王晏：人名。徐州滕（今山東滕州市）人。五代、宋初將領。傳見《宋史》卷二五二。　侯章：人名。并州榆次（今山西

晋中市榆次區）人。五代、宋初將領。傳見《宋史》卷二五二。

乃與部將王晏、侯章戮力叶謀：《通鑑》卷二八六天福十二年（947）二月庚午條："契丹以其將劉愿爲保義節度副使，陝人苦其暴虐。奉國都頭王晏與指揮使趙暉、都頭侯章謀曰：'今胡虜亂華，乃吾屬奮發之秋。河東劉公，威德遠著，吾輩若殺愿，舉陝城歸之，爲天下唱，取富貴如返掌耳。'暉等然之。"據此，則王晏首謀，趙暉、侯章從其謀。

[7]陝州：州名。治所在今河南三門峽市陝州區。 "逐契丹所命官屬"至"聞於漢祖"：《輯本舊史》之案語："《通鑑》：'契丹主賜趙暉詔，即以爲保義留後。暉斬契丹使者，焚其詔，遣支使河間趙矩奉表晋陽。'較《薛史》爲詳。"此據《通鑑》卷二八六天福十二年二月條。"逐契丹所命官屬"，中華書局本有校勘記："'逐'，《册府》卷三六〇、卷七六六作'戮'。按本書卷九九《漢高祖紀》上：'趙暉、侯章、都頭王晏殺契丹監軍及副使劉愿。''所命'，《册府》卷三六〇、卷七六六作'僞命'。"見《宋本册府》卷三六〇《將帥部·立功門一三》、卷七六六《總録部·攀附門二》）。

[8]保義軍：方鎮名。治所在陝州（今河南三門峽市陝州區）。節度：官名。唐時在重要地區所設掌握一州或數州軍事、民事、財政的長官。 陝虢：方鎮名。治所在陝州（今河南三門峽市陝州區），唐龍紀元年（889）改爲保義軍。 觀察處置等使：官名。即觀察處置使。唐玄宗以後，採訪、觀察、都統等使加"處置"，賦予處理、決斷權。開元二十二年（734）初置採訪處置使，以御史中丞盧絢等爲之，乾元元年（758）改爲觀察處置使。

漢祖之幸東京，路出于陝，暉戎服朝于路左，手控六飛，達于行宮，君臣之義如舊結焉，旋加檢校太尉。[1]乾祐初，移鎮鳳翔，加同平章事。屬王景崇叛據岐山，及期不受代，朝廷即命暉爲西南面行營都部署，統兵以討之。[2]時李守貞叛於蒲，趙思綰據于雍，與景崇皆遞相爲援，又引蜀軍出自大散關，[3]勢不可遏。暉領兵數千，數戰而勝，然後塹而圍之。暉屢使人挑戰，賊終不出，乃潛使千餘人，於城南一舍之外，擐甲執兵，僞爲蜀兵旗幟，循南山而下，[4]詐令諸軍聲言川軍至矣。須臾，西南塵起，城中以爲信，乃令數千人潰圍而出，[5]以爲應援，暉設伏而待，一鼓而盡殪之。自是景崇膽破，不復敢出。明年春，拔之，加檢校太師、兼侍中。[6]

　　[1]東京：地名。即今河南開封市。　檢校太尉：官名。爲散官或加官，以示恩寵，無實際執掌。太尉，與司徒、司空並爲三公。

　　[2]乾祐：後漢高祖劉知遠及隱帝劉承祐年號（948—950）。北漢世祖劉旻、睿宗劉鈞沿用至九年（956）。　鳳翔：方鎮名。治所在鳳翔府（今陝西鳳翔縣）。　同平章事：官名。“同中書門下平章事”之簡稱。唐高宗以後，凡實際任宰相之職者，常在其本官後加同平章事的職銜。後成爲宰相專稱。後晉天福五年（940），升中書門下平章事爲正二品。　王景崇：人名。邢州（今河北邢臺市）人。五代後漢時升任鳳翔節度使。傳見本書附録、《新五代史》卷五三。　岐山：山名。位於今陝西岐山縣東北。　西南面行營都部署：官名。凡行軍征討，掛帥率軍戰鬥，總管行營事務。　“乾祐初”至“統兵以討之”：明本《册府》卷一二三《帝王部·征討門三》作：“（乾祐二年）七月，鳳翔節度使王景崇拒命不受代。詔新除鳳翔節度使趙暉充鳳翔行營都部署以討之。”

　　[3]李守貞：人名。河陽（今河南孟州市）人。五代藩鎮軍

閥。傳見本書卷一〇九、《新五代史》卷五二。　蒲：即河中府。
治所在今山西永濟市西南。　趙思綰：人名。魏州（今河北大名
縣）人。五代將領。傳見本書卷一〇九、《新五代史》卷五三。
雍：地名。即京兆府，治所在今陝西西安市。　大散關：關隘名。
位於今陝西寶雞市大散嶺上。

　　[4]南山：山名。即終南山。位於今陝西西安市南。

　　[5]乃令數千人潰圍而出：中華書局本有校勘記："‘人’字原
闕，據殿本、邵本校、《册府》卷三六七、《武經總要》後集卷六、
《新五代史》卷五三《王景崇傳》補。影庫本批校：‘數千人潰圍而
出，脱“人”字。’"見《宋本册府》卷三六七《將帥部·機略
門七》。

　　[6]檢校太師：官名。爲散官或加官，以示恩寵，無實際執掌。
中華書局本有校勘記："‘太師’，原作‘太保’，據《册府》卷三
六〇、卷三八七改。按本書卷一〇二《漢隱帝紀中》：‘（乾祐二年
九月）癸亥，鎮州武行德、鳳翔趙暉並加檢校太師。’"　侍中：
官名。秦始置。隋、唐前期爲門下省長官。唐後期多爲大臣加銜，
不參與政務，實際職務由門下侍郎執行。正二品。

　　國初，就加兼中書令。[1]三年春，[2]拜章請覲，詔從
之，入朝，授歸德軍節度使。[3]顯德元年，受代歸闕，
以疾告老，授太子太師致仕，[4]進封秦國公。尋卒于其
第，年六十七。制贈尚書令。[5]《永樂大典》卷一萬六千九
百九十一。[6]

　　[1]中書令：官名。漢代始置，隋、唐前期爲中書省長官，屬
宰相之職，唐後期多爲授予元勳大臣的虛銜。正二品。

　　[2]三年春：明本《册府》卷一六八《帝王部·却貢獻門》：
廣順三年"四月丁巳，鳳翔節度趙暉進奉錢絹請開宴，不納"。又

明本《册府》卷一六九《帝王部·納貢獻門》：廣順三年四月，"鳳翔趙暉來朝，進馬一百一十七匹，絹五千疋，銀五千兩，賜襲金帶"。

[3]歸德軍：方鎮名。治所在宋州（今河南商丘市睢陽區）。本後梁宣武軍，後唐改名歸德軍。

[4]顯德：五代後周太祖郭威年號（954）。世宗柴榮、恭帝柴宗訓沿用（954—960）。　太子太師：官名。與太子太傅、太子太保統稱太子三師。隋唐以後多作加官或贈官。從一品。

[5]尚書令：官名。秦始置，隋、唐前期爲尚書省長官，與中書令、侍中並爲宰相。唐後期多爲大臣加銜，不參與政務。正二品。

[6]《大典》卷一六九九一"趙"字韻"姓氏（七）"事目。

王守恩

王守恩，字保信，太原人。[1]父建立，潞州節度使，[2]封韓王，《晋書》有傳。守恩以門蔭，幼爲内職，遷懷、衛二州刺史，[3]後歷諸衛將軍。開運末，契丹陷中原，守恩時因假告歸於潞。時潞州節度使張從恩，懼契丹之盛，將朝于戎王。以守恩婚家，甚倚信之，乃移牒守恩，請權爲巡檢使。從恩既去，守恩以潞城歸於漢祖，仍盡取從恩之家財。[4]漢祖即以守恩爲昭義軍節度使。[5]漢有天下，移鎮邠寧，[6]加同平章事。乾祐初，遷永興軍節度使。[7]時趙思綰已據長安，[8]乃改授西京留守。[9]

[1]太原：府名。治所在今山西太原市。

　　[2]建立：即王建立。遼州榆社（今山西榆社縣）人。五代後唐、後晉大臣。五代後晉將領。傳見本書卷九一、《新五代史》卷四六。　　潞州：州名。治所在今山西長治市。

　　[3]懷：州名。治所在今河南沁陽市。　　衛：州名。治所在今河南衛輝市。　　刺史：官名。州一級行政長官。漢武帝時始置，總掌考覈官吏、勸課農桑、地方教化等事。唐中期以後，節度使、觀察使轄州而設，刺史爲其屬官，職任漸輕。從三品至正四品下。遷懷、衛二州刺史：中華書局本有校勘記：“王守恩墓誌（拓片刊《千堂誌齋藏誌》）：‘庚寅歲，授遼州刺史……再牧於遼，尋轉衛州刺史。’未記其嘗爲懷州刺史。”

　　[4]張從恩：人名。太原人。五代後晉外戚、將領。仕至宋初。傳見《宋史》卷二五四。　　巡檢使：官名。唐末、五代置。掌巡邏重鎮、要地。　　“開運末”至“仍盡取從恩之家財”：《舊五代史考異》：“案《通鑑》云：從恩以副使趙行遷知留後，牒守恩權巡檢使，與高防佐之。高防與守恩謀，遣指揮使李萬超白晝率衆大譟，斬趙行遷，推守恩權知昭義留後。守恩殺契丹使者，舉鎮來降。《宋史·李萬超傳》云：張從恩將棄城歸契丹，會前驍衛將軍王守恩服喪私第，從恩即委以後事遁去。及契丹使至，專領郡務，守恩遂無所預，萬超奮然謂其部下曰：‘我輩垂餌虎口，苟延旦夕之命，今欲殺使保其城，非止逃生，亦足建勳業，汝曹能乎？’衆皆躍然喜曰：‘敢不惟命。’遂率所部大譟入府署，殺其使，推守恩爲帥，列狀以聞。漢祖從其請，乃命史宏肇統兵，先渡河至潞，見萬超，語之曰：‘收復此州，公之力也，吾欲殺守恩，以公爲帥，可乎？’萬超對曰：‘殺契丹使以推守恩，蓋爲社稷計耳，今若賊害于人，自取其利，非宿心也。’宏肇大奇之。”其中，“趙行遷知留後”一句，中華書局本有校勘記：“‘知留後’，原作‘之留守’，據殿本、劉本、孔本、《通鑑》卷二八六改。”“率衆大譟”一句，中華書局本有校勘記：“‘率’原作‘卒’，據殿本、劉本改。”此據《通鑑》卷二八六天福十二年（947）二月條。

[5]昭義軍：方鎮名。治所在潞州（今山西長治市）。

[6]邠寧：方鎮名。治所在今陝西彬縣。

[7]永興軍：方鎮名。治所在京兆府（今陝西西安市）。

[8]長安：地名。即今陝西西安市。　時趙思綰已據長安：《輯本舊史》之影庫本粘籤：“思綰，原本作‘田綰’，今從《通鑑》改正。”此據《通鑑》卷二八八乾祐二年（949）七月甲辰條。

[9]西京留守：官名。唐玄宗久住東都洛陽，天寶元年（742）以京師長安爲西京，改西都留守爲西京留守，仍掌京師軍政要務。肅宗以後稱長安爲上都，仍沿用西京留守舊稱。五代沿置。

　　守恩性貪鄙，委任羣小，以掊斂爲務，雖病坊殘癃者，[1]亦不免其稅率，[2]人甚苦之。洛都嘗有豪士，爲二姓之會，守恩乃與伶人數輩夜造其家，[3]自爲賀客，因獲白金數笏而退。[4]太祖迴自河中，駐軍於洛陽，詔以白文珂代之，守恩甚懼。而洛人有曾爲守恩非理割剝者，皆就其第，徵其舊物，守恩一一償之。[5]及赴闕，止奉朝請而已。[6]乾祐末，既殺史弘肇等，漢少帝召羣臣上殿以諭之，[7]時守恩越班而颺言曰：“陛下今日始睡覺矣。”其出言鄙俚也如此。

[1]雖病坊殘癃者：明本《册府》卷四五五《將帥部·貪黷門》作“雖病殘癃者”。

[2]稅率：中華書局本有校勘記：“‘稅率’，《册府》卷四五五作‘科率’。”

[3]洛都：即西京洛陽。在今河南洛陽市。　與伶人數輩夜造其家：中華書局本有校勘記：“‘其家’二字原闕，據《册府》卷四五五補。”

[4]因獲白金數笏而退：《通鑑》卷二八八乾祐二年（949）七月條："西京留守、同平章事王守恩，性貪鄙，專事聚斂。喪車非輸錢不得出城，下至抒厠、行乞之人，不免課率。或縱麾下，令盜人財。有富室取婦，守恩與俳優數人往爲賓客，得銀數鋌而返。"

[5]太祖：即郭威。邢州堯山（今河北隆堯縣）人。五代時後周王朝的建立者。紀見本書卷一一〇至卷一一三、《新五代史》卷一一。　河中：方鎮名。治所在河中府（今山西永濟市）。　洛陽：地名。即今河南洛陽市。　白文珂：人名。太原（今山西太原市）人。五代後唐至後周將領。傳見本書卷一二四。　　"太祖迴自河中"至"守恩一一償之"：《五代史補》："周高祖爲樞密，鳳翔、永興、河中三鎮反，高祖帶職出討之，回戈路由京洛。時王守恩爲留守，以使相自專，乘檐子迎高祖於郊外，高祖遙見大怒，且疾驅入於公館。久之，始令人傳旨，托以方浴，守恩不知其怒，但安坐俟久。時白文珂在高祖麾下，召而謂曰：'王守恩乘檐子俟吾，誠無禮也，安可久爲留守，汝宜亟去代之。'文珂不敢違，於是即時禮上。頃之，吏馳去報守恩曰：'白侍中受樞密命，爲留守訖。'留守大驚，奔馬而歸，但見家屬數百口皆被逐于通衢中，百姓莫不聚觀。其亦有乘便號叫索取貸錢物者。高祖使吏籍其數，立命償之，家財爲之一空。朝廷悚然，不甚爲理。"《通鑑》卷二八八乾祐二年八月甲申條："甲申，郭威自河中還，過洛陽；守恩自恃位兼將相，肩輿出迎。威怒，以爲慢己，辭以浴，不見。即以頭子命保義節度使、同平章事白文珂代守恩爲留守，文珂不敢違。守恩猶坐客次，吏白：'新留守已視事於府矣。'守恩大驚，狼狽而歸。見家屬數百已逐出府，在通衢矣。朝廷不之問，以文珂兼侍中，充西京留守。"

[6]及赴闕，止奉朝請而已：《通鑑》卷二八八乾祐二年八月條："守恩至大梁，恐獲罪，廣爲貢獻，重賂權貴。朝廷亦以守恩首舉潞州歸漢，故宥之，但誅其用事者數人而已。"

[7]史弘肇：人名。鄭州滎澤（今河南鄭州市）人。五代時後

漢將領。傳見本書卷一〇七、《新五代史》卷三〇。　漢少帝：即後漢隱帝劉承祐。後漢高祖劉知遠次子。紀見本書卷一〇一至卷一〇三、《新五代史》卷一〇。

國初，授左衛上將軍。[1]顯德初，改右金吾衛上將軍，[2]封許國公。[3]二年冬，昪疾歸洛而卒。《永樂大典》卷六千八百五十一。[4]

[1]左衛上將軍：官名。唐置，掌宮禁宿衛。唐代置十六衛，即左右衛、左右驍衛、左右武衛、左右威衛、左右領軍衛、左右金吾衛、左右監門衛、左右千牛衛，各置上將軍，從二品。

[2]右金吾衛上將軍：武官名。唐貞元二年（786）置左右金吾衛上將軍，掌宮禁宿衛、京城巡邏等。從二品。《大典》卷六八五一引《五代薛史》無“右”字，《輯本舊史》卷一一五《周世宗紀二》顯德二年（955）十二月庚午，“右金吾衛上將軍王守恩卒”。

[3]封許國公：《輯本舊史》卷一一一《周太祖紀二》廣順元年（951）二月辛丑條：“前西京留守王守恩進封莒國公。”又，《輯本舊史》卷一一三《周太祖紀四》廣順三年六月癸丑條：“以前西京留守、莒國公王守恩爲左衛上將軍。”

[4]《大典》卷六八五一“王”字韻“姓氏（三六）”事目。

孔知濬

孔知濬，字秀川，徐州滕縣人。[1]太子太師致仕勍之猶子也。[2]父延縅，左武衛大將軍致仕，[3]年九十餘卒。知濬仕梁爲天興軍使。[4]同光末，勍鎮昭義，[5]時莊宗用唐朝故事，以黃門爲監軍，[6]皆恃恩暴橫，節將不能制。明宗鄴城之變，諸鎮多殺監軍。[7]時監潞者懼誅，欲誘鎮兵謀變，知濬伏甲於室，凌晨監軍來謁，執而殺之，軍城遂寧。明宗嘉之，洎勍罷鎮，以知濬爲澤州刺史，入爲左驍衛大將軍。[8]長興、清泰中，歷唐、復、成三郡刺史。[9]晋高祖即位，用爲奉國右厢都指揮使，領舒州刺史，[10]從征范延光於鄴，遷宿州團練使，俄改隴州防禦使。[11]開運中，移刺鳳州，累官至檢校太傅。[12]河池據關防之要，密邇邛、蜀，[13]兵少勢孤，知濬撫士得宜，人皆盡力，故西疆無牧圉之失。契丹主稱制，署滑州節度使。[14]漢祖受命，自鎮入朝。隱帝嗣位，授密州防禦使，[15]踰歲，以疾受代歸朝。廣順三年冬，[16]卒於京師。《永樂大典》卷一萬八千一百三十三。[17]

[1]徐州：州名。治所在今江蘇徐州市。　滕縣：縣名。治所在今山東滕州市西南滕城。

[2]太子太師：官名。與太子太傅、太子太保統稱太子三師。隋唐以後多作加官或贈官。從一品。中華書局本有校勘記："'太子太師'上殿本有'故'字。"　勍：即孔勍。人名。兗州（今山東濟寧市兗州區）人。唐末、五代藩鎮軍閥。傳見本書卷六四。　猶子：侄子。

[3]延緄：即孔延緄。本書僅此一見。　左武衛大將軍：官名。唐置十六衛之一，掌宮禁宿衛。正三品。

[4]天興軍使：官名。左天興軍，禁軍名，後梁置。《五代會要》卷一二《京城諸軍》記後梁開平元年（907）九月置左右天興軍，爲禁軍中的兩軍，以親王爲軍使。

[5]勍鎮昭義：《輯本舊史》之影庫本粘籤："昭義，原本作'佋義'，今從《通鑑》改正。"此據《通鑑》卷二七四天成元年

（926）三月丁卯條。

[6]黃門：即宦官。

[7]鄴城：地名。即鄴都。治所在今河北大名縣。五代後唐同光元年（923），改魏州爲興唐府，建號東京，三年改東京爲鄴都。

[8]澤州：州名。治所在今山西澤州縣。　左驍衛大將軍：官名。唐代置十六衛之一，掌宮禁宿衛。正三品。

[9]長興：後唐明宗李嗣源年號（930—933）。　清泰：五代後唐廢帝李從珂年號（934—936）。　唐：州名。治所在今河南唐河縣。　復：州名。治所在今湖北天門市。　成：州名。治所在今甘肅成縣。

[10]晉高祖：即石敬瑭。沙陀部人。五代後唐將領、後晉開國皇帝。紀見本書卷七五至八〇、《新五代史》卷八。　奉國右廂都指揮使：官名。“奉國”爲部隊番號。五代軍隊編制，五百人爲一指揮，設指揮使、副指揮使；十指揮爲一軍，設都指揮使、副都指揮使。　舒州：州名。治所在今安徽安慶市。

[11]范延光：人名。鄴郡臨漳（今河北臨漳縣）人。五代後唐、後晉將領。傳見本書卷九七。　宿州：州名。治所在今安徽宿州市。　團練使：官名。唐代中期以後，於不設節度使的地區設團練使，掌本區各州軍事。　隴州：州名。治所在今陝西隴縣。　防禦使：官名。唐代始置，設有都防禦使、州防禦使兩種。常由刺史或觀察使兼任，實際上爲唐代後期州或方鎮的軍政長官。

[12]鳳州：州名。治所在今陝西鳳縣。　檢校太傅：官名。爲散官或加官，以示恩寵，無實際執掌。

[13]河池：縣名。治所在今甘肅徽縣西北。　邛：州名。南朝梁置，治所在今四川邛崍市。　蜀：州名。治所在今四川崇州市。

[14]滑州：州名。治所在今河南滑縣。

[15]密州：州名。治所在今山東諸城市。

[16]廣順：五代後周太祖郭威年號（951—953）。

[17]《大典》卷一八一三三“將”字韻“後周將（二）”

事目。

王繼弘

王繼弘，冀州南宫人。[1]少嘗爲盗，攻剽閭里。爲吏所拘，械繫於鎮州獄，會赦免死，配隸本軍，時明宗作鎮，致之麾下。[2]晋高祖爲明宗將，署爲帳中小校。[3]天福中，爲六宅副使。[4]性負氣不遜，禁中與同列忿争，配流義州。[5]歲餘，召復内職，[6]遷領禁軍。開運末，虜犯中原，繼弘時爲奉國指揮使，從虜主至相州，[7]遂令以本軍戍守。虜主留高唐英爲相州節度使。[8]唐英善待繼弘，[9]每候其第，則升堂拜繼弘之母，贈遺甚厚，倚若親戚，又給以兵仗，略無猜忌。會虜主死，漢祖趨洛，唐英遣使歸款，[10]漢祖大悦，將厚待唐英。使未迴，繼弘與指揮使樊暉等共殺唐英，[11]繼弘自稱留後，令判官張易奉表于漢祖。[12]人或責以見利忘義，繼弘曰："吾儕小人也，若不因利乘便，以求富貴，畢世以來，未可得志也。"及漢祖征杜重威至德清軍，[13]繼弘來朝，乃正授節旄。是歲，就加檢校太傅。[14]節度判官張易，每見繼弘不法，必切言之，繼弘以爲輕己。乾祐中，因事誣奏殺之，尋又害觀察推官張制。[15]漢末，移鎮貝州，就加檢校太尉。[16]廣順初，加同平章事。[17]三年六月，[18]移鎮河陽，[19]會永壽節入覲，遇疾卒於京師。詔贈侍中。

[1]冀州：州名。治所在今河北衡水市冀州區。　南宫：縣名。

治所在今河北南宫市。

[2]鎮州：州名。治所在今河北正定縣。　"少嘗爲盜"至"致之麾下"：《宋本册府》卷八四五《總録部·膂力門》作："少勇悍。後唐明宗作鎮，致之麾下。善步鬬，多力。"《宋本册府》卷九三〇《總録部·寇竊門》作："少勇悍無賴，爲盜，攻剽閭里。"《宋本册府》卷九四〇《總録部·患難門》作："少無賴，爲吏所拘，械繫常州獄，將殺之。會赦，以其壯健，特宥之，配於本軍。"

[3]帳中小校：低級軍官。

[4]天福：五代後晉高祖石敬瑭年號（936—942）。出帝石重貴沿用至九年（944）。後漢高祖劉知遠繼位後沿用一年，稱天福十二年（947）。　六宅副使：官名。六宅使之副。唐置十宅、六宅使，管理諸皇子宅出納事務。或總稱十六宅，後祇稱六宅使。《宋本册府》卷一七二《帝王部·求舊門二》、卷九一八《總録部·忿争門》同。《輯本舊史》卷七六《晋高祖紀二》天福二年五月乙丑條、《宋本册府》卷一五四《帝王部·明罰門三》作"六宅使"。

[5]義州：州名。治所在今甘肅華亭縣。

[6]召復内職：《宋本册府》卷九一八《總録部·忿争門》作"召復禁職"。

[7]虜主：原作"契丹主"，據明本《册府》卷九四三《總録部·不誼門》改，下同。　相州：州名。治所在今河南安陽市。

[8]高唐英：人名。籍貫不詳。遼官員，後曾任相州節度使。事見本書卷九九。

[9]唐英善待繼弘：《通鑑》卷二八七天福十二年（947）六月："初，契丹主德光命奉國都指揮使南宫王繼弘、都虞候樊暉以所部兵戍相州，彰德節度使高唐英善待之。"

[10]唐英遣使歸款："款"，明本《册府》卷九四三《總録部·告訐門》作"漢"。

[11]指揮使：官名。唐末五代軍隊、州軍多置都指揮使、指揮

使，爲統兵將領。　樊暉：人名。籍貫不詳。本書僅此一見。《宋史》卷二記“北漢鴻唐砦招收指揮使樊暉以砦來降”，卷四八二記：“招收指揮使樊暉殺監軍成昭。”　繼弘與指揮使樊暉等共殺唐英：明本《册府》卷九四三同。《永樂大典》卷六八五一引《五代薛史》作：“繼弘與指揮等共殺唐英。”《輯本舊史》卷一〇〇《漢高祖紀下》天福十二年六月，“契丹所命相州節度使高唐英爲屯駐指揮使王繼弘、樊暉所殺”。

[12]留後：官名。原非正式命官，唐朝節度使入朝或宰相、親王遥領節度使不臨鎮則置。安史之亂後，節度使多以子弟或親信爲留後，以代行節度使職務，亦有軍士、叛將自立爲留後者。掌一州或數州軍政。北宋時始爲朝廷正式命官。　判官：官名。長官的佐史，協理政事，或備差遣。此處蓋爲山陵判官。掌佐山陵使副監造後唐明宗陵寢。　張易：人名。籍貫不詳。時爲彰德軍節度判官，因切諫節度使王繼弘被殺。事見本書卷一〇一《漢隱帝紀》。

[13]德清軍：方鎮名。治所在澶州頓丘（今河南清豐縣）。及漢祖征杜重威至德清軍：“征”，《永樂大典》卷六八五一引《五代薛史》無，明本《册府》卷九四三《總録部·告訐門》作“討”。

[14]是歲，就加檢校太傅：《永樂大典》卷六八五一引《五代薛史》無“加”字。《輯本舊史》卷一〇〇《漢高祖紀下》天福十二年十月丙申，“以相州留後王繼弘爲相州節度使，加檢校太傅”。

[15]“節度判官張易”至“又害觀察推官張制”：《輯本舊史》卷一〇一《漢隱帝紀上》乾祐元年（948），“秋七月戊申朔，相州節度使王繼弘殺節度判官張易，以詆言聞”。《新五代史》卷一〇《漢隱帝紀》乾祐元年“秋七月戊申朔，彰德軍節度使王繼弘殺其判官張易”。據朱玉龍《五代十國方鎮年表》，後晉天福三年十一月，置彰德軍節度，初領相、澶、衛三州；開運元年，割衛州隸滑州義成軍，以澶州别置鎮寧軍。明本《册府》卷四四〇《將帥部·忌害門》作：“節度判官張易，每見繼弘所爲不法，必切言之。

繼弘含怒，以爲輕己。乾祐中，因事誣奏之。又奏觀察推官張制，削官牒逐之。因與郭謹代，竟令害制焉。”明本《册府》卷四四九《將帥部·專殺門》：“乾祐初，誣殺節度判官張易，斥逐觀察推官張制。易，鎮州人。繼弘事有所不當，易必抗言争之。繼弘粗褊，心不能容，嘗於席上，問國家西面用兵事。易曰：‘或説尚洪遷力戰傷重，蓋性太剛故也。’繼弘正色曰：‘洪遷傷重，合有邸報，子安得此言？摇惑羣情。’遂繫之於獄。奏易訛言惑衆，殺之以聞。制，曹州人。繼弘事有非理，與張易協力極言之。繼弘嘗乘醉攘臂，毆於床下。至是，因殺易，乃誣奏制與易同出訛言，而削其官，牒而逐之。後因郭謹代繼弘，又令害制焉，衆冤之。”

[16] 貝州：州名。治所在今河北清河縣。　就加檢校太尉：《輯本舊史》卷一〇一《漢隱帝紀上》乾祐元年三月丙子，相州節度使王繼弘自檢校太傅加檢校太尉；六月戊戌，“以相州節度使王繼弘爲貝州節度使”。《輯本舊史》卷一〇二《漢隱帝紀中》乾祐二年十月，“丙子，相州郭謹、貝州王繼弘、邢州薛懷讓並加檢校太尉”。又，《輯本舊史》卷一〇六《郭謹傳》、《宋本册府》卷一七二《帝王部·求舊門二》載郭謹於乾祐二年就加檢校太師，考三人此前均已爲檢校太尉，知王繼弘嘗加檢校太師。

[17] 廣順初，加同平章事：《輯本舊史》卷一一〇《周太祖紀一》廣順元年（951）正月癸未，貝州王繼弘加同平章事。

[18] 三年六月：《輯本舊史》原作“三月六日”，中華書局本有校勘記：“據《永樂大典》卷六八五一引五代《薛史》改。按本書卷一一三《周太祖紀四》，王繼弘卒於廣順三年六月。”《輯本舊史》卷一一三《周太祖紀四》繫於廣順三年六月癸亥。

[19] 河陽：縣名。治所在今河南孟州市。《輯本舊史》卷一一一《周太祖紀二》廣順二年八月壬子條：“貝州王繼弘移鎮河陽。”

　　子永昌，仕皇朝，歷内諸司使。[1]《永樂大典》卷六

千八百五十一。^[2]

[1]永昌：即王永昌。本書僅此一見。　内諸司使：官名。唐宋禁内各官署長官的統稱。

[2]《大典》卷六八五一"王"字韻"姓氏（三六）"事目。

馮暉

馮暉，魏州人也。^[1]始爲劾節軍士，拳勇騎射，行伍憚之。初事楊師厚爲隊長。^[2]唐莊宗入魏，以銀槍劾節爲親軍，與梁人對壘河上，暉以犒給稍薄，因竄入南軍，梁將王彦章置之麾下。^[3]莊宗平河南，暉首罪，赦之。從明宗征潞州，誅楊立有功。^[4]又從魏王繼岌伐蜀。蜀平，授夔州刺史。^[5]時荆州高季興叛，^[6]以兵攻其城，暉拒之，屢敗荆軍。長興中，爲興州刺史，^[7]以乾渠爲治所。^[8]會兩川叛，蜀人來侵，暉以衆寡不敵，奔歸鳳翔，朝廷怒其失守，詔於同州衙前安置。^[9]未幾，從晋高祖討蜀，蜀人守劍門，暉領部下兵逾越險阻，^[10]從他道出於劍門之左，掩擊之，殺守兵殆盡。^[11]會晋祖班師，朝廷以暉爲澶州刺史。^[12]

[1]魏州：州名。治所在今河北大名縣。《馮暉墓誌》作："王諱暉，字廣照，鄴都高唐人也。"按，魏州與鄴都爲同一地區不同時期之稱謂，治所在今河北大名縣。

[2]劾節：部隊番號。　楊師厚：人名。潁州斤溝（今安徽太和縣阮橋鎮斤溝村）人。唐末、五代後梁將領。傳見本書卷二二、

《新五代史》卷二三。

[3]王彥章：人名。鄆州壽張（今山東梁山縣壽張集）人。後梁將領。傳見本書卷二一、《新五代史》卷三二。

[4]楊立：人名。籍貫不詳。五代後唐潞州將領，歷事李嗣昭、李繼韜。傳見本書卷七四。

[5]繼岌：人名。即李繼岌。後唐莊宗長子。傳見本書卷五一、《新五代史》卷一四。　夔州：州名。治所在今重慶市奉節縣。

[6]荆州：州名。治所在今湖北荆州市。　高季興：人名。原名高季昌，陝州硤石（今河南三門峽市）人。五代十國南平（即荆南）開國君主。傳見本書卷一三三、《新五代史》卷六九。

[7]興州：州名。治所在今陝西略陽縣。《輯本舊史》卷四一《唐明宗紀七》長興元年（930）十一月辛巳條："瀘州刺史馮暉。"《通鑑》卷二七七長興元年十一月壬申條作"瀘州刺史馮暉"。又卷二七九清泰元年（934）十月條："興州刺史馮暉自乾渠引戍兵歸鳳翔。"胡三省注曰："時階、興二州皆已入於蜀。唐蓋使郭知瓊、馮暉領二州刺史以進取而不克也。《薛史》曰：長興中，馮暉爲興州刺史，以乾渠爲治所。"明本《册府》卷四二〇《將帥部·掩襲門》："周馮暉，善戰有勇。後唐明宗朝領廬州刺史，典禁兵。"其"廬州"當即《通鑑》所謂瀘州，在蜀地，則馮暉確曾刺瀘州。

[8]乾渠：地名。即乾渠渡。位於今陝西略陽縣北。《宋本册府》卷六九九《牧守部·譴讓門》闕馮暉條，明本作"屯乾梁"。

[9]同州：州名。治所在馮翊縣（今陝西大荔縣）。　詔於同州衙前安置：中華書局本有校勘記："'前'，原作'職'，據本書卷四六《唐末帝紀上》、《册府》卷六九九、《近事會元》卷五改。"

[10]暉領部下兵逾越險阻：中華書局本有校勘記："'暉'字原闕，據《册府》卷三六〇補。"見《宋本册府》卷三六〇《將帥部·立功門三》。

[11]劍門：關隘名。即劍門關。位於今四川劍閣縣北六十里劍門鎮北大劍山口。　掩擊之，殺守兵殆盡：《宋本册府》卷三六〇

作"掩擊殺之，守兵殆盡"。

[12]朝廷以暉爲澶州刺史：《輯本舊史》之影庫本粘籤："澶州，原本作'儃州'，今從《歐陽史》改正。"此據《新五代史》卷四九《馮暉傳》。《宋本册府》卷一七九《帝王部·姑息門四》：清泰三年，"詔放澶州刺史馮暉屬省錢一百萬。暉以犒軍爲辭，故有是命"。

晋天福初，范延光據鄴叛，以暉爲馬步都將，孫鋭爲監軍。[1]自六明鎮渡河，將襲滑臺，[2]尋爲官軍所敗，暉退歸鄴，爲延光城守。明年秋，暉因出戰而降，[3]授滑州節度使、檢校太傅。[4]鄴平，移鎮靈武。初，張希崇鎮靈州，以久在北蕃，頗究邊事，[5]數年之間，侵盜並息。希崇卒，未有主帥，蕃部寇鈔，無復畏憚，朝廷以暉强暴之名聞於遐徼，故以命之。及暉到鎮，大張宴席，酒殽豐備，羣夷告醉，爭陳獻賀，暉皆以錦綵酬之，蕃情大悦。[6]党項拓拔彦昭者，州界部族之大者，暉至來謁，厚加待遇，仍爲治第，豐其服玩，因留之，不令歸部。河西羊馬，由是易爲交市。暉期年得馬五千匹，而蕃部歸心，朝議患之。[7]

[1]馬步都將：官名。唐五代時方鎮屬將。　孫鋭：人名。籍貫不詳。五代後晋將領，范延光屬官。事見本書卷七六、卷九七。

以暉爲馬步都將，孫鋭爲監軍：《通鑑》卷二八一天福二年（937）六月己亥條："范延光以馮暉爲都部署，孫鋭爲兵馬都監，將步、騎二萬循河西抵黎陽口。"

[2]六明鎮：地名。位於今河南滑縣東北。　滑臺：地名。位於今河南滑縣。

[3]明年秋，暉因出戰而降：明本《册府》卷一二六《帝王部·納降門》：晋高祖天福"三年八月，魏府軍前澶州刺史馮暉自遞城來降"。

[4]檢校太傅：中華書局本有校勘記："'太傅'，本書卷七七《晋高祖紀三》、《馮暉墓誌》（拓片刊《五代馮暉墓》）作'太保'。按《馮暉墓誌》：'除靈武節度使……天福有六辛丑歲……加檢校太傅。'則其加檢校太傅在鎮靈州後。"參見咸陽市文物考古所編《五代馮暉墓》，重慶出版社 2001 年版。

[5]靈武：郡名。治所在今寧夏吳忠市。乾元元年（758），改名靈州。此處代指治所在靈州的方鎮朔方軍。　張希崇：人名。幽州薊（今天津市薊州區）人。五代後唐、後晋大臣。傳見本書卷八八、《新五代史》卷四七。　靈州：州名。治所在今寧夏吳忠市。

頗究邊事：中華書局本有校勘記："句下《册府》卷三九七有'能駕御河西胡虜'七字。"見《宋本册府》卷三九七《將帥部·懷撫門》。

[6]"希崇卒"至"蕃情大悦"：《宋本册府》卷四八五《邦計部·輸財門》闕，明本《册府》作："馮暉爲靈州節度使，天福中，官吏言朔方軍自康福、張從賓、張希崇相承三正，市馬和入糴，蕃客賞賜、軍州俸禄、供事戎仗，三司歲支錢六千萬。自暉鎮臨已來，皆以己物供用。"《宋本册府》卷六七七《牧守部·能政門》："馮暉爲靈州節度使，青崗、土橋之間，皆是氐、羌帳族，從來剽掠行旅，須發援兵。暉加以恩惠，質以義信，自是人不帶劍，道不拾遺，境無寇盜，市無游墮，獄無枉撓，吏無緇蠹，四民道釋，咸得其所。高祖優詔褒之。"《新五代史·馮暉傳》："靈武自唐明宗已後，市馬糴粟，招來部族，給賜軍士，歲用度支錢六千萬，自關以西，轉輸供給，民不堪役，而流亡甚衆。青岡、土橋之間，氐、羌剽掠道路，商旅行必以兵。暉始至，則推以恩信，部族懷惠，止息侵奪，然後廣屯田以省轉餉，治倉庫、亭館千餘區，多出俸錢，民不加賦，管内大治，晋高祖下詔書褒美。"

[7]党項：部族名。源出羌族，唐代活躍於今甘肅東部、寧夏、陝西北部一帶。唐末，平夏部首領拓跋思恭助唐圍攻黃巢軍，唐廷特授予定難節度使稱號，賜姓李，封夏國公。參見湯開建《党項西夏史探微》，商務印書館 2013 年版。　拓拔彥昭：人名。一作"拓拔彥超"。党項族。党項部族首領。事見《新五代史》卷四九。河西：方鎮名。治所在涼州（今甘肅武威市）。《宋本册府》卷三九七《將帥部·懷撫門》："党項拓拔彥超者，州界部族之大者，暉至來謁，厚加待遇，仍爲在城治第，豐其服玩，因留之，不令歸部。河西羊馬所産，易爲交市。暉期年得馬五千匹，而蕃部歸心。"《新五代史》卷四九《馮暉傳》："党項拓拔彥超最爲大族，諸族嚮背常以彥超爲去就。暉之至也，彥超來謁，遂留之，爲起第於城中，賜予豐厚，務足其意。彥超既留，而諸部族争以羊馬爲市易，期年有馬五千匹。"《通鑑》卷二八二天福四年正月甲寅："以義成節度使馮暉爲朔方節度使。党項酋長拓拔彥超最爲强大，暉至，彥超入賀，暉厚遇之，因爲於城中治第，豐其服玩，留之不遣，封内遂安。"《舊五代史考異》："案《隆平集·藥元福傳》：西戎三族攻靈州，命元福佐朔方節度使馮暉討之。朔方距威州七百里，地無水草，謂之'旱海'。攜糧至，暉食盡，詰朝行四十里，而敵騎數萬扼要路。暉大懼，遣人致賂求成，雖許，及日中猶未決。暉曰：'奈何?'元福曰：'彼正欲困我耳，察其勢，敵雖衆，特依西山而陣者，其精兵也，請以驍鋭先薄西山，彼或少却（原作"怯"，據《隆平集》卷一六《藥元福傳》改），當舉黃旗爲識（按，《隆平集》此後有"合勢擊之"四字）。'暉善其謀，斬馘殆盡。"拓拔彥昭，中華書局本有校勘記："原作'拓拔彥昭'，據《册府》卷三九七、《新五代史》卷四九《馮暉傳》、《通鑑》卷二八二改。"見前引文。

晉開運初，桑維翰輔政，[1]欲圖大舉，以制北戎，命將佐十五人，皆列藩之帥也。唯暉不預其數，乃上章自陳，且言未老可用，而制書見遺。詔報云：[2]“非制書忽忘，實以朔方重地，[3]蕃部窺邊，非卿雄名，何以彈壓！比欲移卿内地，受代亦須奇才。”暉得詔甚喜，又達情乞移鎮邠州，[4]即以節鉞授之。行未及邠，又除陝州，暉獻馬千匹、駝五百頭。在陝未幾，除侍衛步軍都指揮使，兼領河陽，[5]即以王令温爲靈武節度使。[6]暉既典禁兵，兼領近鎮，爲朝廷縻留，頗悔離靈武。及馮玉、李彦韜用事，暉善奉之。[7]未幾，復以暉爲朔方節度使，[8]加檢校太師。漢高祖革命，就加同平章事。隱帝嗣位，加兼侍中。國初，加中書令，[9]封陳留王。廣順二年夏，[10]病卒，年六十。追贈衛王。[11]

[1]桑維翰：人名。洛陽（今河南洛陽市）人。五代後唐進士，後晋宰相、樞密使。傳見本書卷八九、《新五代史》卷二九。

[2]詔報云：明本《册府》卷三二三《宰輔部·機略門》作“維翰招禁直學士答詔，一一條對，其云”。

[3]朔方：方鎮名。治所在靈州（今寧夏吴忠市）。

[4]邠州：州名。治所在今陝西彬縣。

[5]侍衛步軍都指揮使：官名。皇帝侍衛親軍步軍司最高長官。

在陝未幾，除侍衛步軍都指揮使，兼領河陽：中華書局本有校勘記：“據本書卷八四《晋少帝紀四》、《馮暉墓誌》，馮暉自邠州節度使徙鎮河陽，未嘗出鎮陝州。”

[6]王令温：人名。瀛州河間（今河北河間市）人。五代後晋將領。傳見本書卷一二四。

[7]馮玉：人名。定州（今河北定州市）人。五代後晋外戚、宰相。傳見本書卷八九、《新五代史》卷五六。　李彦韜：人名。太原（今山西太原市）人。五代後晋出帝寵臣，與宦官近臣相勾

結，排擠文臣。傳見本書卷八八。

[8]復以暉爲朔方節度使：《新五代史》卷四九《馮暉傳》："因得復鎮靈武。時王令溫鎮靈武，失夷落心，大爲邊患。暉即請曰：'今朝廷多事，必不能以兵援臣，願得自募兵以爲衛。'乃募得兵千餘人，行至梅戍，蕃夷稍稍來謁。暉顧首領一人，指其佩劍曰：'此板橋王氏劍邪？吾聞王氏劍天下利器也。'俯而取諸腰間，若將玩之，因擊殺首領者，其從騎十餘人皆殺之。裨將藥元福曰：'今去靈武尚五六百里，奈何？'暉笑曰：'此夷落之豪，部族之所恃也，吾能殺之，其餘豈敢動哉！'已而諸族皆以兵扼道路，暉以言譬諭之，獨所殺首領一族求戰，即與之戰而敗走，諸族遂不敢動。暉至靈武，撫綏邊部，凡十餘年，恩信大著。"《通鑑》卷二八五開運三年（946）八月條："馮暉引兵過旱海，至輝德，糧糒已盡。拓跋彥超衆數萬，爲三陳，扼要路，據水泉以待之。軍中大懼。暉以賂求和於彥超，彥超許之。自旦至日中，使者往返數四，兵未解。藥元福曰：'虜知我飢渴，陽許和以困我耳；若至暮，則吾輩成擒矣。今虜雖衆，精兵不多，依西山而陳者是也。其餘步卒，不足爲患。請公嚴陳以待我，我以精騎先犯西山兵，小勝則舉黃旗，大軍合勢擊之，破之必矣。'乃帥騎先進，用短兵力戰。彥超小卻，元福舉黃旗，暉引兵赴之，彥超大敗。明日，暉入靈州。"此與《新五代史》大爲不同，當爲不同史源。

[9]加中書令：中華書局本有校勘記："'加'字原闕，據殿本、劉本、邵本校補。"

[10]廣順二年夏：中華書局本有校勘記："'二年'，原作'三年'，據本書卷一一二《周太祖紀》三、《册府》卷四三六、《通鑑》卷二九〇改。按《馮暉墓誌》記其死於壬子年，即廣順二年。"見明本《册府》卷四三六《將帥部·繼襲門》、《通鑑》卷二九〇廣順二年（952）六月己亥條後。據《馮暉墓誌》，其卒於壬子年（廣順二年）五月二十五日。

[11]追贈衛王：《馮暉墓誌》："癸丑（廣順三年）夏末，贈

衛王。”

　　子繼業，朔方衙內都虞候。[1]暉亡，三軍請知軍府事，[2]因授檢校太保，充朔方兵馬留後。[3]皇朝乾德中，[4]移於內地，今爲同州節度使。《永樂大典》卷一萬八千一百三十三。[5]

　　[1]繼業：即馮繼業。歷任朔方衙內都虞、留後、節度使。事見本書卷一一二、卷一一三、卷一二〇。　衙內都虞候：官名。唐末五代藩鎮衙內之牙將。中華書局本有校勘記：“‘衙’，原作‘衛’，據殿本、劉本、本書卷一一二《周太祖紀》三、《册府》卷四三六改。”

　　[2]三軍請知軍府事：《通鑑》卷二九〇廣順二年（952）六月己亥條：“朔方節度使兼中書令陳留王馮暉卒，其子牙內都虞候繼業殺其兄繼勳，自知軍府事。”

　　[3]檢校太保：官名。爲散官或加官，以示恩寵，無實際執掌。太保，與太師、太傅合稱三師。　兵馬留後：官名。唐五代時，代行方鎮長官之職者稱留後。代行州兵馬使之職者，即爲兵馬留後。掌本州兵馬。

　　[4]乾德：宋太祖趙匡胤年號（963—968）。

　　[5]《大典》卷一八一三三“將”字韻“後周將（二）”事目。

　　高允權

　　高允權，延州人。[1]祖懷遷，[2]本郡牙將。懷遷生二子：長曰萬興；次曰萬金，[3]梁、唐之間爲延州節度使，卒於鎮。允權即萬金子也。[4]雖出於將門，不閑武藝，起家爲義川主簿，歷膚施縣令，罷秩歸延州之第。[5]

[1]延州：州名。治所在今陝西延安市。

[2]懷遷：即高懷遷。五代後梁至後唐延州節度使。事見本書卷一三二。《舊五代史考異》：“案：原本作‘懷遠’，今從《歐陽史》改正。”然《新五代史》並無提及高懷遷之處。

[3]萬興：人名。延州（今陝西延安市）人。五代將領，高懷遷之子。傳見本書卷一三二、《新五代史》卷四〇。　萬金：人名。延州（今陝西延安市）人。高萬興之弟。事見本書卷一三二《高萬興傳》、《新五代史》卷四〇。中華書局本有校勘記：“以上四字原闕，據殿本、劉本、孔本校、邵本校補。影庫本批校：‘“長曰萬興”句下有“次曰萬金”四字。’”

[4]允權即萬金子也：《輯本舊史》之影庫本粘籤：“‘允權即萬金子也’以上，原本疑有脫文，今無別本可校，姑仍其舊。”

[5]義川：縣名。治所在今陝西宜川縣。　主簿：官名。漢代以後歷朝均置。唐代京城百司和地方官署，均設主簿。管理文書簿籍，參議本署政事，爲官署中重要佐官。其官階品秩，因官署而不同。　膚施：縣名。治所在今陝西延安市東北延河東岸。　縣令：官名。縣的行政長官，掌治本縣。唐代之縣，分赤（京）、次赤、畿、次畿、望、緊、上、中、中下、下十等。縣令分六等，正五品上至從七品下。

晉開運末，以周密爲延帥，[1]延有東、西二城，其中限以深澗。及契丹犯闕，一日，州兵亂，攻密，密固守東城。亂兵既無帥，亦無敢爲帥者，或曰：“取高家西宅郎君爲帥可也。”是夜未曙，允權方寢，亂軍排闥，請知留後事，遂居於西城，與密相拒數日。河東遣供奉官陳光穗宣撫河西，允權乃遣支使李彬奉表太原，[2]周密棄東城而去。漢祖遣使就加允權檢校太傅，[3]仍正授旄鉞。漢祖入汴，允權屢修貢奉。隱帝即位，加檢校太尉、同平章事。允權與夏州李彝興不協，[4]其年李守貞據河中叛，密搆彝興爲援，及朝廷用兵夏州，軍逼延州，允權上章論列，彝興亦紛然自訴，朝廷賜詔和解之。太子太師致仕劉景巖，[5]允權妻之祖也，退老於州之別墅。景巖舊事高氏爲牙校，[6]亦嘗爲延帥，甚得民心。景巖以允權婚家後輩，心輕之。允權恒忌其強，是歲冬，盡殺景巖之家，收其家財萬計，以謀叛聞，朝廷不能辨。關西賊平，[7]方面例覃恩命，就加允權檢校太師。

[1]周密：人名。應州神武川（今山西山陰縣）人。五代將領。傳見本書卷一二四。

[2]河東：方鎮名。治所在太原府（今山西太原市）。　供奉官：官名。泛指侍奉皇帝左右的臣僚，亦爲東、西頭供奉官通稱。　陳光穗：人名。籍貫不詳。後漢時任澶州副使。事見本書卷一一一。　支使：官名。唐五代節度使、觀察使等下屬官員中有支使，其職掌與書記同。位在副使、判官之下，推官之上。掌表奏書檄等。　李彬：人名。籍貫不詳。歷任節度支使、觀察判官。事見本書卷九九。

[3]漢祖遣使就加允權檢校太傅：中華書局本有校勘記：“‘太傅’，本書卷九九《漢高祖紀上》作‘太保’。”

[4]夏州：州名。治所在朔方縣（今陝西靖邊縣）。　李彝興：人名。本名彝殷，党項族。夏州（今陝西靖邊縣）人。五代、宋初軍閥。傳見《宋史》卷四八五。

[5]劉景巖：人名。延州（今陝西延安市）人。高允權妻之祖父，家富於財，爲高允權誣殺。傳見《新五代史》卷四七。

[6]牙校：低級軍官。

[7]關西：泛指函谷關或潼關以西地區。

太祖即位，加兼侍中。廣順三年春卒，其子紹基匿喪久之，[1]又擅主軍政，欲邀承襲。觀察判官李彬以爲不可，[2]當聽朝旨。紹基與羣小等惡其異議，乃殺彬，紿奏云：“彬結搆內外，謀殺都指揮使及行軍副使，[3]自據城池，已誅戮訖，其妻子及諸房骨肉，尋令捕繫次。”太祖聞之，詔並釋之，仍令都送汝州安置。[4]後朝廷令六宅使張仁謙往巡檢，[5]紹基乃發喪以聞。輟視朝兩日。《永樂大典》卷五千五百三十八。[6]

[1]其子紹基：《通鑑》卷二九一廣順三年（953）正月條作“其子牙內指揮使紹基”。

[2]觀察判官：官名。唐肅宗以後置，五代沿置。觀察使屬官，參理田賦事，用觀察使印、署狀。

[3]都指揮使：官名。唐末五代軍隊多置都指揮使、指揮使，爲統兵將領。　行軍副使：官名。當爲執掌部隊調度、作戰之軍事副官。

[4]汝州：州名。治所在今河南汝州市。

[5]六宅使：官名。唐置十宅、六宅使，管理諸皇子宅出納事務。或總稱十六宅，後祇稱六宅使。《輯本舊史》之影庫本粘籤：“六宅，原本作‘大宅’，考《通鑑注》，唐有十六宅，五代或稱六宅使，今改正。”　張仁謙：人名。幽州薊（今北京市）人。張希崇之子。曾任引進副使。傳見本書卷八八。

[6]《大典》卷五五三八"高"字韻"姓氏（六）"事目。

折從阮

折從阮，字可久，本名從遠，避漢高祖舊名下一字，故改焉。代家雲中。[1]父嗣倫，爲麟州刺史，[2]累贈太子太師。從阮性溫厚，弱冠居父喪，以孝聞。唐莊宗初有河朔之地，以代北諸部屢爲邊害，起從阮爲河東牙將，領府州副使。[3]同光中，授府州刺史。長興初，入朝，明宗以從阮洞習邊事，加檢校工部尚書，復授府州刺史。[4]

[1]雲中：縣名。治所在今山西大同市。
[2]嗣倫：即折嗣倫。世爲鎮將。事見《通鑑》卷二八四。麟州：州名。治所在今陝西神木縣。
[3]河朔：古地區名。泛指黃河以北地區。　代北：方鎮名。治所在代州（今山西代縣）。　府州：州名。治所在今陝西府谷縣。
[4]檢校工部尚書：檢校官名。地方使職帶檢校三公、三師及臺省官之類，表示遷轉經歷和尊崇的地位，檢校兵部尚書爲其中之一階，爲虛銜。　"長興初"至"復授府州刺史"：明本《冊府》卷四三五《將帥部・獻捷門二》："（長興）二年二月，符州防禦使折從阮奏：'部領兵士攻圍契丹勝州，降之。見進兵趨朔州。'"時無符州，符州當即府州之誤。

晋高祖起義，以契丹有援立之恩，賂以雲中、河西之地，從阮由是以郡北屬。既而契丹欲盡徙河西之民以實遼東，人心大擾，從阮因保險拒之。晋少帝嗣位，[1]

北絕邊好，乃遣使持詔諭從阮，令出師。明年春，從阮率兵深入邊界，連拔十餘砦。開運初，加檢校太保，遷本州團練使。其年，兼領朔州刺史、安北都護、振武軍節度使、契丹西南面行營馬步都虞候。[2]

[1]晉少帝：人名。即石重貴。沙陀部人。後晉高祖石敬瑭從子，後晉少帝。紀見本書卷八一至卷八五、《新五代史》卷九。

[2]朔州：州名。治所在今山西朔州市朔城區。 安北都護：官名。安北都護府長官。據《通鑑》卷二六九胡三省注，唐中葉以後，振武節度使皆帶安北都護。參見李大龍《都護制度研究》，黑龍江教育出版社2003年版。 振武軍：方鎮名。後梁貞明二年（916）以前，治所位於單于都護府城（今内蒙古和林格爾縣）。貞明二年，單于都護府城爲契丹占據。此後至後唐清泰三年（936），治所位於朔州（今山西朔州市朔城區）。後晉時隨燕雲十六州割予契丹，改名順義軍。 西南面行營馬步都虞候：官名。五代時期出征軍隊高級統兵官。

漢祖建號晉陽，[1]引兵南下，從阮率衆歸之。尋升府州爲永安軍，[2]析振武之勝州并沿河五鎮以隸焉。[3]授從阮光禄大夫、檢校太尉、永安軍節度、府勝等州觀察處置等使，[4]仍賜功臣名號。乾祐元年，加特進、檢校太師。明年春，從阮舉族入覲，[5]朝廷命其子德扆爲府州團練使，授從阮武勝軍節度使。[6]

[1]晉陽：地名。太原故城別稱，因宋太宗火燒、水淹而毁。城址位於今山西太原市晉源區。

[2]永安軍：方鎮名。治所在府州（今陝西府谷縣）。 尋升

府州爲永安軍：中華書局本有校勘記："'州'字原闕，據《通鑑》卷二八六胡三省注引《薛史》、《新五代史》卷五〇《折從阮傳》補。按《太平寰宇記》卷三八：'（府州）漢祖建號晉陽，引兵南下，從阮率衆歸之。尋升府州爲永安軍。'"

[3]勝州：州名。治所在今内蒙古准格爾旗。

[4]光禄大夫：官名。唐五代文散官。從二品。

[5]明年春，從阮舉族入覲：中華書局本有校勘記："本書卷一〇三《漢隱帝紀下》繫其事於乾祐三年三月。"

[6]德扆：即折德扆。歷任府州防禦使、節度使。事見本書卷一一二、卷一一四。　武勝軍：方鎮名。治所在鄧州（今河南鄧州市）。　授從阮武勝軍節度使：《輯本舊史》卷一〇二《漢隱帝紀中》乾祐二年（949）十月庚寅，"府州折從阮進封岐國公"。

　　太祖受命，加同平章事，[1]尋移鎮滑州，又改陝州。[2]二年冬，授静難軍節度使。[3]世宗即位，[4]就加兼侍中，以年老上章請代，優詔許之。顯德二年冬，赴闕，行次西京，以疾卒，時年六十四。制贈中書令。《永樂大典》卷一萬八千一百三十三。[5]

[1]加同平章事：《輯本舊史》卷一一〇《周太祖紀一》繫於廣順元年（951）春正月乙酉。

[2]尋移鎮滑州，又改陝州：中華書局本《新五代史》卷五〇《折從阮傳》作"歷徙宣義、保義"，考《五代十國方鎮年表》，保義即陝州，而宣義僅後梁、後唐時爲滑州軍額，後晉、後漢、後周復以義成爲軍額。《宋本册府》卷四九二《邦計部·蠲復門四》：廣順二年（952）正月"乙巳，陝府折從阮言：奉敕除放賊軍蹂踐處人户賦租"。

[3]静難軍：方鎮名。治所在邠州（今陝西彬縣）。

[4]世宗：即柴榮。邢州龍岡（今河北邢臺市）人。後周太祖郭威養子，顯德元年（954）繼郭威爲帝，廟號世宗。紀見本書卷一一四、《新五代史》卷一二。

[5]《大典》卷一八一三三"將"字韻"後周將（二）"事目。

王饒

王饒，字受益，慶州華池人也。[1]父柔，以饒貴，累贈太尉。[2]饒沉毅有才幹，始事晋高祖。天福初，授控鶴軍使，稍遷奉國軍校，累加檢校尚書左僕射。[3]六年，從杜重威平常山，以功加檢校司空，遷本軍都校，領連州刺史。[4]時安從進叛于襄陽，晋祖命高行周率兵討之，以饒爲行營步軍都指揮使。[5]賊平，授深州刺史。[6]逾年，復入爲奉國都校，加檢校司徒，領欽州刺史。[7]未幾，改本軍右厢都指揮使，領閬州團練使。[8]晋末，虜據中原，漢祖建義于晋陽，尋克復諸夏，唯常山郡爲虜所據。[9]時饒在其郡，乃與李筠、白再榮之儔承間竊發，[10]盡逐其黨。漢祖嘉之，授鄆州觀察留後，加光禄大夫，賜爵開國侯。[11]復移授鎮國軍節度使，[12]加檢校太傅。

[1]慶州：州名。治所在今甘肅慶城縣。　華池：縣名。位於今甘肅華池縣。

[2]柔：即王柔。本書僅此一見。　太尉：官名。與司徒、司空並爲三公，唐後期、五代多爲大臣、勳貴加官。正一品。

[3]控鶴軍使：官名。所部統兵將領。"控鶴"爲禁軍部隊番

號。　奉國軍校：官名。輔佐將帥的軍官。“奉國”爲部隊番號。

檢校尚書左僕射：官名。尚書左僕射，隋唐宰相名號。檢校尚書左僕射爲散官或加官，以示恩寵，無實際執掌。　“天福初”至“累加檢校尚書左僕射”：《宋本册府》卷三六〇《將帥部·立功門一三》：“王饒，初事晋爲奉國軍校。屬范延光叛命於鄴，張從賓以兵連之，朝廷命將討焉。饒以偏裨從，由善戰功遷本軍都虞候，累加檢校尚書左僕射。”

[4]常山：即鎮州，治所在今河北正定縣。　檢校司空：官名。爲散官或加官，以示恩寵，無實際執掌。　都校：官名。五代時設此官，爲統兵的中級軍官。　連州：州名。治所在今廣東連州市。中華書局本有校勘記：“‘連州’原作‘運州’，據劉本，《册府》卷三六〇、卷三八七改。按《新五代史》卷六〇《職方考》，時無運州。”見《宋本册府》卷三六〇、卷三八七《將帥部·褒異門一三》。

[5]安從進：人名。五代藩鎮軍閥。傳見本書卷九八、《新五代史》卷五一。　襄陽：縣名。治所在今湖北襄陽市。　高行周：人名。幽州（今北京市）人。五代名將。仕多朝。傳見本書卷一二三、《新五代史》卷四八。　行營步軍都指揮使：官名。方鎮步兵統帥。

[6]深州：州名。治所在今河北深州市。　授深州刺史：《宋本册府》卷三八七同，卷三六〇作“第功授深州刺史”。

[7]欽州：州名。治所在今廣西欽州市。

[8]右厢都指揮使：官名。所部統兵將領。《輯本舊史》卷八五《晋少帝紀五》開運三年（946）十月辛未條後：“奉國左厢都指揮使王饒爲步軍右厢都指揮使。”　閬州：州名。治所在今四川閬中市。

[9]虜：原作契丹，據明本《册府》卷三八七《將帥部·褒異門一三》改。下同。　唯常山郡爲虜所據：《輯本舊史》之影庫本粘籤：“常山，原本作‘帶山’，今從《通鑑》改正。”此據《通

鑑》卷二八七天福十二年（947）閏七月條。《大典》卷六八五一引《五代薛史》亦作"常山"。

[10]李筠：人名。籍貫不詳。唐末侍衛軍將領。事見《舊唐書》卷二〇上《昭宗本紀》。 白再榮：人名。蕃部（北方少數民族）人。五代將領。傳見本書卷一〇六、《新五代史》卷四八。

[11]鄜州：州名。治所在今陝西富縣。 觀察留後：官名。唐、五代時，代行方鎮長官之職者稱留後。代行觀察使之職者，即爲觀察留後。掌一州或數州軍政。 賜爵開國侯：《宋本冊府》卷三八七《將帥部·褒異門一三》作"賜爵齒侯"。

[12]鎮國軍：方鎮名。後梁開平二年（908），改保義軍爲鎮國軍，治所在陝州（今河南三門峽市陝州區）。後唐同光元年（923）改感化軍爲鎮國軍，治所在華州（今陝西渭南市華州區）。

國初，就加同平章事，[1]賜推誠奉義翊戴功臣。顯德初，以郊丘禮畢，加檢校太尉，移鎮貝州。世宗嗣位，加兼侍中，改彰德軍節度使。[2]滿歲受代，入奉朝請。顯德四年冬，[3]以疾卒於京都之私第，年五十九。追封巢國公。饒性寬厚，體貌詳雅，所蒞藩鎮，民皆便之。每接賓佐，必怡聲緩氣，恂恂如也，故士君子亦以此多之。《永樂大典》卷六千八百五十一。[4]

[1]國初，就加同平章事：《輯本舊史》卷一一〇《周太祖紀一》繫於廣順元年（951）春正月乙酉。

[2]彰德軍：方鎮名。治所在相州（今河南安陽市）。

[3]顯德四年冬：中華書局本有校勘記："本書卷一一八《周世宗紀五》繫其事於顯德五年（958）冬十月。"按，《輯本舊史》繫於十月癸巳日。

[4]《大典》卷六八五一"王"字韻"姓氏（三六）"事目"。

孫方諫

孫方諫，鄚州清苑縣人也。[1]本名方簡，廣順初，以犯廟諱，故改焉。定州西北二百里有狼山，[2]山上有堡，邊人賴之以避剽掠之患，因中置佛舍。有尼深意者，[3]俗姓孫氏，主其事，以香火之教聚其徒，聲言屍不壞，因復以衣襟，瞻禮信奉，有同其生。方諫即其宗人也，[4]嗣行其教，率衆不食葷茹，[5]其黨推之爲砦主。

[1]鄚州：州名。治所在今河北任丘市鄚州鎮。　清苑縣：縣名。治所在今河北保定市清苑區。中華書局本有校勘記："'鄚州'，原作'鄭州'，據殿本、劉本、邵本校、《新五代史》卷四九《孫方諫傳》改。按《宋史》卷二五三有其弟孫行友傳，記其爲莫州清苑人。據《舊唐書》卷三九《地理志二》，莫州即鄚州。"

[2]定州：州名。治所在今河北定州市。　狼山：地名。位於今河北易縣。

[3]深意：比丘尼名。本書僅此一見。

[4]方諫即其宗人也：《新五代史·孫方諫傳》作"方諫自以爲尼族人"。

[5]率衆：《宋本册府》卷九二二《總錄部·妖妄門二》作"舉族"。

晋開運初，定帥表爲邊界遊奕使。[1]求請多端，因少不得志，潛通於契丹。[2]戎王之入中原也，以方諫爲定州節度使，尋以其將耶律忠代之，改方諫雲州節度使。方諫恚憤，與其黨歸狼山，不受契丹命。[3]

[1]邊界遊奕使：官名。負責軍事巡邏偵查。《輯本舊史》之案語：“《宋史·孫行友傳》云：方諫懼主帥捕逐，乃表歸朝，因署爲東北面招收指揮使，且賜院額曰勝福。每契丹軍來，必率其徒襲擊之，鎧仗畜產所得漸多，人益依以避難焉。易定帥聞于朝，因以方諫爲邊界遊奕使，行友副之。自是捍禦侵軼，多所殺獲，乘勝入祁溝關，平庸城，破飛狐岢，契丹頗畏之。”其中“侵軼”二字，中華書局本有校勘記曰：“‘侵軼’二字原闕，據《宋史》卷二五三《孫行友傳》補。”“飛狐岢”三字，中華書局本有校勘記曰：“原作‘飛狐塞’，據《宋史》卷二五三《孫行友傳》改。”明本《册府》卷五二《帝王部·崇釋氏門二》：“少帝開運二年六月，定州奏：‘據郎山招收指揮使孫方簡狀，當山有僧院，地居山谷，道扼鄉間。自蕃戎騷動已來，邊界驚移之後，多聚強壯，自辦戈矛，每遇賊軍，皆獲勝捷。其郎山爲易州之中路，淶縣之鄰封，通此往來，最爲要害。乞賜院額者。’敕以勝福之院爲名。”

[2]潛通於契丹：《輯本舊史》卷八四《晉少帝紀四》開運三年（946）六月條：“狼山招收指揮使孫方簡叛，據狼山歸契丹。”

[3]耶律忠：人名。即耶律郎五。遼將領，爲六院大王。因參與“察割政變”被殺。傳見《契丹國志》卷一七。“戎王之入中原也”至“不受契丹命”：《輯本舊史》卷一〇〇《漢高祖紀下》繫此事於天福十二年（947）五月乙巳。事詳見《輯本舊史》卷一〇一《漢隱帝紀上》乾祐元年四月條。

漢初，契丹隳定州城壘，燒爇廬舍，盡驅居民而北，中山爲之一空。方諫自狼山率其部衆回保定州，上表請命，漢祖嘉之，即授以節鉞，累官至使相。[1]

[1]中山：地名。位於今河北定州市。　使相：官名。唐朝後期，宰相常兼節度使，節度使亦常加宰相銜，皆稱使相。五代時，節度使多帶宰相銜，但不預朝廷政事。　“漢初”至“累官至使相”：《輯本舊史》卷一〇一《漢隱帝紀上》繫契丹棄定州於乾祐元年（948）三月二十七日。《輯本舊史》之案語：“《宋史》云：漢授行友易州刺史，行義泰州刺史，弟兄掎角以居，寇每入，諸軍鎮閉壘坐視，一無所得。”此據《宋史》卷二五三《孫行友傳》。《宋本册府》卷四一三《將帥部·召募門》：“漢孫方諫爲定州節度使，上言所部屯兵數少，欲召募牙兵千人，乞度支給衣糧。”

　　太祖受命，加兼侍中。[1]未幾，[2]改華州節度使。朝廷以其弟行友爲定州留後，[3]又以弟議爲德州刺史，[4]兄弟子姪職內廷者凡數人。世宗嗣位，史彥超代之，[5]車駕駐蹕於并門，方諫自華覲於行在，從大駕南巡，以疾就醫於洛下。[6]尋授同州節度使，加兼中書令，未及赴任，以疾卒於洛陽，年六十二。輟視朝兩日，詔贈太師。

　　[1]加兼侍中：《輯本舊史》卷一一〇《周太祖紀一》繫於廣順元年（951）正月癸未。

　　[2]未幾：中華書局本有校勘記：“《册府》卷八六六作‘未幾入朝’。”見明本《册府》卷八六六《總録部·貴盛門》。

　　[3]行友：即孫行友。鄭州清苑（今河北保定市清苑區）人。孫方諫之弟。五代、宋初將領。傳見《宋史》卷二五三。　朝廷以其弟行友爲定州留後：《輯本舊史》之案語：“《宋史》云：行友上言，偵得契丹離合，願得勁兵三千，乘間平定幽州。乃移方諫鎮華州，以行友爲定州留後。”此據《宋史》卷二五三《孫行友傳》。

[4]議：人名。即孫議。又作"孫行義"。事見《宋史》卷二五三《孫行友傳》。　德州：州名。治所在今山東德州市陵城區。

又以弟議爲德州刺史：《舊五代史考異》："案：《宋史》作行義。"此據《宋史·孫行友傳》。又，"德州刺史"，明本《册府》卷四二九《將帥部·守邊門》："孫方諫爲義武節度使，弟行友刺秦州，行議刺易州。弟兄掎角抗虜，北面賴之。"其"秦州"爲"泰州"之誤。

[5]史彥超：人名。雲州（今山西大同市）人。五代後周武將。傳見本書卷一二四、《新五代史》卷三三。

[6]洛下：即洛陽。在今河南洛陽市。

　　其弟行友繼爲定州節度。皇朝乾德中，以其袄妄惑衆，詔毀狼山佛寺，遷其尼朽骨赴京，遣焚於北郊，以行友爲諸衛大將軍，自是袄徒遂息焉。[1]《永樂大典》卷三千五百六十一。[2]

[1]諸衛大將軍：官名。左、右驍衛官之一種。唐已置。左、右驍衛，分左驍衛上將軍、大將軍、將軍、中郎將、郎將和右驍衛上將軍、大將軍、將軍、中郎將、郎將共十階。屬環衛官。無實際職事，多授予宗室，或爲有戰功者贈典。諸衛大將軍，正四品。
自是袄徒遂息焉：《舊五代史考異》："案《續通鑑長編》：建隆二年八月，義武節度使（原作'義成節度使'，據《長編》卷二改）、同平章事孫行友，在鎮逾八年，而狼山妖尼深意党益盛。上初即位，行友不自安，累表乞解官歸山，上不許，行友懼，乃繕治甲兵，將棄其帑，還據山寨以叛。兵馬都監樂繼能密奏其事，上遣閣門副使武懷節馳騎會鎮、趙之兵，僞稱巡邊，直入定州，行友不之覺。既而出詔示之，令舉族歸朝，行友倉皇聽命。既至，命侍御史李維岳即訊得實。己酉，制削奪行友官爵，禁錮私第，取尼深意

尸，焚之都城西北隅。行友弟易州刺史方進、姪保塞軍使全暉，皆詣闕待罪，詔釋之。”

[2]《大典》卷三五六一“孫”字韻“姓氏（八）”事目。

　　史臣曰：昔晉之季也，敵騎長驅，中原無主，漢祖雖思拯溺，未果圖南。趙暉首變陝郊，同扶義舉，漢之興也，暉有力焉，命以作藩，斯無愧矣。守恩乘時效順，雖有可觀，好利殘民，夫何足貴！允權、方諫，因版蕩之世，竊屏翰之權，比夫畫雲臺之功臣，[1]何相去之遠也。《永樂大典》卷三千五百六十一。[2]

　　[1]雲臺：東漢洛陽南宮中之高臺，東漢明帝劉莊曾圖畫中興功臣三十二人於此。此處比喻功臣顯宦。

　　[2]《大典》卷三五六一“孫”字韻“姓氏（八）”事目。

舊五代史　卷一二六

周書十七

列傳第六

馮道[1]

[1]《新輯會證》:"《馮道傳》,清輯本採《永樂大典》三則以成篇。影庫本粘籤:'《馮道傳》,《永樂大典》割截分載,今考其事跡前後次第,連綴以備顛末,謹附識于此。'未説明完殘。今以舊、新《五代史》對讀,知應稍有殘缺。僅據《廣卓異記》補録佚文三十五字。"其殘缺之處,應爲唐莊宗末服闋入都事,今據《新五代史》補之。

馮道,字可道,瀛州景城人。[1]其先爲農爲儒,不恒其業。道少純厚,好學能文,[2]不耻惡衣食,負米奉親之外,唯以披誦吟諷爲事,雖大雪擁户,凝塵滿席,湛如也。天祐中,劉守光署爲幽州掾。[3]守光引兵伐中山,[4]訪於僚屬,道常以利害箴之,守光怒,置於獄中,尋爲人所救免。守光敗，遁歸太原，監軍使張承業辟爲本院巡官。[5] 承業重其文章履行，甚見待遇。時有周玄豹者，善人倫鑒，與道不洽，謂承業曰：“馮生無前程，公不可過用。”[6] 時河東記室盧質聞之曰：“我曾見杜黃裳司空寫真圖，道之狀貌酷類焉，將來必副大用，玄豹之言不足信也。”[7] 承業尋薦爲霸府從事，俄署太原掌書記，[8] 時莊宗併有河北，[9] 文翰甚繁，一以委之。

[1] 瀛州：州名。治所在今河北河間市。　景城：縣名。治所在今河北滄縣。

[2] 好學能文：中華書局本有校勘記：“‘能文’，殿本、孔本、《册府》卷七九八作‘善屬文’。”

[3] 天祐：唐昭宗李曄開始使用的年號（904）。唐哀帝李柷沿用（904—907）。唐亡後，河東李克用、李存勗仍稱天祐，沿用至天祐二十年（923）。五代十國其他政權亦有行此年號者，如南吳、吳越等。　劉守光：人名。深州樂壽（今河北獻縣）人。唐末幽州節度使劉仁恭之子。劉守光囚父自立，後號大燕皇帝，爲晋王李存勗俘殺。傳見本書卷一三五、《新五代史》卷三九。　幽州：州名。治所在今北京市。　掾：即屬吏。

[4] 中山：古地名。此處代指河北方鎮義武軍（治所在定州）。

[5] 太原：府名。治所在今山西太原市。此處代指李存勗。監軍使：官名。爲臨時差遣，代表朝廷協理軍務，督察將帥。五代時常以宦官爲監軍。　張承業：人名。同州（今陝西大荔縣）人。唐末五代宦官，河東監軍。傳見本書卷七二、《新五代史》卷三八。　巡官：官名。唐代節度使、觀察使、團練使、防禦使屬官，位在判官、推官下。掌巡察及處理某些事務。

[6] 周玄豹：人名。燕地（今河北北部）人。五代後唐時術士、官員。傳見本書卷七一。　“時有周玄豹者”至“公不可過

用”：明本《册府》卷九二九《總録部·不知人門》：“後唐周玄豹，自言善相術。太原監軍特進張承業嘗延之，歷視諸僚佐。時巡官馮道初自燕來，性不事華潔，灰塵滿面，而以文行見知，承業命典書奏。承業問玄豹曰：‘馮巡官何如？’曰：‘巡官漪蓮泛水，幸遇特進，禮士之秋，官不踰宰百里。’承業笑曰：‘他已爲起居郎，公何忽耶。’”《宋本册府》“漪蓮泛水”作“依蓮泛水”。

[7]河東：方鎮名。治所在太原府（今山西太原市）。　記室：官名。“記室令史”的簡稱。東漢置，掌章表書記文檄。位卑秩下，不參官品。本書卷七二作“管記”。　盧質：人名。河南（今河南洛陽市）人。五代大臣。傳見本書卷九三、《新五代史》卷五六。　杜黄裳：人名。京兆萬年（今陝西西安市長安區）人。唐代宰相。傳見《舊唐書》卷一四七、《新唐書》卷一六九。　司空：官名。與太尉、司徒並爲三公，唐後期、五代多爲大臣、勳貴加官。正一品。

[8]從事：泛指一般屬官。　掌書記：官名。唐、五代方鎮僚屬，位在判官下。掌表奏書檄、文辭之事。　俄署爲太原掌書記：《輯本舊史》卷六七《盧程傳》：“初，判官王緘從軍掌文翰，胡柳之役，緘殁於軍。莊宗歸寧太原，置酒公宴，舉酒謂張承業曰：‘予今於此會取一書記，先以卮酒辟之。’即舉酒屬巡官馮道，道以所舉非次，抗酒辭避，莊宗曰：‘勿謙挹，無踰於卿也。’時以職列序遷，則程當爲書記，汝弼亦左右之。程既失職，私懷憤惋，謂人曰：‘主上不重人物，使田裏兒居余上。’”

[9]莊宗：即李存勖，小字亞子，沙陀部人，太原（今山西太原市）人。李克用之子，五代後唐開國皇帝。紀見本書卷二七至卷三四、《新五代史》卷四至卷五。　河北：泛指今黄河以北地區。

　　莊宗與梁軍夾河對壘，一日，郭崇韜以諸校伴食數多，[1]主者不辦，請少罷減。莊宗怒曰：“孤爲効命者設食，都不自由，其河北三鎮，令三軍別擇一人爲帥，孤請歸太原以避賢路。"遽命道對面草詞，將示其衆。道執筆久之，莊宗正色促焉，道徐起對曰："道所掌筆硯，敢不供職。今大王屢集大功，方平南寇，崇韜所諫，未至過當，阻拒之則可，不可以向來之言，誼動群議，敵人若知，謂大王君臣之不和矣。幸熟而思之，則天下幸甚也。"俄而崇韜入謝，因道之解焉，人始重其膽量。莊宗即位鄴宮，除省郎，充翰林學士，自緑衣賜紫，[2]梁平，遷中書舍人、户部侍郎。[3]丁父憂，[4]持服于景城。遇歲儉，所得俸餘，悉賑于鄉里，道之所居，唯蓬茨而已，[5]凡牧宰饋遺，斗粟匹帛，無所受焉。[6]時契丹方盛，[7]素聞道名，欲掠而取之，會邊人有備，獲免。《永樂大典》卷四百三。[8]服除，復召爲翰林學士。行至汴州，遇趙在禮亂，明宗自魏擁兵還，犯京師。孔循勸道少留以待，道曰："吾奉詔赴闕，豈可自留？"乃疾趨至京師。[9]

[1]郭崇韜：人名。代州雁門（今山西代縣）人。五代後唐大臣。傳見本書卷五七、《新五代史》卷二四。

[2]鄴：地名。即鄴都。治所在今河北大名縣。五代後唐同光元年（923），改魏州爲興唐府，建號東京，三年改東京爲鄴都。省郎：尚書省六部尚書二十四司郎官。　翰林學士：官名。由南北朝始設之學士發展而來，唐玄宗改翰林供奉爲翰林學士，備顧問，代王言，掌拜免將相、號令征伐等詔令的起草。　賜紫：皇帝頒賜紫色官服。唐代官員三品以上服紫。特殊情況下，京官散階未及三品者可以賜紫，以示尊寵。　充翰林學士：《輯本舊史》卷二九

《唐莊宗紀三》同光元年四月條："以河東掌書記馮道爲户部侍郎，充翰林學士。"

[3]中書舍人：官名。中書省屬官。掌起草文書、呈遞奏章、傳宣詔命等。正五品上。　户部侍郎：官名。尚書省户部次官。協助户部尚書掌天下田户、均輸、錢穀之政令。正四品下。

[4]丁父憂：《舊五代史考異》："案《談苑》云：道聞父喪，即徒步見星以行，家人從後持衣囊追及之。"

[5]唯蓬茨而已：《輯本舊史》之影庫本粘籤："'蓬茨'，原本作'逢次'，今從《册府元龜》改正。"見《宋本册府》卷八〇四《總録部·義門四》。

[6]牧宰：泛指州縣長官。　"凡牧宰饋遺"至"無所受焉"：《新五代史》卷五四《馮道傳》："有荒其田不耕者，與力不能耕者，道夜往，潛爲之耕，其人後來媿謝，道殊不以爲德。"

[7]契丹：古部族、政權名。公元4世紀中葉宇文部爲前燕攻破，始分離而成單獨的部落，自號契丹。唐貞觀中，置松漠都督府，以其首領爲都督。唐末强盛，916年迭剌部耶律阿保機建立契丹國（遼）。先後與五代、北宋並立，保大五年（1125）爲金所滅。參見張正明《契丹史略》，中華書局1979年版。

[8]《大典》卷四〇三"馮"字韻"姓氏（六）"事目。

[9]汴州：州名。治所在今河南開封市。　趙在禮：人名。涿州（今河北涿州市）人。五代後唐、後晋將領。傳見本書卷九〇、《新五代史》卷四六。　明宗：即李嗣源。沙陀部人。原名邈佶烈，李克用養子，926年至933年在位。紀見本書卷三五至卷四四、《新五代史》卷六。　魏：州名。治所在今河北大名縣。　京師：即後唐都城洛陽（今河南洛陽市）。　孔循：人名。籍貫不詳。五代後唐大臣。傳見《新五代史》卷四三。　"服除"至"乃疾趨至京師"：《新五代史》卷五四《馮道傳》。《輯本舊史》卷三三《唐莊宗紀七》同光三年（925）十月丙子條："以前翰林學士、户部侍郎馮道依前本官充職。"所言即馮道服闋復官事。

　　明宗入洛，遽謂近臣安重誨曰：“先帝時馮道郎中何在？”[1]重誨曰：“近除翰林學士。”明宗曰：“此人朕素諳委，甚好宰相。”[2]俄拜端明殿學士，“端明”之號，自道始也。[3]未幾，遷中書侍郎、刑部尚書、平章事。[4]《永樂大典》卷一萬七千九百三十。[5]凡孤寒士子，抱才業、素知識者，皆與引用，唐末衣冠，履行浮躁者，必抑而鎮之。[6]有工部侍郎任贊，因班退，與同列戲道於後曰：“若急行，必遺下《兔園册》。”[7]道尋知之，[8]召贊謂曰：“《兔園册》皆名儒所集，道能諷之。中朝士子止看《文場秀句》，[9]便爲舉業，皆竊取公卿，何淺狹之甚耶！”贊大愧焉。復有梁朝宰臣李琪，每以文章自擅，曾進《賀平中山王都表》，云“復真定之逆城”。道讓琪曰：“昨來收復定州，非真定也。”[10]琪昧於地理，頓至折角。其後百僚上明宗徽號凡三章，道自爲之，其文渾然，非流俗之體，舉朝服焉。道尤長於篇詠，秉筆則成，典麗之外，義含古道，必爲遠近傳寫，故人漸畏其高深，[11]由是班行蕭然，無澆醨之態。繼改門下侍郎、户部吏部尚書、集賢殿弘文館大學士，加尚書左僕射，[12]封始平郡公。一日，道因上謁既退，明宗顧謂侍臣曰：“馮道性純儉，頃在德勝寨，居一茅庵，與從人同器食，臥則芻藁一束，其心晏如也。及以父憂退歸鄉里，自耕樵採，與農夫雜處，略不以素貴介懷，真士大夫也。”[13]《永樂大典》卷四百三。[14]

　　[1]洛：即河南府，治所在今河南洛陽市。　安重誨：人名。應州（今山西應縣）人。五代後唐大臣。傳見本書卷六六、《新五

代史》卷二四。　郎中：官名。尚書省屬官。位在侍郎之下、員外郎之上。六部的郎中主持各司事務。從五品上。

[2]"明宗曰"至"甚好宰相"：中華書局本有校勘記："'委甚'，原作'悉是'，據殿本、《册府》卷一四八、《職官分紀》卷三改。"明本《册府》卷三三七《宰輔部·樹黨門》："明宗天成初，宰相豆盧革、韋説得罪，執政相與議宰相……帝曰：'宰相重位，卿等更自審詳。然吾在藩時，識易州刺史韋肅，人言名家，待我常厚，置於此位何如？肅苟未可，則馮書記先朝判官，稱爲長者，多才博學，與物無競，可以相矣。'書記即馮道人也，嘗爲莊宗霸府書記，帝素歆顔，偶不記名，但云書記。"

[3]端明殿學士：官名。五代後唐天成元年（926）明宗初即位，每有四方書奏，多令樞密使安重誨進讀，重誨不曉文義。於是孔循獻議，設端明殿學士，命馮道等爲之，位在翰林學士之上。此後沿置。　"俄拜端明殿學士"至"自道始也"：《輯本舊史》卷三六《唐明宗紀二》天成元年五月乙亥條："翰林學士、户部侍郎、知制誥馮道，翰林學士、中書舍人趙鳳，俱以本官充端明殿學士。端明之職，自此始也。"

[4]中書侍郎：官名。中書省副長官。晋始置，爲中書監、中書令之副。隋改稱内史侍郎。唐隨省名改易，先後稱西臺、右省、鳳閣、紫微侍郎等，旋仍復稱中書侍郎。唐後期三省長官漸爲榮銜，中書侍郎、門下侍郎却因參議朝政而職位漸重，常常用爲以"同三品"或"同平章事"任宰相者的本官。正三品。　刑部尚書：官名。尚書省刑部長官。掌天下刑法及徒隷、勾覆、關禁之政令。正三品。　平章事：官名。唐高宗以後，凡實際任宰相之職者，常在其本官後加同平章事的職銜。後成爲宰相專稱。　"未幾"至"平章事"：《輯本舊史》卷三七《唐明宗紀三》天成元年十月庚戌條："以户部侍郎、充端明殿學士馮道爲兵部侍郎。"同書卷三八《唐明宗紀四》天成二年正月癸亥條："以端明殿學士、尚書、兵部侍郎馮道爲中書侍郎、平章事、集賢殿大學士。"

[5]《大典》卷一七九三〇"相"字韻"宋相（一三）"事目，誤。中華書局本有校勘記："檢《永樂大典目録》，卷一七九三〇爲'相'字韻'宋相'，與本則内容不符，恐有誤記。陳垣《舊五代史輯本引書卷數多誤例》謂應作卷一七九一〇'相'字韻'五代相'。本卷後二則引《永樂大典》卷一萬七千九百三十同。"

[6]必抑而鎮之：中華書局本有校勘記："'鎮'，原作'置'，據殿本、孔本、《文莊集》卷三一《奉和御製讀五代周史》、《册府》卷三二〇改。"

[7]工部侍郎：官名。尚書省工部次官。協助尚書掌管百工、山澤、水土之政令，考其功以昭賞罰，總所統各司之事。正四品下。　任贊：人名。籍貫不詳。五代後唐官員。事見本書卷四四。《兔園册》：書名。亦稱"兔園册府"或"兔園策府"。唐蔣王李惲命僚佐杜嗣先所編科舉應試問答録。唐末五代多被當作蒙學教材。　"有工部侍郎任贊"至"必遺下《兔園册》"：《舊五代史考異》："《北夢瑣言》以任贊語爲劉岳語。又云：北中村墅多以《兔園册》教童蒙，以是譏之。然《兔園册》乃徐、庾文體，非鄙樸之談，但家藏一本，人多賤之也。《郡齋讀書志》以《兔園册》爲虞世南所作。《困學紀聞》云：《兔園册府》三十卷，唐蔣王惲令僚佐杜嗣先仿應科目策，自設問對，引經史爲訓注。惲，太宗子，故用梁王兔園名其書。"《輯本舊史》之殿本案語："《歐陽史》云：《兔園策》者，鄉校俚儒教田夫牧子之所誦也。《北夢瑣言》云：《兔園策》乃徐、庾文體，非鄙樸之談，但家藏一本，人多賤之。《困學紀聞》云：《兔園册府》三十卷，唐蔣王惲令僚佐杜嗣先做應科目策，自設問對，引經史爲訓注。惲，太宗子，故用梁王兔園名其書，馮道《兔園策》謂此也。"此事亦見《新五代史》卷五五《劉岳傳》。又明本《册府》卷三三七《宰輔部·徇私門》："吏部侍郎劉岳以道形神庸陋，一旦爲丞相，人士多竊笑。道自月華門赴班，岳與工部侍郎任贊偶語，見道行而復顧，贊曰：'新相回顧何也？'岳曰：'定是忘持《兔册》來。'道之鄉人在朝者聞之，

告道，因授岳秘書監，任贊散騎常侍。"

[8]道尋知之：中華書局本有校勘記："'尋'字原闕，據殿本、《册府》卷九三九補。"

[9]《文場秀句》：書名。唐王起撰。唐末、五代舉子常用的科舉考試參考書，内容後被譏爲"淺狹"。今已不存。

[10]李琪：人名。河西敦煌（今甘肅敦煌市）人。五代後梁、後唐官員。傳見本書卷五八、《新五代史》卷五四。　王都：人名。中山陘邑（今河北定州市）人。本姓劉，後爲義武軍節度使王處直養子。五代後唐軍閥。傳見本書卷五四、《新五代史》卷三九。真定：縣名。治所在今河北正定縣。　定州：州名。治所在今河北定州市。

[11]故人漸畏其高深：中華書局本有校勘記："'人'字原闕，據《册府》卷八四一補。"

[12]門下侍郎：官名。門下省次官，常加"同中書門下平章事"銜爲宰相。正二品。　户部吏部尚書：户部尚書，官名。尚書省户部長官。掌管全國土地、户籍、賦税、財政收支諸事。正三品。吏部尚書，尚書省吏部長官，與二侍郎分掌六品以下文官選授、勳封、考課之政令。正三品。　集賢殿弘文館大學士：集賢殿大學士，官名。唐中葉置，位在學士之上，以宰相兼。掌修書之事。弘文館大學士，官名。宋敏求《春明退朝録》："唐制，宰相四人，首相爲太清宮使，次三相皆帶館職，洪正字犯宣祖廟諱。洪（正字'弘'犯宋宣祖趙弘殷廟諱）文館大學士、監修國史、集賢殿大學士，以此爲次序。"　尚書左僕射：官名。隋唐宰相名號。檢校尚書左僕射爲散官或加官，以示恩寵，無實際執掌。　加尚書左僕射：《輯本舊史》卷四一《唐明宗紀七》長興元年（930）四月戊申條："宰臣馮道加右僕射。"同書卷四四《唐明宗紀一〇》長興四年九月丙戌條："宰臣馮道加左僕射。"

[13]德勝寨：地名。位於今河南濮陽縣。原爲黃河渡口，晉軍築德勝南、北二城於此，遂爲城名。　"一日"至"真士大夫

也”：明本《册府》卷七六《帝王部·褒賢門》謂其時在長興三年三月。

[14]《大典》卷四〇三“馮”字韻“姓氏（六）”事目。

天成、長興中，[1]天下屢稔，朝廷無事。明宗每御延英，[2]留道訪以外事，道曰：“陛下以至德承天，天以有年表瑞，更在日慎一日，以答天心。[3]臣每記在先皇霸府日，曾奉使中山，經井陘之險，憂馬有蹶失，不敢怠于銜轡。及至平地，則無復持控，果爲馬所顛仆，幾至于損。臣所陳雖小，可以喻大。陛下勿以清晏豐熟，便縱逸樂，兢兢業業，臣之望也。”明宗深然之。[4]他日又問道曰：“天下雖熟，百姓得濟否？”道曰：“穀貴餓農，穀賤傷農，此常理也。臣憶得近代有舉子聶夷中《傷田家詩》云：‘二月賣新絲，五月糶秋穀。醫得眼下瘡，剜却心頭肉。我願君王心，化作光明燭。不照綺羅筵，偏照逃亡屋。’”明宗曰：“此詩甚好。”遽命侍臣錄下，每自諷之。道之發言簡正，善于裨益，非常人所能及也。[5]時以諸經舛繆，與同列李愚委學官田敏等，取西京鄭覃所刊石經，[6]雕爲印板，流布天下，後進賴之。明宗崩，唐末帝嗣位，以道爲山陵使。[7]禮畢，出鎮同州，[8]循故事也。道爲政閑澹，獄市無撓。一日，有上介胡饒，本出軍吏，性麤獷，因事詬道於牙門，[9]左右數報不應。道曰：“此必醉耳！”因召入，開尊設食，盡夕而起，無撓慍之色。未幾，入爲司空。[10]

[1]天成：後唐明宗李嗣源年號（926—930）。　長興：後唐

明宗李嗣源年號（930—933）。

　　[2]延英：朝會禮名。唐後期始有宰臣於延英奏對之禮。唐末、五代時，形成一、五、九日開延英的定制，後唐時廢止。參見《五代會要》卷六《開延英儀》。

　　[3]"陛下以至德承天"至"以答天心"：《輯本舊史》卷四一《唐明宗紀七》長興元年（930）正月丙子條："帝謂宰臣曰：'時雪未降，如何？'馮道曰：'陛下恭行儉德，憂及烝民，上合天心，必有春澤。'是夜降雪。"

　　[4]井陘：關隘名。位於今河北井陘縣。　明宗深然之：明本《冊府》卷三七《帝王部·頌德門》："後唐明宗天成二年十二月，延宰臣於玄德殿，馮道奏曰：'先皇帝末年，不撫軍民，惑於聲樂，遂致人怨，幾墜丕構。陛下自膺人望，軍民惠愛，藩后入覲，情同魚水。時歲頻稔，亦淳化所致也，更願居安思危，保守今日。'帝然之。"

　　[5]聶夷中：人名。河南（今河南洛陽市）人，一說河東（今山西運城市一帶）人。唐末官員、詩人。事見《新唐書》卷一七七、本書本卷。　"他日又問道曰"至"非常人所能及也"：明本《冊府》卷三一四《宰輔部·謀猷門四》："天成三年七月，帝延宰臣於便殿，道曰：'數州霖雨，雖秋稼以傷，時物皆賤，邊鄙河水泛漲，契丹未可南顧。'閏八月，延宰臣於玄德殿，道又以居安思危，有始有卒，申於鑒誡。四年五月，帝問宰臣曰：'時事如何？'道對曰：'時熟人安。'帝曰：'此外如何？'道曰：'陛下淳德，上合天心，臣聞堯舜之君，人所慕之；桀紂之主，人皆惡之，蓋爲有道無道也。今陛下恭修儉德，留心治道，民無徭役，故相與言曰：堯年舜日，不過人安俗阜爾。自貞觀十年已後，魏徵等奏太宗曰：願當如貞觀之初。臣今亦願陛下嘗思登極之初，則天下幸甚。'八月，帝御中興殿，道奏：'往年淄州四縣水損田，省司額定租稅，州使徵督甚急，以至戶口流散。今歲特宜優恤。'從之。戊午，帝御中興殿，對宰臣論時政何者爲切，道對曰：'務惜生靈爲切。臣

記近代詞人爲古調詩云：正月賣新絲，二月糶新粟。救得眼前瘡，剜却心頭肉。我願君王心，化作光明燭。不照綺羅筵，偏照逃亡屋。此詞義雖淺，規諫道深，臣諷誦之，實覺有理。'帝深納之。九月戊寅，帝御中興殿，又顧謂宰臣曰：'時事近日何如？'道奏曰：'臣省事已來，無歲不聞戰伐，蓋政令不一，王綱弛紊。伏自陛下纂隆五載，服之以武威，懷之以文德，任賢不二，去邪不疑，天下歸心，人知耻格。近歲已來，可謂無事。'……長興三年三月，帝顧謂宰臣曰：'春雨稍多，久未晴霽，何也？'道對曰：'水旱作沴，雖是天之嘗道，然季春行秋令，臣之罪也。更望陛下廣敷恩澤，久雨無妨於聖政也。'四年二月，帝對宰臣於中興殿，道奏曰：'新授尚書令秦王昨向中書領事稟承睿訓，其德日新，每日朝謁，五皷待漏左掖門。夫親賢，國之基本。臣聞古人有善爲師傅教導太子者，太子食有邪蒿，師傅遽命去之，曰：其名不正，不可以食太子。蒿非邪也，但惡其名，況人事乎？臣思莊宗皇帝二十年血戰，定天下，而不修德政，三載覆亡。郭崇韜輔佐先朝，又不喜見創業勳舊。夫國以人爲本，今之親人者，節度刺史令録而已，得其人則治，非其人則亂，不可不慎選。《書》云：若蹈虎尾，履春冰，日慎一日。唯陛下安不忘危，治不忘亂而已矣。'十月，以上尊號，應在朝文武臣寮並宜加恩，其有八月四日已後遷官者，不在此限。時上旨欲徧與百寮轉官，而道等以爲轉官須論資考，乃奏敘階勳而已。"又，《新五代史》卷五四《馮道傳》："水運軍將於臨河縣得一玉杯，有文曰：'傳國寶萬歲杯'，明宗甚愛之，以示道，道曰：'此前世有形之寶爾，王者固有無形之寶也。'明宗問之，道曰：'仁義者，帝王之寶也。故曰：大寶曰位，何以守位曰仁。'明宗武君，不曉其言，道已去，召侍臣講説其義，嘉納之。"

[6]李愚：人名。渤海無棣（今山東慶雲縣）人。唐末進士，唐末、五代大臣。傳見本書卷六七、《新五代史》卷五四。　田敏：人名。淄州鄒平（今山東鄒平縣）人。五代宋初大臣、學者。傳見《宋史》卷四三一。　西京：指京兆府（今陝西西安市）。　鄭覃：

人名。鄭州滎澤（今河南鄭州市北）人，唐德宗朝宰相鄭珣瑜之子。唐代經學家。傳見《舊唐書》卷一七三。"西京鄭覃所刊石經"，《新唐書》卷九五記："文宗好《左氏春秋》，命分列國各爲書，成四十篇。與鄭覃刊定九經于石。"

[7]唐末帝：即後唐廢帝李從珂。鎮州平山（今河北平山縣）人。本姓王氏，爲後唐明宗養子，改名從珂。明宗入洛陽，李從珂率兵追隨，以功拜河中節度使，封潞王。閔帝李從厚即位，李從珂據城發動兵變，改鳳翔節度使。清泰元年（934）率軍東攻洛陽，廢黜閔帝，自立爲帝。清泰三年，石敬瑭與契丹合兵攻陷洛陽，自焚而死。紀見本書卷四六至卷四八、《新五代史》卷七。　山陵使：官名。亦稱山陵儀仗使。唐貞觀中始置。掌議帝后陵寢制度、監造帝后陵寢。　"明宗崩"至"以道爲山陵使"：《新五代史》卷五四《馮道傳》："明宗崩，相愍帝。潞王反於鳳翔，愍帝出奔衛州，道率百官迎潞王入，是爲廢帝，遂相之。"　《輯本舊史》卷四五《唐閔帝紀》長興四年十二月丁巳條："以左僕射、平章事馮道爲山陵使。"同月辛未條："帝御中興殿，群臣列位，馮道升階進酒。"同卷應順元年（934）正月庚辰條："宰臣馮道加司空。"同書卷四六《唐末帝紀上》應順元年四月壬申條："馮道等上牋勸進。"是月乙酉改元清泰。同卷清泰元年四月戊戌條："山陵使、司空兼門下侍郎、平章事馮道上表納政，不允。"　馮道於唐閔帝朝任明宗山陵使，至末帝朝禮畢。又，閔帝自即位至遇害僅五月餘，本傳無馮道相閔帝事，然前後文字連貫，應無闕文。

[8]同州：州名。治所在今陝西大荔縣。　出鎮同州：《輯本舊史》之影庫本粘籤："'同州'，原本作'司川'，今從《通鑑》改正。"《通鑑》卷二七九清泰元年五月庚戌條："以司空兼門下侍郎、同平章事馮道同平章事，充匡國節度使。"匡國爲軍號，同州爲治所。

[9]上介：唐宋時指觀察副使、節度副使。　胡饒：人名。大梁（今河南開封市）人。後唐至後晉將領。傳見本書卷九六。　因

事詬道於牙門:《輯本舊史》卷九六《胡饒傳》:"清泰初,馮道出鎮同州,饒時爲副使,道以重臣,稀於接洽,饒忿之,每乘酒於牙門詬道。"

[10]入爲司空:《輯本舊史》卷四七《唐末帝紀中》清泰二年十二月己丑條:"以前同州節度使馮道爲司空。"《通鑑》卷二七九謂其事在清泰二年十二月乙酉。

及晋祖入洛,以道爲首相。[1]二年,契丹遣使加徽號於晋祖,[2]晋祖亦獻徽號于契丹,謂道曰:"此行非卿不可。"道無難色。[3]晋祖又曰:"卿官崇德重,不可深入沙漠。"道曰:"陛下受北朝恩,臣受陛下恩,何有不可!"[4]及行,將達西樓,契丹主欲郊迎,其臣曰:"天子無迎宰相之禮。"因止焉,其名動殊俗也如此。[5]及還,朝廷廢樞密使,依唐朝故事,並歸中書,其院印付道,事無巨細,悉以歸之。尋加司徒、兼侍中,進封魯國公。[6]晋祖曾以用兵事問道,道曰:"陛下歷試諸艱,創成大業,神武睿略,爲天下所知,討伐不庭,須從獨斷。臣本自書生,爲陛下在中書,守歷代成規,不敢有一毫之失也。臣在明宗朝,曾以戎事問臣,臣亦以斯言答之。"晋祖頗可其説。道嘗上表求退,晋祖不之覽,先遣鄭王就省,[7]謂曰:"卿來日不出,朕當親行請卿。"道不得已出焉。當時寵遇,無與爲比。

[1]晋祖:即後晋高祖石敬瑭。沙陀部人。五代後唐將領、後晋開國皇帝。紀見本書卷七五至卷八〇、《新五代史》卷八。 及晋祖入洛,以道爲首相:《輯本舊史》卷七六《晋高祖紀二》天福

元年（936）十二月丁亥條："制以司空馮道守本官兼門下侍郎平章事、弘文館大學士。"明本《册府》卷三二四《宰輔部·薦賢門》："尚書左丞、判國子監事田敏長於詩賦，道重敏，嘗從容白晉祖曰：'臣所爲官，合授於敏，臣不敢黨蔽也。'又史圭在後唐明宗時爲右丞，權判銓事，道在中書，嘗以堂判衡銓司所注人，圭怒，力爭之，道亦微有不足色。及晉高祖時，道再爲相，圭首爲道所舉，除刑部侍郎、鹽鐵副使。圭方愧其度量遠不及也。"

[2]契丹：明本《册府》卷三二九《宰輔部·奉使門》作"虜"，下文一"契丹"同。

[3]道無難色：《輯本舊史》卷七七《晉高祖紀三》天福三年八月戊寅條："以左僕射劉昫爲契丹册禮使，左散騎常侍韋勳副之，給事中盧重爲契丹皇太后册禮使。"同書卷一三七《契丹傳》："天福三年，又遣宰臣馮道、左僕射劉昫等持節册德光及其母氏徽號，齎鹵簿、儀仗、法服、車輅於本國行禮，德光大悦。"《新五代史》卷八《晉高祖紀》天福三年八月戊寅條："馮道及左仆射劉昫爲契丹册禮使。"《通鑑》卷二八一天福三年八月戊寅條："以馮道爲太后册禮使，左僕射劉昫爲契丹主册禮使。"《考異》曰："《周世宗實錄·馮道傳》云：'虜遣使加徽號於晉祖，晉亦獻徽號於虜。始命兵部尚書王權銜其命，權辭以老病。晉祖謂道曰：此行非卿不可。道無難色。'按《晉高祖實錄》：'天福三年八月戊寅，道爲契丹太后册禮使。十月戊寅，北朝命使上帝徽號。戊子，王權以不受北使，停任。'《周世宗實錄》誤也。"此爲天福三年間事，本傳言"二年"，誤。

[4]"晉祖又曰"至"何有不可"：《輯本舊史》之案語："案楊内翰《談苑》云：道與諸相歸中書，食訖，外廳堂吏前白道言北使事。吏人色變手戰，道取紙一幅，署云：'道去。'即遣寫敕進，堂吏泣下。道遣人語妻子，不復歸家，即日舍都亭驛，不數日北行。晉祖餞宴，語以家國之故，煩耆德遠使，自酌卮酒賜之，泣下。"

[5]西樓：地名。泛指遼朝上京（臨潢府）。參見陳曉偉《捃

鉢與行國政治中心論——遼初"四樓"問題真相發覆》，《歷史研究》2016 年第 6 期。　契丹主：此處指耶律德光。契丹人，遼太祖耶律阿保機次子。遼朝皇帝，謚號太宗。927 年至 947 年在位。紀見《遼史》卷三至卷四。　"及行"至"其名動殊俗也如此"：中華書局本有校勘記："'契丹主欲郊迎其臣曰'，《册府》卷三一九作'虜長欲自出迎道虜之群僚曰'。"《輯本舊史》之案語："案《談苑》云：契丹賜其臣牙笏及臘日賜牛頭者爲殊禮，道皆得之，作詩以紀云：'牛頭偏得賜，象笏更容持。'契丹主甚喜，遂潛諭留意，道曰：'南朝爲子，北朝爲父，兩朝皆爲臣，豈有分別哉！'道在契丹，凡得所賜，悉以市薪炭，徵其意，云：'北地苦寒，老年所不堪，當爲之備。'若將久留者。契丹感其意，乃遣歸，道三上表乞留，固遣乃去，猶更住館中月餘。既行，所至留駐，凡兩月方出境，左右語道曰：'當北土得生還，恨無羽翼，公獨宿留，何也？'道曰：'縱急還，彼以筋脚馬，一夕即追及，亦何可脱？但徐緩即不能測矣。'衆乃服。"又《輯本舊史》卷七八《晋高祖紀四》記其還日在天福四年二月丁酉，帝慰勞備至，錫賚豐厚。

　　[6]樞密使：官名。樞密院長官。唐代宗時始以宦官掌機密，至昭宗時借朱温之力盡誅宦官，始改以士人任樞密使。備顧問，參謀議，出納詔奏，權侔宰相。參見李全德《唐宋變革期樞密院研究》，國家圖書館出版社 2009 年版。　司徒：官名。與太尉、司空並爲三公，唐後期、五代多爲大臣、勳貴加官。正一品。　侍中：官名。秦始置。隋、唐前期爲門下省長官。唐後期多爲大臣加銜，不參與政務，實際職務由門下侍郎執行。正二品。　尋加司徒、兼侍中，進封魯國公：《輯本舊史》卷七八《晋高祖紀四》記其事在天福四年八月辛丑。

　　[7]鄭王：即石重貴。沙陀部人。後晉高祖石敬瑭從子，後晉少帝。紀見本書卷八一至卷八五、《新五代史》卷九。

　　晋少帝即位,[1]加守太尉,[2]進封燕國公。道嘗問朝中熟客曰:"道之在政事堂,[3]人有何説?"客曰:"是非相半。"道曰:"凡人同者爲是,不同爲非,而非道者,十恐有九。昔仲尼聖人也,猶爲叔孫武叔所毀,[4]況道之虚薄者乎?"然道之所持,始終不易。後有人間道於少帝曰:"道好平時宰相,無以濟其艱難,如禪僧不可呼鷹耳。"由是出道爲同州節度使。[5]歲餘,移鎮南陽,加中書令。[6]

　　[1]晋少帝即位:《通鑑》卷二八三天福七年(942)五月丙午條:"帝寢疾,一旦,馮道獨對。帝命幼子重睿出拜之,又令宦者抱重睿置道懷中,其意蓋欲道輔立之。"同年六月乙丑條:"道與天平節度使、侍衛馬步都虞候景延廣議,以國家多難,宜立長君,乃奉廣晋尹齊王重貴爲嗣。"

　　[2]太尉:官名。與司徒、司空並爲三公,唐後期、五代多爲大臣、勳貴加官。正一品。　加守太尉:《輯本舊史》卷八一《晋少帝紀一》天福七年七月乙巳條:"遣中使就中書賜宰臣馮道生辰器幣,道以幼屬亂離,早喪父母,不記生日,堅辭不受。"同年八月甲子條:"宰臣馮道加守太尉。"

　　[3]政事堂:唐宋時宰相議事處。

　　[4]仲尼:即孔子。　叔孫武叔:人名。名州仇。春秋時魯國大夫。曾認爲"子貢賢於仲尼",并毀謗孔子。事見《禮記·檀弓上》。

　　[5]節度使:官名。唐時在重要地區所設掌握一州或數州軍、民、財政的長官。　由是出道爲同州節度使:《輯本舊史》卷八二《晋少帝紀二》開運元年(944)六月癸卯條:"以太尉、兼侍中馮道爲檢校太師、兼侍中,充同州節度使。"

　　[6]南陽:縣名。治所在今河南南陽市。　移鎮南陽:《輯本

《舊史》卷八四《晋少帝紀四》開運三年五月戊戌條："以前同州節度使馮道爲鄧州節度使。"鄧州嘗爲南陽郡舊治。　中書令：官名。漢代始置。隋、唐前期爲中書省長官，屬宰相之職；唐後期多爲授予元勳大臣的虚銜。正二品。

契丹入汴，道自襄、鄧召入，戎王因從容問曰："天下百姓，如何可救？"道曰："此時百姓，佛再出救不得，唯皇帝救得。"其後衣冠不至傷夷，皆道與趙延壽陰護之所至也。[1] 是歲三月，隨契丹北行，與晋室公卿俱抵常山。俄而戎王卒，永康王代統其衆。及北去，留其族解里以據常山。[2] 時漢軍憤激，因共逐出解里，尋復其城。道率同列，四出按撫，因事從宜，各安其所。人或推其功，道曰："儒臣何能爲，皆諸將之力也。"[3] 道以德重，人所取則，乃爲衆擇諸將之勤宿者，以騎校白再榮權爲其帥，軍民由是帖然，道首有力焉。道在常山，見有中國士女爲契丹所俘者，出橐裝以贖之，皆寄於高尼精舍，[4] 後相次訪其家以歸。又，契丹先留道與李崧、和凝及文武官等在常山，是歲閏七月二十九日，契丹有僞詔追崧，令選朝士十人赴木葉山行事。[5] 契丹麻答召道等至帳所，[6] 欲諭之，崧偶先至，知其旨，懼形於色。麻答將以明日與朝士齊遣之，崧乃不俟道，與凝先出，既而相遇於帳門之外，因與分手俱歸。俄而李筠等縱火與契丹交鬭，鈹槊相及。[7] 是日道若齊至，[8] 與麻答相見，稍或躊躇，則悉爲俘矣。時論者以道在布衣有至行，[9] 立公朝有重望，其陰報昭感，多此類也。

[1]襄：州名。治所在今湖北襄陽市。　鄧：州名。治所在今河南鄧州市。　趙延壽：人名。常山（今河北正定縣）人。本姓劉，爲後唐將領趙德鈞養子。仕至後唐樞密使、遼朝幽州節度使、燕王。傳見本書卷九八。　“契丹入汴”至“皆道與趙延壽陰護之所至也”：《輯本舊史》卷九六《劉繼勳傳》：“始少帝與契丹絶好，繼勳亦與其謀，及契丹主至闕，繼勳自鎮來朝，契丹責之。時馮道在側，繼勳事急，指道曰：‘少帝在鄴，道爲首相，與景延廣謀議，遂致南北失歡。臣位至卑，未嘗措言，今請問道，道細知之。’契丹主曰：‘此老子不是好鬧人，無相牽引，皆爾輩爲之。’繼勳不敢復對。”《新五代史》卷五四《馮道傳》：“契丹滅晉，道又事契丹，朝耶律德光于京師，德光責道事晉無狀，道不能對。又問曰：‘何以來朝？’對曰：‘無城無兵，安敢不來？’德光誚之曰：‘爾是何等老子？’對曰：‘無才無德癡頑老子。’德光喜，以道爲太傅。”

[2]常山：即鎮州，治所在今河北正定縣。　永康王：即遼世宗耶律阮。紀見《遼史》卷五。　解里：人名。契丹使者。

[3]“人或推其功”至“皆諸將之力也”：《輯本舊史》之影庫本粘籤：“《通鑑》云：衆推道爲節度使，道曰：‘我書生也，當奏事而已，宜擇諸將爲留後。’《薛史》不言推道爲節度，與《通鑑》微異。”見《通鑑》卷二八七天福十二年（947）八月壬午條。

[4]騎校：低級軍職。　白再榮：籍貫不詳。五代後漢節度使、將領。傳見本書卷一〇六、《新五代史》卷四八。

[5]李崧：人名。深州饒陽（今河北饒陽縣）人。後晉宰相，歷仕後唐至後漢。傳見本書卷一〇八、《新五代史》卷五七。　和凝：人名。鄆州須昌（今山東東平縣）人。歷仕後梁至後周，五代官員、詞人。傳見本書卷一二七、《新五代史》卷五六。　木葉山：山名。關於木葉山的具體地址目前學界尚有爭議。詳見劉浦江《契丹族的歷史記憶——以“青牛白馬”説爲中心》，原刊《漆俠先生紀念文集》，河北大學出版社 2002 年版。關於木葉山的地望問題，

長期以來存在着很大爭議。迄今爲止，大致有以下四種觀點：其一，主張應在今西拉木倫河與老哈河匯流處去尋找木葉山；其二，認爲木葉山是西拉木倫河與少冷河匯流處的海金山（今屬内蒙古翁牛特旗白音他拉鄉）；其三，認爲木葉山即遼祖州祖陵所在之山；其四，認爲木葉山即内蒙古阿魯科爾沁旗南面的天山。

[6]麻答：人名。即耶律拔里得。契丹人。遼初皇室，遼太宗耶律德光堂弟。傳見《遼史》卷七六。參見鄧廣銘（署名鄺又銘）《遼史兵衞志“御帳親軍”“大首領部族軍”兩事目考源》，《北京大學學報》1956年第2期。　契丹麻答召道等至帳所：中華書局本有校勘記：“‘契丹麻答’，《册府》卷九四〇作‘虜帥解里’，下文二‘麻答’皆作‘解里’。‘帳所’，《册府》卷九四〇作‘帳前所’。”

[7]李筠：人名。籍貫不詳。五代後晉將領。事見本書卷一三一。　鈹槊相及：中華書局本有校勘記：“‘鈹’，原作‘鼓’，據《册府》卷九四〇改。”

[8]是日道若齊至：中華書局本有校勘記：“‘道’字原闕，據《册府》卷九四〇補。”

[9]時論者以道在布衣有至行：中華書局本有校勘記：“‘在’字原闕，據《册府》卷九四〇補。”

及自常山入覲，漢祖嘉之，拜守太師。[1]乾祐中，道奉朝請外，平居自適。[2]一日，著《長樂老自叙》云：

[1]漢祖：即後漢開國皇帝劉知遠。太原（今山西太原市）人，沙陀族。紀見本書卷九九、卷一〇〇及《新五代史》卷一〇。　太師：官名。與太傅、太保並爲三師。正一品。　拜守太師：《輯本舊史》卷一〇〇《漢高祖紀下》乾祐元年（948）正月辛酉條：“以前鄧州節度使、燕國公馮道爲守太師，進封齊國公。”《舊

五代史考異》："案《洛陽縉紳舊聞記》：贈大監張公璨，漢祖即位之初爲上黨戎判。漢祖在北京時，大聚甲兵，禁牛皮不得私貿易及民間盜用之，如有牛死，即時官納其皮，其有犯者甚衆。及即大位，三司舉行請禁天下牛皮，法與河東時同，天下苦之。會上黨民犯牛皮者二十餘人，獄成，罪俱當死。大監時爲判官，獨執曰：'主上欽明，三司不合如此起請，二十餘人死尚間可，使天下犯者皆銜冤而死乎？且主上在河東，大聚甲兵，須藉牛皮，嚴禁之可也，今爲天下君，何少牛皮，立法至于此乎！'遂封奏之。時三司使方用事，執政之地，除馮瀛王外，皆惡之，曰：'豈有州郡使敢非朝廷詔敕！'力言於漢祖。漢祖亦怒曰：'昭義一判官，是何敢如此！其犯牛皮者，依敕俱死。大監以非毀詔敕，亦死。'敕未下，獨瀛王非時請見。漢祖出，瀛王曰：'陛下在河東時，斷牛皮可也，今既有天下，牛皮不合禁。陛下赤子枉死之，亦足爲陛下惜。昭義判官以卑位食陛下禄，居陛下官，不惜軀命，敢執而奏之，可賞不可殺。臣當輔弼之任，使此敕枉害天下人性命，臣不能早奏，使陛下正，臣罪當誅。'稽首再拜。又曰：'張璨不合加罪，望加敕赦之。'漢祖久之曰：'已行之矣。'馮瀛王曰：'敕未下。'漢祖遽曰：'與赦之。'馮曰：'勒停可乎？'上曰：'可。'由是改其敕，記其略曰：'三司邦計，國法攸依，張璨體事未明，執理乖當，宜停見職，犯牛皮者貸命放之。'大監聽宣敕訖，聞敕云'執理乖當'，尚曰：'中書自不能執理，若一一教外道判官執理，則焉用彼相乎！'"見《洛陽縉紳舊聞記》卷五張大監正直條。此《考異》中華書局本有校勘記："贈大監張公燦，原作'璨'，據《洛陽縉紳舊聞記》卷五改。""'使陛下正之'，'之'字原闕，據《洛陽縉紳舊聞記》卷五補。"

[2]乾祐：後漢高祖劉知遠、隱帝劉承祐年號（948—950）。北漢亦用此年號。　奉朝請：奉朝廷召請參加朝會。通常爲皇帝賜予致仕官員、勳貴的榮寵。　"乾祐中"至"平居自適"：《新五代史》卷五二《李守貞傳》載，乾祐中，郭威平李守貞叛，"是

時，馮道罷相，居河陽。威初出兵，過道家問策，道曰：'君知博乎？'威少無賴，好蒲博，以爲道譏之，艴然而怒。道曰：'凡博者，錢多則多勝，錢少則多敗。非其不善博，所以敗者，勢也。今合諸將之兵以攻一城，較其多少，勝敗可知。'威大悟，謀以遲久困之"。

　　余世家宗族，本始平、長樂二郡，[1]歷代之名實，具載於國史家牒。余先自燕亡歸晉，事莊宗、明宗、閔帝、清泰帝，[2]又事晉高祖皇帝、少帝。契丹據汴京，爲戎主所制，自鎮州與文武臣僚、馬步將士歸漢朝，[3]事高祖皇帝、今上。顧以久叨祿位，備歷艱危，上顯祖宗，下光親戚。亡曾祖諱湊，累贈至太傅，[4]亡曾祖母崔氏，追封梁國太夫人；亡祖諱烔，[5]累贈至太師，亡祖母褚氏，追封吳國太夫人；亡父諱良建，祕書少監致仕，累贈至尚書令，[6]亡母張氏，[7]追封魏國太夫人。

[1]始平：郡名。治所在今陝西興平市東南。　長樂：郡名。治所在今河北衡水市冀州區。

[2]閔帝：即後唐閔帝李從厚。後唐明宗李嗣源第三子。934年在位。紀見本書卷四五、《新五代史》卷七。　清泰帝：即後唐末帝李從珂。

[3]鎮州：州名。治所在今河北正定縣。

[4]湊：人名。即馮湊。事跡不詳。　太傅：官名。三師之一。始設於周代。掌佐天子、理陰陽、經邦弘化。唐後期、五代多爲大臣、勳貴加官。正一品。

[5]烔：人名。即馮烔。事跡不詳。　亡祖諱烔：中華書局本

有校勘記："'烱'，《册府》卷七七〇作'景'。"

[6]良建：人名。即馮良建。事跡不詳。　祕書少監：官名。唐承隋制，置秘書省，設秘書少監二人協助秘書監工作。從四品上。　尚書令：官名。秦始置。隋、唐前期爲尚書省長官，與中書令、侍中並爲宰相。因以李世民爲之，後皆不授，唐高宗廢其職。唐後期以李適、郭子儀有功而特授此職，爲大臣榮銜，不參與政務。五代因之。唐時爲正二品，後梁開平三年（909）升爲正一品。

[7]亡母張氏：中華書局本有校勘記："'亡'字原闕，據《册府》卷七七〇補。"

　　余階自將仕郎，轉朝議郎、朝散大夫、朝議大夫、銀青光禄大夫、金紫光禄大夫、特進、開府儀同三司。[1]職自幽州節度巡官、河東節度巡官、掌書記，再爲翰林學士，改授端明殿學士、集賢殿大學士、太微宮使，再爲弘文館大學士，又充諸道鹽鐵轉運使、南郊大禮使、明宗皇帝晋高祖皇帝山陵使，再授定國軍節度、同州管内觀察處置等使，一爲長春宮使，又授武勝軍節度、鄧隨均房等州管内觀察處置等使。[2]官自攝幽府參軍、試大理評事、檢校尚書祠部郎中兼侍御史、檢校吏部郎中兼御史中丞、檢校太尉同中書門下平章事、檢校太師兼侍中，[3]又授檢校太師兼中書令。正官自行臺中書舍人，再爲户部侍郎，轉兵部侍郎、中書侍郎，[4]再爲門下侍郎、刑部吏部尚書、右僕射、左僕射，[5]三爲司空，兩在中書，一守本官，又授司徒、兼侍中，賜私門十六戟，又授太尉、兼侍中，又授戎太傳，又授漢太師。爵自開國男至開國公、魯國公，再封秦國公、梁國公、燕國公、齊國公。食邑自三百户至一萬一千户，[6]食實封自一百户至一千八百户。勳自柱國至上柱國。[7]功臣名自經邦致理翊贊功臣至守正崇德保邦致理功臣、安時處順守義崇靜功臣、崇仁保德寧邦翊聖功臣。[8]

[1]將仕郎：文散官。從九品下。　朝議郎：文散官。正六品上。　朝散大夫：文散官。從五品下。　朝議大夫：文散官。正五品下。"朝議大夫"，中華書局本有校勘記："以上四字原闕，據《册府》卷七七〇補。"　銀青光禄大夫：官名。唐、五代散官。從三品。　金紫光禄大夫：官名。本兩漢光禄大夫。魏晋以後，光禄大夫之位重者，加金章紫綬，因稱金紫光禄大夫。北周、隋爲散官。唐貞觀後列入文散官。正三品。　特進：官名。西漢末期始置，授給列侯中地位較特殊者。隋唐時期，特進爲散官，授給有聲望的文官。正二品。　開府儀同三司：官名。曹魏始置，隋、唐時爲散官之最高官階，多授功勳重臣。從一品。

[2]節度巡官：官名。唐代節度使下置巡官，位判官、推官下。　太微宫使：官名。太微宫的主管之官。　諸道鹽鐵轉運使：官名。簡稱鹽鐵使。爲鹽鐵司長官，主掌漕運及專賣事務。　南郊大禮使：官名。非常設。帝王舉行南郊等大禮時設，參掌大禮。　定國軍：唐、五代方鎮名。北宋建國後避太祖諱而追改匡國軍爲定國軍。治所在同州（今陝西大荔縣）。　觀察處置：官名。即觀察處置使。唐玄宗以後，採訪、觀察、都統等使加"處置"，賦予處理、決斷權。開元二十二年（734）初置採訪處置使，以御史中丞盧絢等爲之，乾元元年（758）改爲觀察處置使。　長春宫使：官名。長春宫的主管之官。　武勝軍：鎮名。治所在鄧州（今河南鄧州市）。　隨：州名。治所在今湖北隨州市。　均：州名。治所在今

湖北丹江口市。　房：州名。治所在今湖北房縣。

[3]參軍：官名。州府屬官。總掌諸曹事務。官品爲從六品至從八品不等。　大理評事：官名。大理寺屬官。掌出使推覆。從八品下。　檢校尚書祠部郎中：官名。爲散官或加官，以示恩寵，無實際執掌。　侍御史：官名。秦始置。掌糾舉百官、推鞫獄訟。從六品下。　檢校吏部郎中：官名。爲散官或加官，以示恩寵，無實際執掌。　御史中丞：官名。如不置御史大夫，則爲御史臺長官。掌司法監察。正四品下。　檢校太尉：官名。爲散官或加官，以示恩寵，無實際執掌。　同中書門下平章事：官名。簡稱“同平章事”。唐高宗以後，凡實際任宰相之職者，常在其本官後加同平章事的職銜。後成爲宰相專稱。後晉天福五年（940），升中書門下平章事爲正二品。　檢校太師：官名。爲散官或加官，以示恩寵，無實際執掌。

[4]兵部侍郎：官名。尚書省兵部次官。協助兵部尚書掌武官銓選、勳階、考課之政。正四品下。

[5]刑部吏部尚書：中華書局本有校勘記：“‘刑部吏部’，《册府》卷七七〇作‘刑户吏’。”　右僕射、左僕射：官名。秦始置。隋、唐前期以左、右僕射佐尚書令總理六官，綱紀庶務，如不置尚書令，則總判省事，爲宰相之職。唐後期多爲大臣加銜。從二品。“左僕射”，中華書局本有校勘記：“以上三字原闕，據《册府》卷七七〇補。按本書卷四四《唐明宗紀十》：‘（長興四年九月）宰臣馮道加左僕射。’”

[6]食邑：即封地、封邑。食邑之名，蓋取受封者不之國，僅食其租稅之意。

[7]上柱國：官名。北周武帝建德四年（575），置上柱國爲高級勳官。隋唐沿置。五代後唐明宗天成三年（928）詔，今後凡加勳，先自武騎尉經十二轉方授爲上柱國。正二品。

[8]“功臣名”至“崇仁保德寧邦翊聖功臣”：《輯本舊史》之影庫本粘籤：“‘經邦’，原本作‘翊邦’，今從《册府元龜》改

正。"見《宋本册府》卷七七〇。

　　先娶故德州户掾褚諱濆女，早亡；後娶故景州弓高縣孫明府諱師禮女，[1]累封蜀國夫人。亡長子平，自祕書郎授右拾遺、工部度支員外郎；[2]次子吉，自祕書省校書郎授膳部金部職方員外郎、屯田郎中；[3]第三亡子可，自祕書省正字授殿中丞、工部户部員外郎；[4]第四子幼亡；第五子義，[5]自祕書郎改授銀青光禄大夫、檢校國子祭酒兼御史中丞，充定國軍衙内都指揮使，職罷改授朝散大夫、左春坊太子司議郎，授太常丞；[6]第六子正，自協律郎改授銀青光禄大夫、檢校國子祭酒兼御史中丞，充定國軍節院使，職罷改授朝散大夫、太僕丞。[7]長女適故兵部崔侍郎諱衍子太僕少卿名絢，封萬年縣君；[8]三女子早亡。二孩幼亡。[9]唐長興二年敕，瀛州景城縣莊來蘇鄉改爲元輔鄉，朝漢里改爲孝行里。[10]洛南莊貫河南府洛陽縣三川鄉靈臺里，[11]奉晉天福五年敕，[12]三川鄉改爲上相鄉，靈臺里改爲中台里，時守司徒、兼侍中；又奉八年敕，上相鄉改爲太尉鄉，中台里改爲侍中里，時守太尉、兼侍中。

[1]德州：州名。治所在今山東德州市陵城區。　户掾：州司户參軍事的别稱。　濆：人名。即褚濆。事跡不詳。　景州：州名。治所在今河北東光縣。　弓高縣：縣名。治所在今河北阜城縣。　明府：即縣令。　師禮：人名。即孫師禮。事跡不詳。

　　[2]平：人名。即馮平。事見本書本卷。　　祕書郎：官名。魏晋始置。唐代掌經史子集四部圖書經籍。從六品上。　　右拾遺：官名。唐武則天於垂拱元年（685）置拾遺，分左、右。左拾遺隸門下省，右拾遺隸中書省，與左、右補闕共掌諷諫，大事廷議，小事則上封事。從八品上。　　工部度支員外郎：官名。協助度支郎中處理事務。掌判天下租賦、財利收入總額，計度和供給國家支出。從六品上。

　　[3]吉：人名。即馮吉。傳見《宋史》卷四三九。　　祕書省：官署名。漢代設秘書監，晋代初置秘書寺，後改秘書省。隋唐沿置。以秘書監、秘書少監爲正副長官。掌古今經籍圖書、國史實録、天文曆數之事。　　校書郎：官名。東漢始置，掌典校收藏於蘭臺的圖書典籍，亦稱校書郎中。唐秘書省及著作局皆置，正九品上；弘文館亦置，從九品上。　　屯田郎中：官名。掌全國屯田及京城文武職田、諸司公廨田等。從五品上。

　　[4]可：人名。即馮可。事見本書本卷。　　祕書省正字：官名。掌校讎典籍、文章刊正。正九品下。　　殿中丞：官名。殿中省佐貳官。協助殿中監、少監處理本省日常事務，兼勾檢稽失、省署抄目。從五品上。　　工部户部員外郎：官名。尚書省郎官之一。爲郎中的副職，協助負責諸司事務。從六品上。

　　[5]義：人名。即馮義。事見本書本卷。中華書局本有校勘記：“‘義’，《册府》（宋本）卷七七〇作‘乂’。”

　　[6]檢校國子祭酒：官名。爲散官或加官，以示恩寵加此官，無實際執掌。　　衙内都指揮使：官名。唐、五代時期衙内指揮使爲節度使府衙内之牙將，統最親近衛兵，高一級的稱衙内都指揮使。

　　左春坊太子司議郎：官名。唐初沿隋制置門下坊，屬東宮機構，相當於朝廷的門下省，龍朔二年（662）改門下坊爲左春坊。司議郎掌侍從贊相，駁正啓奏。正六品上。　　太常丞：官名。太常寺屬官。掌判寺事。凡大饗太廟，則修七祀於太廟西門之内。若祫享，則兼修配享功臣之禮。從五品上。

[7]正：人名。即馮正。事見本書本卷。　協律郎：官名。太常寺屬官。掌協調、校正樂律。正八品上。　太僕丞：官名。掌判寺事。從六品上。　充定國軍節院使：中華書局本有校勘記："'節院使'，原作'節度使'，據《册府》卷七七〇改。"

[8]衍：人名。即崔衍。深州安平（今河北安平縣）人。唐代大臣。傳見《舊唐書》卷一八八、《新唐書》卷一六四。　太僕少卿：官名。北魏始置。太僕卿副貳，太僕寺次官。佐太僕卿掌車馬及牲畜之政令。從四品上。　絢：人名。即崔絢。事見本書本卷。

[9]二孩幼亡：中華書局本有校勘記："'孩'，殿本作'孫'。"

[10]瀛洲：州名。治所在今河北河間市。　朝漢里改爲孝行里：中華書局本有校勘記："'改'字原闕，據《册府》卷七七〇及本卷上下文補。"

[11]河南府：府名。治所在今河南洛陽市。　洛陽縣：縣名。治所在今河南洛陽市。　洛南莊貫河南府洛陽縣三川鄉靈臺里：中華書局本有校勘記："'三川鄉'，原作'三州鄉'，據《册府》卷三一九、卷七七〇改。本卷下一處同。'靈臺里'，《册府》卷三一九作'靈壽里'。"

[12]天福：五代後晉高祖石敬瑭年號（936—942）。出帝石重貴沿用至九年（944）。後漢高祖劉知遠繼位後沿用一年，稱天福十二年（947）。

　　静思本末，慶及存亡，蓋自國恩，盡從家法，承訓誨之旨，開教化之源，在孝于家，在忠于國，口無不道之言，門無不義之貨。所願者下不欺于地，中不欺于人，上不欺于天，以三不欺爲素，賤如是，貴如是，長如是，老如是，事親、事君、事長、臨人之道。曠蒙天恕，累經難而獲多福，曾陷蕃而歸中華，非人之謀，是天之祐。六合之内有幸者，百歲之後有歸所，無以珠玉含，當以時服斂，以蘧篨葬，及擇不食之地而葬焉，以不及于古人故。祭以特羊，戒殺生也，當以不害命之物祭。無立神道碑，以三代墳前不獲立碑故。無請謚號，以無德故。又念自賓佐至王佐及領藩鎮時，或有微益于國之事節，皆形于公籍。所著文章篇詠，因多事散失外，收拾得者，編于家集，其間見其志。[1]知之者，罪之者，未知衆寡矣。有莊、有宅、有群書，有二子可以襲其業。[2]于此日五盥，日三省，尚猶日知其所亡，月無忘其所能。爲子、爲弟、爲人臣、爲師長、爲夫、爲父，[3]有子、有猶子、有孫，奉身即有餘矣，爲時乃不足。不足者何？不能爲大君致一統、定八方，誠有愧于歷職歷官，何以答乾坤之施？時開一卷，時飲一杯，食味、別聲、被色，老安于當代耶！老而自樂，何樂如之！時乾祐三年朱明月長樂老序云。

[1]其間見其志：《輯本舊史》之影庫本粘籤：“其間見其志，原本疑有舛誤。考《冊府元龜》所引《薛史》，與《永樂大典》同，今仍其舊。”見《宋本冊府》卷七七〇。

[2]有二子可以襲其業：中華書局本有校勘記：“‘二’，《冊府》卷七七〇同，殿本、劉本作‘三’。”

[3]爲師長：中華書局本有校勘記：“‘師長’，《冊府》卷七七〇（宋本）、《新五代史》卷五四《馮道傳》作‘司長’。”

及太祖平內難，議立徐州節度使劉贇爲漢嗣，遣道與祕書監趙上交、樞密直學士王度等往迎之。[1]道尋與贇自徐赴汴，行至宋州，會澶州軍變。[2]樞密使王峻遣郭崇領兵至，[3]屯于衙門外，時道與上交等宿于衙內。是日，贇率左右甲士闔門登樓，詰崇所自，崇言太祖已副推戴。左右知其事變，以爲道所賣，皆欲殺道等以自快。趙上交與王度聞之，皆惶怖不知所爲，唯道偃仰自適，略無懼色，尋亦獲免焉。[4]道微時嘗賦詩云："終聞海嶽歸明主，未省乾坤陷吉人。"至是其言驗矣。[5]廣順初，復拜太師、中書令，[6]太祖甚重之，[7]每進對不以名呼。及太祖崩，世宗以道爲山陵使。[8]會河東劉崇入寇，世宗召大臣議欲親征，道諫止之，[9]世宗因言："唐初，天下草寇蜂起，並是太宗親平之。"[10]道奏曰："陛下得如太宗否？"[11]世宗怒曰："馮道何相少也。"乃罷。及世宗親征，不令扈從，留道奉太祖山陵。時道已抱疾。及山陵禮畢，奉神主歸舊宮，未及祔廟，一夕薨於其第，時顯德元年四月十七日也，[12]享年七十有三。世宗聞之震悼，[13]輟視朝三日，册贈尚書令，追封瀛王，謚曰文懿。[14]

[1]太祖：此處指周太祖郭威。邢州堯山（今河北隆堯縣）人。五代後周的建立者。紀見本書卷一一〇至卷一一三、《新五代史》卷一一。　徐州：州名。治所在今江蘇徐州市。　劉贇：人名。後漢宗室。其父劉崇爲後漢高祖劉知遠弟，過繼爲劉知遠養子。傳見本書卷一〇五《漢宗室列傳》、《新五代史》卷一八《漢家人傳》。　祕書監：官名。秘書省長官。東漢始置。掌圖書秘記等。從三品。　趙上交：人名。涿州范陽（今河北涿州市）人。五

代、宋初大臣。本名遠，字上交，避後漢高祖劉知遠諱，遂以字爲
名。傳見《宋史》卷二六二。　　樞密直學士：官名。五代後唐莊宗
同光元年（923），改直崇政院置，選有政術文學者充任。備顧問應
對。　　王度：人名。籍貫不詳。後漢時曾任監察御史、樞密直學士
等職。事見本書卷一〇〇《漢高祖紀下》。　　“及太祖平内難”至
“往迎之”：《新五代史》卷一八《劉贇傳》：“（周）太祖入京師，
以謂漢大臣必相推戴，及見宰相馮道等，道殊無意。太祖不得已，
見道猶下拜，道受太祖拜如平時。徐勞之曰：‘公行良苦！’太祖意
色皆沮，以謂漢臣未有推立己意，又難於自立，因白漢太后，擇立
漢嗣。太祖與群臣……共奏曰：‘徐州節度使贇，高祖愛之，以爲
子，宜立爲嗣。’乃遣太師馮道率群臣迎贇。道揣周太祖意不在贇，
謂太祖曰：‘公此舉由衷乎？’太祖指天爲誓。道既行，謂人曰：
‘吾平生不爲謬語人，今謬語矣。’”《輯本舊史》卷一〇五《劉贇
傳》：“傳詔之際，馮道笏墜於地，左右惡之。”

[2]宋州：州名。治所在今河南商丘市睢陽區。　　澶州：州名。
唐、五代初，治所在河南清豐縣。後晉天福四年（939），移治於今
河南濮陽縣。

[3]王峻：人名。相州安陽（今河南安陽市）人。五代後漢、
後周將領。傳見本書卷一三〇、《新五代史》卷五〇。　　郭崇：人
名。應州金城（今山西應縣）人。五代、宋初將領。傳見《宋史》
卷二五五。

[4]尋亦獲免焉：《通鑑》卷二八九乾祐三年（950）十二月戊
午條：“郭威遣贇書，云爲諸軍所迫；召馮道先歸，留趙上交、王
度奉侍。道辭行，贇曰：‘寡人此來所恃者，以公三十年舊相，故
無疑耳。今（郭）崇威奪吾衛兵，事危矣，公何以爲計？’道
默然。”

[5]“道微時嘗賦詩云”至“至是其言驗矣”：《輯本舊史》之
案語：“案《青箱雜記》載馮道詩全篇云：莫爲危時便愴神，前程
往往有期因。終聞海嶽歸明主，未省乾坤陷吉人。道德幾時曾去

世，舟車何處不通津。但教方寸無諸惡，狼虎叢中也立身。”見
《青箱雜記》卷二。

[6]廣順：五代後周太祖郭威年號（951—953）。　復拜太師、
中書令：《輯本舊史》卷一一〇《周太祖紀一》廣順元年（951）
正月己卯條：“以前太師、齊國公馮道爲中書令、弘文館大學士。”
《新五代史》卷一一《周太祖紀》廣順三年十月庚申條：“馮道爲
奉迎神主使。”《輯本舊史》卷一一三《周太祖紀四》顯德元年
（954）正月壬辰條：“宰臣馮道加守太師。”

[7]太祖甚重之：《輯本舊史》卷一一二《周太祖紀三》廣順
三年二月癸丑條：“内制國寶兩座，詔中書令馮道書寶文，其一以
‘皇帝承天受命之寶’爲文，其一以‘皇帝神寶’爲文。”

[8]世宗：即後周世宗柴榮。邢州堯山（今河北邢臺市）人。
後周太祖郭威養子。紀見本書卷一一四至卷一一九、《新五代史》
卷一二。　世宗以道爲山陵使：《輯本舊史》卷一一四《周世宗紀
一》記此事在顯德元年二月丁卯。

[9]劉崇：人名。即劉旻。太原（今山西太原市）人。後漢高
祖劉知遠從弟。後漢時任太原尹，專制一方。後周代漢，劉崇稱帝
於太原，國號漢，史稱北漢。傳見本書卷一三五、《新五代史》卷
七〇。　道諫止之：《輯本舊史》卷一一四《周世宗紀一》顯德元
年二月丁卯條：“宰臣馮道等奏，以劉崇自平陽奔遁之後，勢弱氣
奪，未有復振之理，竊慮聲言自來，以誤於我。陛下纂嗣之初，先
帝山陵有日，人心易搖，不宜輕舉，命將禦寇，深以爲便。帝曰：
‘劉崇幸我大喪，聞我新立，自謂良便，必發狂謀，謂天下可取，
謂神器可圖，此際必來，斷無疑耳！’馮道等以帝銳於親征，因固
靜之。”

[10]太宗：即唐代第二位皇帝李世民。隴西成紀（今甘肅秦
安縣）人。626年至649年在位。通過“玄武門之變”掌權。在位
期間，虛心納諫，文治武功，開創“貞觀之治”。紀見《舊唐書》
卷二至卷三、《新唐書》卷二。

[11]陛下得如太宗否：《輯本舊史》卷一一四《周世宗紀一》顯德元年二月丁卯條：“帝又曰：‘劉崇烏合之衆，苟遇王師，必如山壓卵耳。’道曰：‘不知陛下作得山否？’”

[12]時顯德元年四月十七日也：《新五代史》卷一二《周世宗紀》謂其日在乙丑，查《二十史朔閏表》，乙丑爲二十二日；《通鑑》卷二九一所記爲“庚申”，與本傳同。

[13]世宗聞之震悼：中華書局本有校勘記：“‘震悼’二字原闕，據《册府》卷三一九補。”

[14]謚曰文懿：《輯本舊史》之案語：“案：《五代通録》作‘謚文愍’，見《通鑑考異》。”見《通鑑》卷二九一顯德元年四月庚申條《考異》。

　　道歷任四朝，三入中書，[1]在相位二十餘年，以持重鎮俗爲己任，[2]未嘗以片簡擾於諸侯。平生甚廉儉，逮至末年，閨庭之内，稍徇奢靡。其子吉，尤恣狂蕩，道不能制，識者以其不終令譽，咸歎惜之。[3]《永樂大典》卷一萬七千九百三十。[4]

[1]三入中書：明本《册府》卷三一〇《宰輔部·德行門》謂“二入中書”，誤。

[2]以持重鎮俗爲己任：明本《册府》卷三一〇：“（馮道）私門之内無累茵，無重味，不畜姬僕，不聽絲竹。有寒素之士求見者，必引於中堂，語及平生，其待遇也，心無適莫。故雖朝代遷置，人無間言，屹若巨山，不可轉也。議者以爲厚德稽古，宏才偉量，蓋漢胡廣、晉謝安之徒與。”

[3]咸歎惜之：《輯本舊史》引《五代史補》：“馮道之鎮同州也，有酒務吏乞以家財修夫子廟，道以狀付判官參詳其事。判官素滑稽，因以一絶書之判後云：‘荆棘森森繞杏壇，儒官高貴盡偷安。

若教酒務修夫子，覺我慚惶也大難。'道覽之有愧色，因出俸重創之。"見《五代史補》卷三"馮道修夫子廟"條。又引其書卷五"舉子與馮道同名"條："馮瀛王道之在中書也，有舉子李導投贄所業，馮相見之，戲謂曰：'老夫名道，其來久矣，加以累居相府，秀才不可謂不知，然亦名導，於禮可乎？'李抗聲對曰：'相公是無寸底道字，小子有寸底道字，何謂不可也？'公笑曰：'老夫不惟名無寸，諸事亦無寸，吾子可謂知人矣。'了無怒色。"又引同卷"馮吉好琵琶"條："馮吉，瀛王道之子，能彈琵琶，以皮爲弦，世宗嘗令彈於御前，深欣喜之，因號其琵琶曰'遶殿雷'也。道以其惰業，每加譴責，而吉攻之愈精，道益怒，凡與客飲，必使廷立而彈之，曲罷或賜以束帛，命背負之，然後致謝。道自以爲戒勖極矣，吉未能悛改，既而益自若。道度無可奈何，歎曰：'百工之司藝而身賤，理使然也。此子不過太常少卿耳。'其後果終於此。"馮道有子吉、義、正。《宋史》卷四三九《馮吉傳》："晋天福初，以父任秘書省校書郎，遷膳部、金部、職方員外郎，屯田、户部、司勳郎中，累階金紫。周顯德中，遷太常少卿。吉嗜學，善屬文，工草隸，議者以掌誥許之。然性滑稽無操行，每中書舍人缺，宰相即欲用吉，終以佻薄而止……及爲少卿，頗不得意，以杯酒自娱。每朝士宴集，雖不召亦常自至，酒酣即彈琵琶，彈罷賦詩，詩成起舞。時人愛其俊逸，謂之'三絶'。宋初，受詔撰述明憲皇太后謚議，見稱於時。建隆四年，卒，年四十五。"《續資治通鑑長編》卷一七開寶九年（976）十一月壬午條："遣著作郎馮正、著作佐郎張玘使契丹，告終稱嗣也。"馮義事未見。

[4]《大典》卷一七九三〇"相"字韻"宋相（一三）"事目，誤。應爲卷一七九一一"相"字韻"後周相"事目。

馮道三入相，四月十七日死，年七十三歲，所得之壽，所終之月，皆與孔子同，但先孔子一日。[1]

[1]“馮道三入相”至“但先孔子一日”：《廣卓異記》卷五三入相條引《五代史》。《新五代史》卷五四《馮道傳》：“道既卒，時人皆共稱歎，以謂與孔子同壽，其喜爲之稱譽蓋如此。”

史臣曰：道之履行，鬱有古人之風；道之宇量，深得大臣之體。然而事四朝，相六帝，可得謂忠乎！[1]夫一女二夫，人之不幸，況於再三者哉！所以飾終之典，不得謚爲文貞、文忠者，蓋謂此也。《永樂大典》卷一萬七千九百三十。[2]

[1]可得謂忠乎：中華書局本有校勘記：“‘謂’，原作‘爲’，據劉本、邵本、彭本、《文莊集》卷三一《奉和御製讀五代周史》改。”

[2]《大典》卷一七九三〇“相”字韻“宋相（一三）”事目，誤。應爲卷一七九一一“相”字韻“後周相”事目。

舊五代史　卷一二七

周書十八

列傳第七

盧文紀

盧文紀，字子持，京兆萬年人也。[1]文紀曾祖綸生四子，曰簡能、簡辭、簡求、弘正，皆至達官。簡求歷邠寧、太原節度，以才略知名，四授藩鎮，皆爲邊任。[2]父嗣業，官至右補闕。文紀舉進士，事梁爲刑部侍郎、集賢殿學士。[3]

[1]京兆：府名。治所在今陝西西安市。　萬年：縣名。治所在今陝西西安市。　盧文紀，字子持，京兆萬年人也：《大典》卷一七九一〇"相"字韻"五代後梁相、後唐相"事目。《輯本舊史》之原輯者案語："以下原本有闕文。"

[2]綸：人名。即盧綸。河中蒲（今山西永濟市）人。唐代官員，有文采，號"大曆十才子"。傳見《新唐書》卷二〇三。　簡

能：人名。即盧簡能。唐代官員。曾任監察御史、駕部郎中、鳳翔節度判官。傳見《舊唐書》卷一六三。　簡辭：人名。即盧簡辭。唐代官員。傳見《舊唐書》卷一六三、《新唐書》卷一七七。　簡求：人名。即盧簡求。唐代官員。傳見《舊唐書》卷一六三、《新唐書》卷一七七。　弘正：人名。即盧弘正。唐代官員。曾任監察御史、侍御史、兵部郎中、給事中。傳見《舊唐書》卷一六三、《新唐書》卷一七七，《新唐書》作"弘止"。　邠寧：方鎮名。治所在邠州（今陝西彬縣）。　太原：府名。治所在今山西太原市。　節度：官名。即節度使。唐時在重要地區所設掌握一州或數州軍事、民事、財政的長官。　"文紀曾祖綸生四子"至"皆爲邊任"：明本《册府》卷八六六《總錄部·貴盛門》。

[3]嗣業：人名。即盧嗣業。范陽（今河北涿州市）人。唐朝官員。傳見《舊唐書》卷一六三、《新唐書》卷一七七。　右補闕：官名。唐武則天時始置。分爲左右，左補闕隸於門下省，右補闕隸於中書省。掌規諫諷諭，大事可以廷議，小事則上封奏。從七品上。　刑部侍郎：官名。尚書省刑部次官。協助刑部尚書掌天下刑法及徒隸、勾覆、關禁之政令。正四品下。　集賢殿學士：官名。唐中葉置，位在集賢殿大學士之下。掌修書之事。　"父嗣業"至"集賢殿學士"：《新五代史》卷五五《盧文紀傳》。

　　文紀熟於故事，銓綜條流，剖析無滯。[1]同光四年二月，吏部侍郎文紀上疏："請責内外百司各舉其職，明行考課，以激其能。"從之。[2]

　　[1]"文紀熟於故事"至"剖析無滯"：明本《册府》卷四六二《臺省部·練習門》。
　　[2]同光：五代後唐莊宗李存勗年號（923—926）。　吏部侍郎：官名。尚書省吏部次官。協助吏部尚書掌文選、勳封、考課之

政。正四品上。　“同光四年二月”至“從之”：《宋本册府》卷一五五《帝王部·督吏門》；又見明本《册府》卷四六七《臺省部·舉職門》。《輯本舊史》卷三〇《唐莊宗紀四》同光元年（923）十二月乙酉條：“以刑部侍郎、充集賢殿學士、判院事盧文紀爲尚書兵部侍郎，依前充集賢殿學士、判院事。”卷三三《唐莊宗紀七》同光三年七月戊午條：“以兵部侍郎、集賢殿學士、判院事盧文紀爲吏部侍郎。”

天成元年十月丙戌，[1]文紀奏：“一人御宇，百職交修，則四時無水旱之災，萬國有樂康之詠。頃屬中原多事，三紀不寧，廉平因此而蔑聞，賞罰由兹而失序。所以梟鸞並起，駘驥難分，有援助者至濫必容，守孤貞者雖賢莫進，遂使居官仆僶俛，奉職因循，惟思避事以偷安，罔效輔時而濟物。伏惟皇帝陛下，削平九有，收復八紘，[2]承乾興萬代之基，出震應千年之運。櫛沐風雨，手足胼胝，勤勞大集于聖功，華夏畢歸於睿略。雖遠柔邇伏，咸知臨照之鴻恩，而旰食宵衣，尚念生靈之久困累；頒絲綍典，訪芻蕘恐天災之流行。因皇風之壅隔，臣不揆庸短，輒冒宸聰。臣請告諭内外文武臣僚，凡守一官，責其舉職，公請奉上，勤恪爲心。每歲秋冬，明定考校。將相則希回御筆，班行則悉委司存。外則州牧、縣寮，具以真虛比較。儻聞共推異績，便宜特示甄酬，如其衆謂。曠官固可明行黜責，所冀免懷竊位，俱效竭誠。上則輔佐於大君，下則專精于庶務。高卑不濫，功過無私。官既清廉，則民無愁歎。勸課之方得所，則生靈之賦樂輸。故可以進賢良，退不肖，安生聚，寔倉箱。使和氣遠敷，德澤廣被。顧惟穹昊，必降休祥，永致太平，佇期混一。臣叨逢明聖，謬列班行，既奉德音，合申所見。”疏下，中書宰臣奏曰：“盧文紀踐履清華，昭彰聞望，行已每聞於端愨，操心動絕于阿私。以爲將詧效官，莫先校考；欲明書于殿最，冀顯示於勸懲。況將相兩途，尤爲重委。慮無報國，最要聞天。欲迂神毫，親書常課。誠有塵於聖德，亦是責以佐君。直道不欺，忠規可尚。至於所陳黜陟，並葉規繩，以此責成，庶求良吏，事無疑礙，理可施行。”從之。[3]庚戌，以吏部侍郎盧文紀爲御史中丞。[4]

[1]天成：五代後唐明宗李嗣源年號（926—930）。

[2]九有：九州。　八紘：八方極遠之地，意同“八極”。

[3]“天成元年十月丙戌”至“從之”：《宋本册府》卷四七五《臺省部·奏議門六》，又見卷六三六《銓選部·考課門二》及《輯本舊史》卷三七《唐明宗紀三》天成元年（926）十月丙戌條。“欲迂神毫”之“神”，明本《册府》作“宸”。《輯本舊史》卷三七《唐明宗紀三》天成元年十月庚戌條：“以吏部侍郎盧文紀爲御史中丞，時御史大夫李琪三上表求解任故也。”卷一四九《職官志·御史臺》載，天成元年冬十一月丙子，“詔曰：‘御史臺是大朝執憲之司，乃四海繩違之地，凡居中外，皆所整齊，藩侯尚展於公參，邸吏豈宜於抗禮？遽觀論列，可驗侮輕。但以喪亂孔多，紀綱隳紊，霜威掃地，風憲銷聲。今則景運惟新，皇圖重正，稍加提舉，漸止澆訛。宜令御史臺，凡關舊例，並須舉行。如不稟承，當行朝典。’時盧文紀初拜中丞，領事于御史府。諸道進奏官來賀，文紀曰：‘事例如何？’臺吏喬德威言：‘朝廷在長安日，進奏官見大夫中丞，如胥吏見長官之禮。及梁氏將革命，本朝微弱，諸藩强

據，人主大臣姑息邸吏，時中丞上事，邸吏雖至，皆於客次傳語，竟不相見。自經兵亂，便以爲常。'文紀令臺吏諭以舊儀相見，據案端簡，通名贊拜。邸吏輩既出，怒不自勝，相率於閤門求見，騰口喧訴。明宗謂趙鳳曰：'進奏官比外何官？'鳳對曰：'府縣發遞祗候之流也。'明宗曰：'乃吏役耳，安得慢吾法官！'乃下此詔"。亦見《宋本册府》卷五一七《憲官部·振舉門二》。

[4]御史中丞：官名。如不置御史大夫，則爲御史臺長官。掌司法監察。正四品下。　庚戌，以吏部侍郎盧文紀爲御史中丞：《宋本册府》卷五一七《憲官部·振舉門二》。《輯本舊史》卷三七《唐明宗紀三》天成元年十月庚戌條於此條後尚有"時御史大夫李琪三上表求解任故也"。

　　時文紀初拜中丞，初領事於御史府，文紀曰："事例如何？"臺吏喬德威等言：[1]"朝廷在長安日，進奏官見大夫、中丞，如胥吏見長官之禮。及僞梁將革命，本朝微弱，諸藩强據，人主、大臣皆姑息邸吏。時中丞上事，邸吏雖至，皆於客次傳語，竟不相見。自經兵亂，便以爲常。"文紀令臺吏諭以舊儀相見，據案端簡，通名贊拜。邸吏輩既出，怒不自勝。[2]

[1]喬德威：人名。籍貫不詳。本書僅此一見。
[2]"文紀初領事於御史府"至"怒不自勝"：《宋本册府》卷五一七《憲官部·振舉門二》。《册府》於此段下並載進奏官向明宗的訴狀及明宗的詔書，《輯本舊史》卷一四九《職官志·右三公》條亦載有明宗詔書，可參看。

　　二年五月，御史中丞文紀奏："今月一日，廊下就食，權知左丞崔居儉使大吏怪食無次第。"[1]文紀以賜食出於御厨，又非室中，指縱爲居儉墮越近條，故舉之。奉救："台司舉奏務肅班行，[2]若鞫端由，且開飲饌，縱令引證，亦是小瑕。並放。"時崔協在中書，與居儉有私憾，及有是舉，人亦非之。[3]

[1]左丞：官名。左丞領吏、户、禮三部，糾彈御史糾劾不當之事，有封還詔書之權，決定郎官的進用。唐制，左丞秩正四品上。　崔居儉：人名。清河（今河北清河縣）人。五代後梁至後晋官員。傳見本書附録、《新五代史》卷五五。

[2]台司：即御史臺。秦漢始置。古代國家的監察機構。掌糾察官吏違法，肅正朝廷綱紀。大事廷辦，小事奏彈。

[3]崔協：人名。清河（今河北清河縣）人。唐末進士，後梁時仕至中書舍人，後唐時爲宰相。傳見本書卷五八。　"二年五月"至"人亦非之"：明本《册府》卷三三七《宰輔部·徇私門》。《輯本舊史》卷三八《唐明宗紀四》天成二年（927）八月丙戌條："以御史中丞盧文紀爲工部尚書。"《宋本册府》卷九〇九《總録部·憂懼門》："于鄴初除工部郎中，鄴往公參，文紀以鄴名其父諱，不之見。或謂鄴曰：'南宮故事郎中入省，如本行尚書侍郎，不容公參，何以有主？'鄴憂畏太過，一夕醉歸，雉經於室。"卷三九《唐明宗紀五》天成三年二月癸未條："工部尚書文紀貶石州司馬，員外安置。文紀私諱'業'，時新除于鄴爲工部郎中，舊例，僚屬名與長官諱同，或改其任。文紀素與宰相崔協有隙，故中書未議改官。于鄴授官之後，文紀自請連假。鄴尋就位，及差延州官告使副未行，文紀參告，且言候鄴回日終請換曹，鄴其夕自經而死，故文紀貶官。"

八月丙戌，以御史中丞盧文紀爲工部尚書。[1]

[1]工部尚書：官名。尚書省工部長官。掌百工、屯田、山澤之政令。正三品。　八月丙戌，以御史中丞盧文紀爲工部尚書：《輯本舊史》卷三八《唐明宗紀四》天成二年八月丙戌條。

于鄴初除工部郎中，[1]鄴往公參，文紀以鄴名其父諱，不之見。或謂鄴曰："南宮故事，郎中入省，如本行尚書侍郎不容公參，何以有主？"鄴憂畏太過，一夕醉歸，雉經於室。[2]

[1]于鄴：人名。籍貫不詳。本書僅此一見。　工部郎中：官名。尚書省屬官，位在侍郎之下、員外郎之上。協助工部主官主持工部司事務。從五品上。

[2]"于鄴初除工部郎中"至"雉經於室"：《宋本册府》卷九〇九《總錄部·憂懼門》。《輯本舊史》卷三九《唐明宗紀五》天成三年二月癸未條載此事甚詳，可參看。因于鄴自經，文紀遭貶官。

長興二年八月癸亥，以太常少卿盧文紀爲祕書監。[2]

[1]太常少卿：官名。太常寺次官。佐太常卿掌宗廟、祭祀、禮樂及教育等。正四品上。　祕書監：官名。秘書省長官，掌圖書秘記等。從三品。

[2]長興二年八月癸亥，以太常少卿盧文紀爲祕書監：《輯本舊史》卷四二《唐明宗紀八》長興二年八月癸亥條。

三年十一月庚子，以祕書監盧文紀爲工部尚書。[1]

[1]三年十一月庚子，以祕書監盧文紀爲工部尚書：《輯本舊史》卷四三《唐明宗紀九》長興三年十一月庚子條。

四年二月癸亥，遣工部尚書盧文紀册封孟知祥爲蜀王。[1]

[1]孟知祥：人名。邢州龍岡（今河北邢臺市）人。五代十國後蜀開國皇帝。934 年在位。傳見本書卷一三六、《新五代史》卷六四。　四年二月癸亥，遣工部尚書盧文紀册封孟知祥爲蜀王：《通鑑》卷二七八長興四年癸亥條、《新五代史》卷六四《後蜀世家》。

長興末，爲太常卿。[1]長興四年十二月癸卯，太常卿盧文紀上謚議曰：聖智仁德欽孝皇帝廟號明宗。文紀形貌魁偉，語音高朗，占對鏗鏘，健於飲啖。奉使蜀川，路由岐下，時唐末帝爲岐帥，以主禮待之，觀其儀形旨趣，遇之頗厚。[2]

[1]長興：五代後唐明宗李嗣源年號（930—933）。　太常卿：官名。西漢置太常，南朝梁始置太常卿。爲太常寺長官。掌宗廟祭祀禮樂及教育等。正三品。

[2]蜀川：此處指代孟知祥政權。　岐下：岐山以下。此指鳳翔。　唐末帝：即後唐廢帝李從珂，又稱末帝。鎮州平山（今河北平山縣）人。本姓王氏，爲後唐明宗養子，改名從珂。明宗入洛陽，李從珂率兵追隨，以功拜河中節度使，封潞王。閔帝李從厚即位，李從珂據城發動兵變，改鳳翔節度使。清泰元年（934）率軍東攻洛陽，廢黜閔帝，自立爲帝。清泰三年，石敬瑭與契丹合兵攻

陷洛陽，自焚而死。紀見本書卷四六至卷四八、《新五代史》卷七。

　　“長興末”至“遇之頗厚”：《大典》卷一七九一〇“相”字韻“五代後梁相、後唐相”事目。其中“長興四年十二月癸卯”至“廟號明宗”，據《輯本舊史》卷四四《唐明紀十》長興四年（933）十二月癸卯條補。亦見《冊府》卷八八三《總録部·形貌門》。《輯本舊史》卷四二《唐明宗紀八》長興二年八月癸亥條：“以太常少卿盧文紀爲秘書監。”卷四三《唐明宗紀九》長興三年十一月庚子條：“以秘書監盧文紀爲工部尚書。”卷四四《唐明宗紀十》：“太常卿盧文紀上謚議曰聖智仁德欽孝皇帝，廟號明宗，宰臣馮道議請改‘聖智仁德’四字爲聖德和武欽孝皇帝。”卷四五《唐閔帝紀》應順元年（934）正月辛卯條：“以秘書監盧文紀爲太常卿，充山陵禮儀使。”《新五代史》卷六四《後蜀世家》：“遣工部尚書盧文紀册封知祥爲蜀王。”亦見《通鑑》卷二七八長興四年二月癸亥條。

　　應順元年正月辛卯，以祕書監盧文紀爲太常卿，充山陵禮儀使。[1]

　　[1]“應順元年正月辛卯”至“充山陵禮儀使”：《輯本舊史》卷四五《唐閔帝紀》應順元年（934）正月辛卯條。

　　清泰元年五月，太常卿盧文紀言：“明宗皇帝祔廟，其一室酌獻舞曲歌辭，臣請名《雍熙之舞》。”從之。[1]

　　[1]清泰：五代後唐廢帝李從珂年號（934—936）。　“清泰元年五月”至“從之”：《宋本册府》卷五七〇《掌禮部·作樂門六》唐末帝清泰元年（934）五月條。

清泰初，中書闕輔相，末帝訪之於朝，左右曰："臣見班行中所譽，當大拜者，姚顗、盧文紀、崔居儉耳。"[1]或品藻三人才行，其心愈惑。末帝乃俱書當時清望達官數人姓名，投琉璃瓴中，月夜焚香，禱請於天，旭旦以筋挾之，首得文紀之名，次即姚顗。末帝素已期待，歡然命之，即授中書侍郎、同平章事，與姚顗同升相位。時朝廷兵革之後，宗社甫寧，外寇內侵，强臣在境。文紀處經綸之地，無輔弼之謀，所論者愛憎朋黨之小瑕，所糾者銓選擬掄之微類。時有蜀人史在德爲太常丞，出入權要之門，評品朝士，多有譏彈，乃上章云："文武兩班，宜選能進用。見在軍都將校、朝廷士大夫，並請閱試澄汰，能者進用，否者黜退，不限名位高下。"疏下中書，文紀以爲非己，怒甚，召諫議盧損爲覆狀，辭旨蕪漫，爲衆所嗤。[2]

[1]姚顗：人名。京兆萬年（今陝西西安市長安區）人。唐末進士，五代後梁、後唐、後晋大臣。傳見本書卷九二、《新五代史》卷五五。

[2]中書侍郎：官名。中書省副長官。唐後期三省長官漸爲榮銜，中書、門下侍郎却因參議朝政而職位漸重，常常用爲以"同三品"或"同平章事"任宰相者的本官。正三品。　同平章事：官名。唐高宗以後，實際任宰相之職者，常在其本官後加同平章事的職銜。後成爲宰相專稱。後晋天福五年（940），升中書門下平章事爲正二品。　史在德：人名。籍貫不詳。後唐官員。事見本書卷四七。　太常丞：官名。太常寺屬官。掌判寺事。凡大饗太廟，則修七祀於太廟西門之内。若祫享，則兼修配享功臣之禮。從五品上。諫議：官名。即"諫議大夫"。秦始置，掌朝政議論。隋唐仍置，

有左、右諫議大夫各四人，分屬門下、中書二省。掌諫諭得失、侍從贊相。唐後期、五代多以本官領他職。正四品下。　盧損：人名。范陽（今河北涿州）人。唐末、五代官員。傳見本書卷一二八、《新五代史》卷五五。　“清泰初”至“爲衆所嗤”：《大典》卷一七九一〇“相”字韻“五代後梁相、後唐相”事目。“所論者愛憎朋黨之小瑕”，中華書局本有校勘記：“‘愛憎’原作‘親愛’，據《册府》卷三三五、卷三三六改。”“虜寇内侵”原作“外寇内侵”，爲清輯者忌諱篡改，今據《宋本册府》卷三三六《宰輔部‧識闇門》回改。明本《册府》卷七四《帝王部‧命相門》：“末帝清泰元年七月，以檢校户部尚書、守太常卿盧文紀爲中書侍郎、平章事。”亦見《新五代史》卷七《唐末帝紀》清泰元年七月辛亥條。

　　清泰元年十二月乙亥，以中書侍郎、平章事文紀爲門下侍郎、平章事、監修國史。[1]戊子，以自冬無雪，詔宰臣盧文紀祈嵩嶽。[2]

　　[1]門下侍郎：官名。門下省副長官。唐後期三省長官漸爲榮銜，中書、門下侍郎却因參議朝政而職位漸重，常用爲以“同三品”或“同平章事”任宰相者的本官。正三品。　“清泰元年十二月乙亥”至“監修國史”：《輯本舊史》卷四六《唐末帝紀上》清泰元年十二月乙亥條。

　　[2]“戊子”至“詔寶臣盧文紀祈嵩”：《宋本册府》卷一四五《帝王部‧弭災門三》唐末帝清泰元年十二月戊子條。

　　清泰元年，上疏曰：“臣聞事君盡忠，孔子激揚於直道；無功受禄，《周詩》譏諷於曠官。敢因災診之時，輒貢傾輸之懇。臣伏見比年以來，朝廷多故，人事則兵喪禍亂，天時則水旱虫霜，若非陛下拯溺救焚，移災作福，則生靈受弊，宗社何依？今則區宇甫寧，人神胥悅，但以自憂愆陽，及秋霖雨，雖勞聖慮，過切閔傷。蓋屬當否數之辰，尤費消禳之力，雖民斯鮮福，亦天道使然。爲君之難，實見於此。臣聞沉潛剛克，高明柔克，是君宜執柔以御下，臣當剛正以報君，則冀上下和平，君臣訢合。臣恩德宗初置學士，[1]本不以文翰是供，蓋獻納論思，朝夕延問。至於給諫遺補之職，是曰諫官。月請諫紙，時政有失，無不極言。望陛下聽政之餘，招召學士、諫官詢謀政道，俾獻讜言，明書黜陟之科，以責語言之效。書云：‘羲時陽若，肅時雨若。’以《洪範》言之，繫於君德。臣請嚴禋於宗廟社稷，精禱於岳瀆神祇，進忠良，退不肖，除寇盜，恤惸嫠，慎刑罰，明舉選，任賢勿貳，去邪勿疑，王道砥平，無偏無黨。中外除改，請守舊規，長興四年已前敕命繁碎者，請重選擇，如新敕不及舊章，更請却依前代；如舊章不如新敕，便釐革施行。儻不阻於奏陳，庶漸臻於理體。”詔曰：“盧文紀，早踐班行，迭更顯重，動惟稽古，言必爲時。當朕求治之初，首居輔弼之位，能竭事君之節，以申報國之勞。引經義而究其本根，合時事而先於條貫。請宣學士，兼召諫臣，言陰陽序理之端，人事調和之本。又嚴修祀典，精事神祇。宜令有司依奏，虔絜所云，進忠良而退不肖，除寇盜而恤惸嫠，雖責在朕躬，亦資於調燮。刑法舒慘，宜令大理寺、御史臺明慎詳讞，勿至冤誣；選賢退愚，宜令三銓選部，精覈慎選，所冀得人；新舊制敕，宜令御史臺與三司官員詳擇以聞。"[2]

[1]德宗：即唐德宗李适。779年至805年在位。紀見《舊唐書》卷一二、卷一三及《新唐書》卷七。

[2]"清泰元年"至"宜令御史臺與三司官員詳擇以聞"：明本《册府》卷三一四《宰輔部·謀猷門四》，亦見卷三二八《宰輔部·諫諍門四》。

二年二月己丑，宰臣盧文紀等上章曰："臣聞聖列九皇，必稟嚴慈之訓；貴爲萬乘，彌懷顧復之思。所謂'生我劬勞，昊天罔極'，故漢昭帝承祧御曆，奉尊謚于雲陽；魏文帝繼體守文，思外家于甄館。[1]則追崇母后，祔享廟庭，愛親之道克隆，敬本之文斯洽。臣等嘗覽國史，見玄宗大聖孝明皇帝母昭成皇太后竇氏，作嬪初奉于相王，曆位纔終于藩孺。[2]及至上皇傳國，聖子臨朝，則追尊配享于閟宮，儷極攸先于冢后。臣又見代宗睿文孝武皇帝母章敬太后吳氏，入宮纔侍于忠王，短世難登于命婦。[3]及寶祚爰歸于聖嗣，追尊將祔于陵園，則群臣歷懇于封函，嚴配請崇于徽號。舊章斯在，闕禮未伸。臣等叨備鼎司，合伸茂典。伏惟聖母魯國太夫人夢梓興周，[4]望雲佐漢，直河洲之懿範，契沙麓之休祥。三母俱賢，周武最承于天統；四妃有子，唐侯光啓于帝圖。仰惟當寧之懷，彌軫寒泉之思。伏望配陵祔廟，法地則天，君親實殺于義方，恩禮宜歸于聖善。母以子貴，乃《春秋》之格言；孝以尊親，固《禮經》之明義。久虛時薦，慮損皇猷。俾秦官載顯于玉符，魏寢永光于金册，斯華夷大願，臣子遑寧。臣等謹案謚法：聖善周聞曰宣，施而不私曰宣；博聞多能曰憲，聖善周達曰憲。謹上尊謚曰宣憲皇太后。請依昭成、章敬二太后故事，[5]擇日備禮册命。故事：禮合配陵祔廟。臣等再詳儀注，備有典彝。伏恐朝廷且務于便安，司局貴期于辦集。酌于故事，更宜簡詳。臣等伏聞先太后舊陵未祔于先朝，則都下難崇于別廟。既追尊謚，合創閟宮。臣等謹案漢故事，園寢不在王畿者，或在陵所，便立寢祠。禮文雖異于國朝，事理可循于權道。臣等商量，太后上尊謚後，權立祠廟，以伸告獻；配祔之禮，請俟他年。"詔曰："朕猥將眇質，獲嗣丕圖。暑往寒來，知昊天之罔極；憂深思遠，唯觸地以無容。卿等學究源流，文苞體要，以致財成之美，復陳孝理之規。援引古今，鋪陳茂實，導朕以愛親之禮，勉朕以追遠之文。取則昭成，明徵章敬，仍加美謚，益見忠誠。至於權立閟宮，頗亦叶於時變。劬勞莫報，長懸陟屺之心；聖善斯崇，且慰循陔之念。謹依典禮，哀慕增深。"[6]

[1]漢昭帝：即劉弗陵。西漢皇帝，前87年至前74年在位。紀見《漢書》卷七。　雲陽：地名。位於今陝西淳化縣西北。　魏文帝：即曹丕。曹魏開國皇帝，220年至226年在位。紀見《三國志》卷二。

[2]玄宗：即李隆基。唐朝皇帝，220年至226年在位。紀見《舊唐書》卷八至卷九，《新唐書》卷五。　竇氏：人名。即唐睿

宗昭成皇后，唐玄宗之母。傳見《舊唐書》卷五一、《新唐書》卷
七六。　　相王：即唐睿宗李旦。唐朝皇帝，684年至690年，710
年至712年在位。紀見《舊唐書》卷七、《新唐書》卷五。

　　[3]代宗：即李豫。唐朝皇帝。762年至779年在位。紀見
《舊唐書》卷一一、《新唐書》卷六。　　吳氏：人名。即唐肅宗章
敬皇后，唐代宗之母。傳見《舊唐書》卷五二、《新唐書》卷七
七。　　忠王：即唐肅宗李亨。唐朝皇帝，756年至762年在位。紀
見《舊唐書》卷一〇、《新唐書》卷六。

　　[4]魯國太夫人：即後唐明宗宣憲皇后魏氏。鎮州平山（今河
北平山縣）人。後唐末帝之母。傳見本書卷四九。

　　[5]昭成、章敬：即昭成皇后竇氏、章敬太后吳氏。

　　[6]“二年二月己丑”至“哀慕增深”：明本《冊府》卷三一
《帝王部·奉先門四》。《輯本舊史》卷四七《唐末帝紀中》清泰二
年二月己丑條：“宰臣盧文紀等上皇妣魯國太夫人尊謚曰宣憲皇太
后，請擇日冊命。從之。”

　　四月癸未，以宰相盧文紀兼太微宮使。[1]壬午，以
京畿旱，命宰臣盧文紀告太微宮太廟，姚顗告嵩嶽。[2]

　　[1]太微宮：宮殿名。位於今河南洛陽市。　　四月癸未以宰相
盧文紀兼太微宮使：《輯本舊史》卷四七《唐末帝紀中》清泰二年
四月癸未條。

　　[2]“壬午”至“姚顗告嵩嶽”：《宋本冊府》卷一四五《帝
王部·弭災門三》唐末帝清泰二年四月壬午條。

　　二年，又上疏曰：“臣近蒙召對，面奉天旨：‘凡軍
國庶事，利害可否，卿等位居輔弼，並合盡言。’臣等
仰承詔諭，退自省循。時遇休明，各叨輔弼。才器不能

經綸庶務，智術不能康濟大猷。致陛下宵旰於丕圖，憂勤於治道。有覥面目，待罪巖廊。尚沐宸慈，猶寬册免，莫不克心自勵，俛首深惟。願竭愚鄙之誠，少副昭回之鑒。臣聞古先哲王，樂聞己過。道塗立誹謗之木，門庭樹告善之旌。從諫如流，聞議能服。所以卜年長久，享祚無窮。陛下自纘邦家，克敦慈儉，守先皇仁政，遵列聖彝章，人樂和平，政皆畫一，天無祲沴之象，地無變怪之妖。日月無爽於虧盈，星緯不差於纏次。襞諫紙者，無詞可措，持皂囊者，無過可規。凡百庶寮，奉職不暇。臣伏覽貞觀故事，見魏徵、馬周之章疏，王珪、劉洎之奏論，[1]或講貫古今，或鋪陳政術，皆萬代之長策，非一介之狂言。苟異經謀，何名獻納。臣等伏計，宸籌圖度者，必以嶺、嶠未平，島夷猶梗，巴、梁恃險，井、絡纏妖。鮮卑尚撓於邊陲，將帥未施於方略。臣等以爲非獨人謀未至，亦恐天意使然。聲教苟孚，廓清何晚。臣略以前事明之，何者？即如漢高，前代之英主也，一劍初奮於彭城，五年方誅項籍。[2]泊南平英布，北扞匈奴，解白登之圍，避柏仁之難，凡十餘年，親當矢石，乃混車書。[3]如太宗文皇帝，本朝之聖祖也。自起義太原，佐命高祖，乃定江南之草竊，殄隴右之陸梁，禦突厥於便橋，擒公祐於京口。[4]凡十餘年，櫛風沐雨，命將出師，方得華裔向風，寰區撓撓。念陛下爰從踐祚，纔歷一期。雖乃聖乃神，不下於漢高、文祖；而且耕且戰，[5]更詳於人事天時。俾武王一舉蕩平，體句踐十年教戰。若治兵之至要，御衆之大端，攻必取而守有餘，戰必勝而卒無怠。發號出令，保大定功，俾軍成感憚於機權，部校皆存於信義。驅之可以蹈湯火，使之可以爲虫沙。此則聖謀懸料於彀中，神策已包於術內。何假蒭蕘小輩，草野凡生。持蠡妄測於滄溟，側管强窺於穹昊。不量事體，虛費莠言。故《論語》載仲尼治衛，必也正名言順，事行勿容苟且。名言之際，聖哲攸艱。況在凡常，豈宜容易。思出其位，古人所非。臣等謬處台衡，奉行制敕。但緣事理，互有區分，軍戎不在於職司，錢穀非關於局分。苟陳異見，即類侵官。況才不濟時，職非經遠。因五日起居之例，於兩班旅見之時，略獲對敭，兼承顧問。此際衛士周環於階陛，庶臣羅列於殿庭。四面聚觀，十手所指。臣等苟欲伸愚短，此時安敢敷陳。韓非昔懼於説難，孟子亦憂於言責。臣竊惟本朝故事，肅宗初平寇難，再復寰瀛，頗經涉於艱難，尤勤勞於委任。每正衙奏事，則泛咨訪於群臣；及便殿詢謀，則獨對揚於四輔。自上元元年後，於長安東置延英殿，[6]宰臣如有奏議，聖旨或有特宣，皆於前一日上聞。及對御之時，只奉冕旒，旁無侍衛。獻可替否，得曲盡於討論；捨短從長，故無虞於漏洩。君臣之際，情理坦然。伏望聖慈，俯循故事，或有事關軍國，謀而否臧，未果決於聖懷，要詢訪於臣輩，則請依延英故事，前一日傳宣。或臣等有所聽聞，切關利害，未形文字，須面敷敭，臣等亦依故事，前一日請開延英。當君臣奏言之時，祇請機要臣寮侍立左右。兼乞稍霽嚴顔，恕臣荒拙。雖乏鷹鸇之效，庶盡葵藿之心。恭惟陛下睿略縱橫，天機沉邃。臣等以愚智而干聖智，以凡情而測聖情，如螢爝比耀於烏蟾，畎澮爭流於江海。然而天覆地載，君義臣行。持禄取容，既見議於物論；有犯無隱，慮不愜於聖懷。既顯奉得音，俾令奏對，合披愚款，先瀆宸聰。"[7]

[1]貞觀：唐太宗年號（627—649）。　魏徵：人名。一説曲陽（今河北曲陽縣）人，一説館陶（今河北館陶縣）人。唐朝大臣，以直言敢諫而聞名，襄助唐太宗締造"貞觀之治"。傳見《舊唐書》卷七一。　馬周：人名。清河茌平（今山東茌平縣）人。唐朝官員。傳見《舊唐書》卷七四、《新唐書》卷九八。　王珪：人名。扶鳳郿（今陝西眉縣）人。唐朝官員，名相。傳見《舊唐書》卷七〇、《新唐書》卷九八。　劉洎：人名。荆州江陵（今湖北江陵縣）人。唐朝官員。傳見《舊唐書》卷七四、《新唐書》卷九九。

[2]漢高：即劉邦。沛（今江蘇沛縣）人。西漢王朝建立者。紀見《史記》卷八。　彭城：縣名。治所在今江蘇徐州市。　項籍：人名。即項羽。泗水郡下相（今江蘇宿遷市）人。秦末政治家、軍事家。紀見《史記》卷七、傳見《漢書》卷三一。

[3]英布：人名。九江郡六縣（今安徽六安市）人。秦末漢初將領，本爲項羽大將，後歸附劉邦，輔佐劉邦打敗項羽。傳見《史記》卷九一、《漢書》卷三四。　白登之圍：漢高祖七年（前200）劉邦被匈奴圍困於白登山（今山西省大同市東北馬鋪山），後採納陳平之計，重賂匈奴閼氏，在閼氏勸説下，始得突圍。　柏仁：地名。位於今河北隆堯縣。

[4]太宗文皇帝：即唐太宗李世民。626年至649年在位。通過"玄武門之變"掌權。在位期間，虛心納諫，文治武功，開創"貞觀之治"。紀見《舊唐書》卷二至卷三、《新唐書》卷二。　高

祖：即唐高祖李淵。唐朝建立者。618年至626年在位。紀見《舊唐書》卷一、《新唐書》卷一。　京口：地名。位於今江蘇鎮江市。

[5]武王：即周武王姬發。西周王朝開國君主。事見《史記》卷四。　句踐：人名。春秋越國君主。世家見《史記》卷四一。

[6]上元：唐肅宗年號（760—761）。　延英殿：宮殿名。位於今陝西西安市。

[7]"二年"至"先瀆宸聰"：明本《册府》卷三一四宰輔部獻猷門。《輯本舊史》卷四七《唐末帝紀中》清泰二年七月丁巳條略同，並載有末帝詔書，可參看。

三年夏，晉祖引契丹拒命，[1]既而大軍挫衄，官寨受圍。八月，帝親征，過徽陵，拜於闕門，休於仗舍。文紀扈從，帝顧謂之曰："朕聞主憂臣辱，予自鳳翔來，首命卿爲宰相，[2]聽人所論，將謂便致太平，今寇孽紛紛，今萬乘自行戰賊，於汝安乎？"文紀惶恐致謝。時末帝季年，天奪其魄，聲言救寨，其實倦行。初次河陽，召文紀、張延朗謀議。[3]文紀曰："敵騎倏往忽來，無利則去，大寨牢固，足以枝梧，況已有三處救兵，可以一戰而解，使人督促，責以成功，輿駕且駐河橋，詳觀事勢。況地處舟車之要，正當天下之心，必若未能解圍，去亦非晚。"會延朗與趙延壽款密，傍奏曰："文紀之言是也。"故令延壽北行，末帝坐俟其敗。[4]

[1]晉祖：即後晉高祖石敬瑭。沙陀族，太原（今山西太原市）人。五代後晉開國君主。在位期間割華北北部幽、雲諸州於契丹。紀見本書卷七五至卷八〇、《新五代史》卷八。　契丹：古部族、政權名。公元4世紀中葉宇文部爲前燕攻破，始分離而成單獨

的部落，自號契丹。唐貞觀中，置松漠都督府，以其首領爲都督。唐末强盛，916年迭刺部耶律阿保機建立契丹國（遼）。先後與五代、北宋並立，保大五年（1125）爲金所滅。參見張正明《契丹史略》，中華書局1979年版。

[2]徽陵：五代後唐明宗李嗣源陵墓。位於今河南新安縣。後晋石敬瑭將後唐愍帝（閔帝）、李從榮、李重吉皆祔葬於此。　鳳翔：方鎮名。治所在鳳翔府（今陝西鳳翔縣）。

[3]河陽：方鎮名。簡稱“河陽”。治所在孟州（今河南孟州市）。　張延朗：人名。汴州（今河南開封市）人。五代後唐大臣，歷任三司使、宰相。傳見本書卷六九、《新五代史》卷二六。

[4]趙延壽：人名。常山（今河北正定縣）人。本姓劉，爲後唐將領趙德鈞養子。仕至後唐樞密使，遼朝幽州節度使、燕王。傳見本書卷九八。　“三年夏”至“末帝坐俟其敗”：《大典》卷一七九一〇“相”字韻“五代後梁相、後唐相”事目。“帝親征”，中華書局本有校勘記：“‘帝’字原闕，據《册府》卷三三六補。”見《宋本册府》卷三三六《宰輔部·識闇門》。“過徽陵”，《輯本舊史》之影庫本粘籤：“‘徽陵’，原本作‘暉陵’，今從《五代會要》改正。”“今寇孽紛紛”，中華書局本有校勘記：“‘今’字原闕，據《册府》卷三三六補。”“可以一戰而解”，中華書局本有校勘記：“‘一’原作‘不’，據《册府》卷三三六補。”《舊五代史考異》：“案：《歐陽史》作文紀勸帝扼橋自守，不聽。據《薛史》，帝因文紀之言而罷親征，非不聽也。”亦見明本《册府》卷三三四《宰輔部·譴讓門》及卷三三六《宰輔部·識闇門》，《通鑑》卷二八〇清泰三年（936）九月條。《宋本册府》卷一四五《帝王部·弭災門三》唐末帝條清泰三年五月庚午：“詔曰：‘時雨稍愆，頗傷農稼，分命朝臣祈禱。’居數日，以庶官禱請不虔，乃命宰臣文紀禱太微宮，姚顗崇道宮，馬裔孫請宮嵩嶽，又無雨。末帝問宰臣愆伏之故。文紀等奏曰：‘愆伏之本，《洪範》有其説。若考校往代，理義相違。臣等思之，此蓋時數，若求於政失，則兵戰之氣生陰

霖，擾攘之氣生蝗旱，稍近理也。自頃皇祚甫寧，徵求過當，雖宸念疾心，事不獲已，無足論其變沴也。’末帝俯首而已。”明本《册府》卷三三一《宰輔部·退讓門》：“文紀……三表乞骸，不允。疾損，中興殿見，末帝存問，文紀曰：‘臣器能淺薄，復衰年多疾，精神咸耗，自惟無以報效鴻恩，致國家通泰，所以回避重權，冀養餘年，是以繼有章疏啓陳。聖眷未容瀝懇，臣安偃蹇求便。必望聖慈放臣醫藥，幸也！’”

　　文紀三表乞骸，不允。疾損，中興殿見，末帝存問。[1]文紀曰：“臣器能淺薄，復衰年多疾，精神咸耗。自惟無以報效鴻私，致國家通泰。所以迴避重權，冀養餘年，是以繼有章疏啓陳。聖眷未容瀝懇，臣安偃蹇求便。必望聖慈放臣醫藥，幸也！”[2]

　　[1]中興殿：宮殿名。位於今河南洛陽市。
　　[2]“文紀三表乞骸”至“幸也”：明本《册府》卷三三一《宰輔部·退讓門二》。

　　晉祖入洛，罷相爲吏部尚書，再遷太子少傅。少帝嗣位，改太子太傅。[1]

　　[1]洛：地名。即洛陽。位於今河南洛陽市。　吏部尚書：官名。尚書省吏部最高長官，與二侍郎分掌六品以下文官選授、勳封、考課之政令。正三品。　太子少傅：官名。與太子少保、太子少師合稱“三少”，唐後期、五代多爲大臣、勳貴加官。從二品。　少帝：即後晉少帝石重貴。石敬瑭從子。紀見本書卷八一至卷八五、《新五代史》卷九。　太子太傅：官名。與太子太師、太子太

保統稱太子三師。隋唐以後多作加官或贈官。從一品。 "晋祖入洛"至"改太子太傅"：《大典》卷一七九一〇"相"字韻"五代後梁相、後唐相"事目。《輯本舊史》卷七六《晋高祖紀二》天福元年（936）十二月庚子條："以舊相盧文紀爲吏部尚書。"同卷天福二年夏五月戊寅："以吏部尚書盧文紀爲太子少傅。"卷八三《晋少帝紀三》開運元年（944）八月甲辰條："太子少傅盧文紀改太子太傅。"

漢祖登極，轉太子太師。[1]時朝官分司在洛，雖有留臺御史，[2]紀綱亦多不整肅，遂敕文紀別令檢轄。侍御史趙礪及糾分司朝臣中有行香拜表疏怠者，楊邠怒，凡疾病不任朝謁者，皆與致仕官。時文紀別令檢轄之職，頗甚滋章，因疾請假，復爲留臺所奏，遂以本官致仕。[3]

[1]漢祖：即後漢高祖劉知遠。紀見本書卷九九至卷一〇〇、《新五代史》卷一〇。　太子太師：官名。與太子太傅、太子太保統稱太子三師。隋唐以後多作加官或贈官。從一品。

[2]留臺：西京留守司的別稱。

[3]侍御史：官名。秦始置。掌糾舉百官，推鞫獄訟。從六品下。　趙礪：人名。籍貫不詳。五代官員。事見本書卷八八、卷一〇二、卷一四七。　楊邠：人名。魏州冠氏（今山東冠縣）人。五代後漢時任樞密使、宰相。傳見本書卷一〇七、《新五代史》卷三〇。　"漢祖登極"至"遂以本官致仕"：《大典》卷一七九一〇"相"字韻"五代後梁相、後唐相"事目。《舊五代史考異》："《歐陽史》，周太祖入立，即拜司空于家。"《輯本舊史》卷一〇〇《漢高祖紀下》天福十二年（947）冬十月癸未條："以太子太傅盧文紀爲太子太師。"《宋本册府》卷五二〇下《憲官部・彈

劾門三》記趙礪上言甚詳。蓋因文紀奉命檢轄而乖於大體，趙礪嫉之，故有是奏，欲稱過於文紀也。

廣順元年夏卒，年七十六。贈司徒，輟視朝二日。[1]文紀平生積財巨萬，及卒，爲其子龜齡所費，不數年間，以至蕩盡，由是多藏者以爲誡焉。[2]《永樂大典》卷一萬七千九百一十。

[1]廣順：五代後周太祖郭威年號（951—953）。　司徒：官名。與太尉、司空並爲三公，唐後期、五代多爲大臣、勳貴加官。正一品。　輟視朝：又稱輟朝、廢朝。古代帝王遇親喪或文武大臣病故，停止視朝數日，以示哀悼。

[2]龜齡：人名。即盧龜齡。事跡不詳。　“廣順元年夏卒”至“由是多藏者以爲誡焉”：《大典》卷一七九一〇“相”字韻“五代後梁相、後唐相”事目。《輯本舊史》卷一一一《周太祖紀二》廣順元年三月丙子條：“以……太子太師致仕盧文紀爲司空……依前致仕。”

馬裔孫

馬裔孫，字慶先，棣州滴河人。[1]唐閔帝應順元年二月，[2]移末帝鎮太原，是時不降制書，唯以宣授而已。末帝聞之，召賓佐將吏以謀之，皆曰：“主上年幼，未親庶事，軍國大政悉委朱弘昭等，[3]王必無保全之理。”判官馬裔孫曰：[4]“君命召，不俟駕行焉。諸君凶言，非令圖也。”是夜，末帝令李專美草檄求援諸道，欲誅君側之惡。[5]唐末帝即位，用爲翰林學士、户部郎中、知制誥、賜金紫。[6]未滿歲，改中書舍人、禮部侍郎，皆帶禁職。尋拜中書侍郎、平章事。[7]

[1]棣州：州名。治所在今山東惠民縣。　滴河：縣名。治所在今山東商河縣。　"馬裔孫"至"棣州滴河人"：《大典》卷一七九一〇"相"字韻"五代後梁相、後唐相"事目。《輯本舊史》之原輯者案語："以下原本有闕文。"亦見《宋本册府》卷八四一《總録部・文章門》。

[2]唐閔帝：即五代後唐愍帝李從厚。明宗李嗣源第三子。生於太原，小字菩薩奴。長興元年（930）封宋王，移鎮鄴都。明宗死後即位，改元應順。潞王李從珂反於鳳翔，愍帝出逃至衛州，被廢爲鄂王，尋被縊殺。紀見本書卷四五、《新五代史》卷七。　應順：後唐愍帝（閔帝）李從厚年號（934）。

[3]朱弘昭：人名。太原（今山西太原市）人。五代後唐明宗朝樞密使、宰相。傳見本書卷六六、《新五代史》卷二七。

[4]判官：官名。唐、五代方鎮僚屬，位在行軍司馬下。分掌使衙內各曹事，並協助使職官員通判衙事。

[5]李專美：人名。京兆萬年（今陝西西安市長安區）人。五代後梁、後唐、後晉官員。傳見本書卷九三。　"唐閔帝應順元年二月"至"欲誅君側之惡"：明本《册府》卷一一《帝王部・繼統門》。

[6]翰林學士：官名。由南北朝始設之學士發展而來，唐玄宗改翰林供奉爲翰林學士，備顧問、代王言。掌拜免將相、號令征伐等詔令的起草。　户部郎中：官名。即尚書省户部户部司郎中。掌户口、土田、賦役、貢獻、優復、婚姻、繼嗣等事。從五品上。知制誥：官名。掌起草皇帝的詔、誥之事，原爲中書舍人之職。唐開元末置學士院，翰林學士入院一年，則加知制誥銜，專掌任免宰相、册立太子、宣布征伐等特殊詔令，稱爲內制。而中書舍人所撰

擬的詔敕稱爲外制。兩種官員總稱兩制。

[7]中書舍人：官名。中書省屬官。掌起草文書、呈遞奏章、傳宣詔命等。正五品上。　禮部侍郎：官名。尚書省禮部次官。協助禮部尚書掌禮儀、祭享、貢舉之政。正四品下。　“唐末帝即位”至“尋拜中書侍郎、平章事”：《大典》卷一七九一〇“相”字韻“五代後梁相、後唐相”事目。《輯本舊史》卷四六《唐末帝紀上》清泰元年（934）四月丁亥條：“以觀察判官馬裔孫爲翰林學士。”《輯本舊史》卷四七《唐末帝紀中》清泰二年五月丙辰條：“以翰林學士馬裔孫爲禮部侍郎。”卷四八《唐末帝紀下》清泰三年三月丙午條：“以翰林學士、禮部侍郎馬裔孫爲中書侍郎、同平章事。”

　　裔孫純儒，性多凝滯，遽登相位，未悉朝廷舊事。初，馮道罷同州入朝，拜司空。[1]唐朝故事，三公爲加官，無單拜者，是時朝議率爾命道，制出，或曰“三公正宰相，便合參大政”；又云“合受冊”。衆言籍籍。盧文紀又欲祭祀時便令掃除，[2]馮道聞之曰：“司空掃除，職也，吾無所憚。”既而知非乃止。劉昫爲僕射，性剛，群情嫉之，乃共贊右散騎常侍孔昭序論行香次第，言：“常侍侍從之臣，行立合在僕射之前。”疏奏，下御史臺定例。[3]同光已來，李琪、盧質繼爲僕射，[4]質性輕脫，不能守師長之體，故昭序輕言。裔孫以群情不悅劉昫、馮道，欲微抑之，乃責臺司，須檢則例，而臺吏言：“舊不見例，據南北班位，即常侍在前。”俄屬國忌，將就列，未定，裔孫即判臺狀曰：“既有援據，足可遵行，各示本官。”劉昫怒，揮袂而退。自後日責臺司定例。崔居儉謂南宮同列曰：“從昭序言語，是朝廷人總不解語也。且僕射師長也，中丞大夫就班修敬，常侍班在南宮六卿之下，況僕射乎。已前騎省年深，望南宮工部侍郎如仰霄漢，癡人舉止，何取笑之深耶！"[5]衆聞居儉言，紛議稍息。文士哂裔孫堂判有"援據"二字，其中書百職，裔孫素未諳練，無能專決，但署名而已。又少見賓客，時人目之謂"三不開"，謂口不開、印不開、門不開也。[6]

[1]馮道：人名。瀛州景城（今河北滄縣）人。五代時官拜宰相，歷仕後唐、後晉、後漢、後周，亦曾臣服於契丹。傳見本書卷一二六、《新五代史》卷五四。　同州：州名。治所在今陝西大荔縣。　司空：官名。與太尉、司徒並爲三公。唐後期、五代多爲大臣、勳貴加官。正一品。

[2]盧文紀：人名。京兆萬年（今陝西西安市長安區）人。唐末進士，五代大臣。傳見本書本書本卷、《新五代史》卷五五。

[3]劉昫：人名。涿州歸義縣（今河北容城縣）人。五代後晉大臣，曾任宰相、監修國史，領銜撰進《舊唐書》。傳見本書卷八九、《新五代史》卷五五。　僕射：官名。秦始置。隋、唐前期以左、右僕射佐尚書令總理六官，綱紀庶務，如不置尚書令，則總判省事，爲宰相之職。唐後期多爲大臣加銜。從二品。　右散騎常侍：官名。中書省屬官。掌侍奉規諷，備顧問應對。正三品下。孔昭序：人名。籍貫不詳。五代後唐官員。事見本書本卷。　御史臺：官署名。秦漢始置。古代國家的監察機構。掌糾察官吏違法、肅正朝廷綱紀。大事廷辯，小事奏彈。

[4]李琪：人名。河西敦煌（今甘肅敦煌市）人。五代後梁、後唐官員。傳見本書卷五八、《新五代史》卷五四。　盧質：人名。河南（今河南洛陽市）人。五代大臣。傳見本書卷九三、《新五代史》卷五六。

[5]南宫：尚書省的別稱。　　中丞大夫：官名。即御史中丞。如不置御史大夫，則爲御史臺長官。掌司法監察。正四品下。　　騎省：左、右散騎常侍的別名。　　工部侍郎：官名。尚書省工部次官。協助尚書掌管百工、山澤、水土之政令，考其功以昭賞罰，總所同各司之事。正四品下。

[6]"裔孫純儒"至"門不開也"：《大典》卷一七九一〇"相"字韻"五代後梁相、後唐相"事目。"乃共贊右散騎常侍孔昭序論行香次第"，中華書局本有校勘記："'散騎'二字原闕，據《職官分紀》卷八引《五代史》、《新五代史》卷五五《馬裔孫傳》補。"《輯本舊史》卷四八《唐末帝紀下》清泰三年（936）五月："戊戌，昭義奏，河東節度使石敬瑭叛……壬寅，削奪石敬瑭官爵，便令張敬達進軍攻討……敬瑭上章云：'明宗社稷，陛下纂承，未契輿情，宜推令辟。許王先朝血緒，養德皇闈，儻循當璧之言，免負闖牆之議。'末帝覽奏不悦，手攘抵地，召裔孫草詔報曰：'父有社稷，傳之於子；君有禍難，倚之於親。卿于鄂王，故非疎遠。往歲衛州之事，天下皆知；今朝許王之言，人誰肯信！英賢立事，安肯如斯'云。"

　　及太原事起，唐末帝幸懷州，裔孫留司在洛。未幾，趙德鈞父子有異志，官砦危急，君臣計無所出。俄而裔孫自洛來朝，衆相謂曰："馬相此來，必有安危之策。"既至，獻綾三百匹，卒無獻可之言。晋祖受命，廢歸田里。[1]

[1]懷州：州名。治所在今河南沁陽市。　　趙德鈞：人名。幽州（今北京市）人。初爲幽州節度使劉守光部將，後爲後唐、遼國將領。傳見本書卷九八。　　"及太原事起"至"廢歸田里"：《大典》卷一七九一〇"相"字韻"五代後梁相、後唐相"事目。《輯

本舊史》之影庫本粘籤："懷州原本作'惟州'，今從《通鑑》改正。"明本《册府》卷三三六《宰輔部·識闇門》載此更詳，可參看。

　　裔孫好古，慕韓愈之爲人，尤不重佛。[1]及廢居里巷，追感唐末帝平昔之遇，乃依長壽僧舍讀佛書，冀申冥報，歲餘枕籍黃卷中，有《華嚴》《楞嚴》，[2]詞理富贍，繇是酷賞之，仍抄録事相，形於歌詠，謂之《法喜集》。又纂諸經要言爲《佛國記》，凡數千言。或嘲之曰："公生平以傅奕、韓愈爲高識，[3]何前倨而後恭，是佛佞公耶？公佞佛耶？"裔孫笑而答曰："佛佞予則多矣。"李崧相晉，用李專美爲贊善，裔孫以賓客致仕，[4]專美轉少卿，裔孫得太子詹事。[5]晉、漢公卿以裔孫好爲文章，皆忻然待之。[6]

　　[1]韓愈：人名。河陽（今河南孟州市）人，祖籍昌黎（今河北昌黎縣）。唐中葉官員、文學家。傳見《舊唐書》卷一六〇、《新唐書》卷一七六。

　　[2]《華嚴》《楞嚴》：均爲佛教經典。

　　[3]傅奕：人名。相州鄴（今河北臨漳縣）人。唐代學者。傳見《舊唐書》卷七九。

　　[4]李崧：人名。深州饒陽（今河北饒陽縣）人。五代後晉宰相，歷仕後唐至後漢。傳見本書卷一〇八、《新五代史》卷五七。

贊善：官名。左、右贊善大夫省稱。掌傳令，諷過失，贊禮儀，以經教授諸郡王。正五品上。　賓客：官名。即太子賓客。爲太子官屬。唐高宗顯慶元年（656）始置。掌侍從規諫、贊相禮儀。正三品。

[5]少卿：官名。唐代爲九寺（太常、光禄、衛尉、宗正、太僕、大理、鴻臚、司農、太府）的副長官。諸寺各置二人，其職爲協助九卿負責諸寺的具體事務。除太常少卿爲正四品上外，餘寺皆爲從四品上。　太子詹事：官名。掌領太子之詹事府，爲太子官屬之長。正三品。

[6]"裔孫好古"至"皆忻然待之"：《大典》卷一七九一〇"相"字韻"五代後梁相、後唐相"事目。"仍抄録事相"，中華書局本有校勘記："'録事'，原作'撮之'，據《册府》卷八二一改。""謂之《法喜集》"，中華書局本有校勘記："'法喜集'原作'法善集'，據殿本、劉本、彭校、《册府》卷八二一、《新五代史》卷五五《馬裔孫傳》改。按《宋史》卷二〇五《藝文志四》、《通志》卷六七《藝文略》著録有《法喜集》二卷。"見《宋本册府》卷八二一《總録部·崇釋氏門》。《輯本舊史》卷八四《晋少帝紀四》開運二年（945）九月壬子條："以太子賓客致仕馬裔孫爲太子詹事。"亦見《宋本册府》卷八四一《總録部·文章門五》。

太祖即位，就加檢校禮部尚書、太子賓客，分司在洛。每閉關養素，唯事謳吟著述，嗜八分書，往來酬答，必親劄以衒其墨迹。裔孫將卒之前，睹白虺緣於庭槐，驅之失所在。裔孫感賦鵩之文，作《槐蟲賦》以見志。[1]

[1]太祖：即五代後周開國皇帝郭威。邢州堯山（今河北隆堯縣）人。紀見本書卷一一〇至卷一一三、《新五代史》卷一一。檢校禮部尚書：官名。爲散官或加官，以示恩寵加此官，無實際執掌。　八分書：漢隸的別名。　虺（huǐ）：古書上記載的一種毒蛇。　賦鵩（fú）：賈誼曾作《鵩鳥賦》以自傷，後因用"賦鵩"比喻遭貶或自傷不幸。　"太祖即位"至"作《槐蟲賦》以見

志”：《大典》卷一七九一〇“相”字韻“五代後梁相、後唐相”事目。“往來酬答”，中華書局本有校勘記：“‘往來’，殿本、《册府》卷八六一作‘題尺’。”見《宋本册府》卷八六一《總録部·筆札門》。《輯本舊史》卷一一一《周太祖紀二》廣順元年（951）春二月辛亥條：“以太子詹事馬裔孫爲太子賓客。”亦見《宋本册府》卷九五一《總録部·咎徵門二》。

廣順三年秋七月，卒於洛陽，詔贈太子少傅，輟視朝一日。裔孫初爲河中從事，因事赴闕，宿於邏店。其地有上邏神祠，夜夢神見召，待以優禮，手授二筆，其筆一大一小，覺而異焉。及爲翰林學士，裔孫以爲契鴻筆之兆。旋知貢舉，私自謂曰：“此二筆之應也。”洎入中書上事，堂吏奉二筆，熟視，大小如昔時夢中所授者。及卒後旬日，有侍婢靈語，一如裔孫聲氣，處分家事，皆有倫理，時人奇之。[1]《永樂大典》卷一萬七千九百一十。

[1]河中：府名。治所在今山西永濟市。　從事：泛指一般屬官。　邏店：地名。今地不詳。　“廣順三年秋七月”至“時人奇之”：《大典》卷一七九一〇“相”字韻“五代後梁相、後唐相”事目。“及爲翰林學士”，中華書局本有校勘記：“《御覽》卷六〇五引《五代史·周史》同，《册府》卷八九三作‘及潞王即位，以胤孫爲翰林學士’，《廣卓異記》卷七引《五代史》除‘胤孫’作‘公’外，餘同。”“大小如昔時夢中所授者”，中華書局本有校勘記：“《御覽》卷六〇五引《五代史·周史》、《職官分紀》卷三同，句下《册府》卷八九三有‘胤孫始悟冥數有定分也’十字’，《廣卓異記》卷七引《五代史》除‘胤孫’作‘公’外，餘同。”見

《宋本册府》卷八九三《總録部·夢徵門二》。《輯本舊史》卷一一三《周太祖紀四》廣順三年（953）秋七月癸未條："太子賓客馬裔孫卒。"

和凝

和凝，字成績，汝陽須昌人也。[1]九代祖逢堯，唐高宗時爲監察御史，[2]自逢堯之下，仕皆不顯。曾祖敞、祖濡，皆以凝貴，累贈太師。[3]父矩，贈尚書令。[4]矩性嗜酒，不拘禮節，雖素不知書，見士未嘗有慢色，必罄家財以延接。凝幼而聰敏，姿狀秀拔，神彩射人。少好學，書一覽者咸達其大義。年十七，舉明經，[5]至京師，忽夢人以五色筆一束以與之，謂曰："子有如此才，何不舉進士？"[6]自是才思敏贍，十九登進士第。[7]滑帥賀瓌知其名，[8]辟置幕下。

[1]汝陽：縣名。治所在今山東泰安市。　須昌：縣名。治所在今山東東平縣。

[2]逢堯：人名。即和逢堯。唐代大臣。傳見《舊唐書》卷一八五下、《新唐書》卷一二三。　唐高宗：即李治。649年至683年在位。唐太宗之子。紀見《舊唐書》卷四至卷五、《新唐書》卷三。　監察御史：官名。唐代屬御史臺之察院，掌監察中央機構、州縣長官及祭祀、庫藏、軍旅等事。唐中期以後，亦作爲外官所帶之銜。正八品下。

[3]敞：人名。即和敞。事跡不詳。　濡：人名。即和濡。事跡不詳。　太師：官名。與太傅、太保合稱三師，唐後期、五代多爲大臣、勳貴加官。正一品。

[4]矩：人名。即和矩。事跡不詳。　尚書令：官名。秦始置。隋、唐前期爲尚書省長官，與中書令、侍中並爲宰相。因以李世民爲之，後皆不授，唐高宗廢其職。唐後期以李適、郭子儀有功而特授此職，爲大臣榮銜，不參與政務。五代因之。唐時爲正二品，後梁開平三年（909）升爲正一品。

[5]明經：科舉考試科目之一。主要考察士人對經文的熟悉程度，也考時務策。

[6]子有如此才，何不舉進士：《宋本册府》卷八九三《總録部·夢徵門二》同。《太平御覽》卷六〇五《文部筆門》引《五代史·周史》作“子才可以舉進士”。

[7]十九登進士第：《澠水燕談録》卷六《貢舉》：“和魯公凝，梁貞明三年薛廷珪下第十三人及第。”

[8]滑：州名。治所在今河南滑縣。　賀瓌：人名。濮陽（今河南濮陽市）人。五代後梁將領。傳見本書卷二三、《新五代史》卷二三。　滑帥賀瓌知其名：《輯本舊史》之影庫本粘籤：“賀瓌，原本作‘賀瓆’，今從《通鑑》改正。”檢《通鑑》原書，無和凝受知於賀瓌之記載。《宋本册府》卷八四六《總録部·善射門》：“滑帥賀瓌知其名，辟置幕下。”

凝善射，時瓌與唐莊宗相拒於河上，戰胡柳陂，[1]瓌軍敗而北，唯凝隨之。瓌顧曰：“子勿相隨，當自努力。”凝泣而對曰：“大丈夫受人知，[2]有難不報，非素志也，但恨未有死所。”旋有一騎士來逐瓌，[3]凝叱之，不止，遂引弓以射，應弦而斃，瓌獲免。既而謂諸子曰：“昨非和公，無以至此。和公文武全才而有志氣，後必享重位，爾宜謹事之。”遂以女妻之，由是聲望益隆。後歷鄆、鄧、洋三府從事。[4]

[1]唐莊宗：即李存勗。代北沙陀部人，五代後唐開國皇帝。紀見本書卷二七至卷三四、《新五代史》卷四至卷五。 胡柳陂：地名。位於今河南濮陽市。

[2]大丈夫受人知：中華書局本有校勘記：“‘大’字原闕，據《職官分紀》卷三九引《五代史》，《册府》卷七二五、卷八四六補。”

[3]騎士：明本《册府》卷七二五《幕府部·盡忠門》、《宋本册府》卷八四六《總録部·善射門》皆作“裨將”。

[4]鄆：州名。治所在今山東東平縣。 鄧：州名。治所在今河南鄧州市。 洋：州名。治所在今陝西洋縣。

　　唐天成中，入拜殿中侍御史。[1]歷禮部、刑部二員外，[2]改主客員外郎、知制誥，尋詔入翰林充學士，轉主客郎中充職，兼權知貢舉。[3]貢院舊例，放牓之日，[4]設棘於門及閉院門，以防下第不逞者。凝令徹棘啓門，是日寂無喧者，所收多才名之士，[5]時議以爲得人，明宗益加器重。[6]遷中書舍人、工部侍郎，皆充學士。[7]

[1]殿中侍御史：官名。三國魏始置。唐前期屬御史臺之殿院，掌宮門、庫藏及糾察殿庭供奉朝會儀式，及分掌左、右巡，負責京師治安、京畿軍兵。唐後期常爲外官所帶憲銜。從七品下。

[2]禮部、刑部二員外：禮部員外，官名。尚書省禮部頭司禮部司禮部郎中的副職。協助禮部郎中掌禮樂、學校、衣冠、符印、表疏、圖書、册命、祥瑞、鋪設，及百官、宮人喪葬贈賻之數。從六品上。刑部員外，官名。尚書省刑部頭司刑部司刑部郎中的副職。協助刑部郎中掌司法及審覆大理寺及州府刑獄。從六品上。歷禮部、刑部二員外：《輯本舊史》卷三九《唐明宗紀五》天成三年（928）十一月庚寅條：“禮部員外郎和凝奏：‘應補齋郎並須引

驗正身，以防僞濫。舊例，使蔭一任官補一人，今後改官須轉品即可，如無子，許以親姪繼限，念書十卷，試可則補。'從之。"《宋本冊府》卷六四二《貢舉部·條制門四》："（長興二年）六月，刑部員外郎和凝奏：'臣竊見明法一科，久無人應，今應令請減其選限，必當漸有舉人。謹按考課令，諸明法試律令十條，以識達義理、問無疑滯者爲通。所貴懸科待士，自勤講學之功，爲官擇人，終免曠遺之咎。況當明代，宜舉此科。'敕旨：'宜昇明法一科，同《開元禮》選數，兼赴舉之時，委貢院別奏請，會刑法試官，依格例考試。'"

[3]主客員外郎：官名。主客郎中的副職。佐長官郎中掌接待外國使臣等事。從六品上。　主客郎中：官名。尚書省禮部主客司長官。掌接待外國使臣等事。從五品上。　權知貢舉：官名。唐始置，爲主持禮部會試的考官。　兼權知貢舉：《宋本冊府》卷六四二《貢舉部·條制門四》："（長興）四年二月，知貢舉和凝奏：'舉人就試日，請皇城司差人於院門前聽察。舉人挾帶文書入院，請殿將來舉數，自一舉至三舉。放榜後，及第人看榜訖，便綴行於五鳳樓前，謝恩後，赴國學謝先師。舊例，侵星張榜訖，貢舉考試官便出院，蓋恐人榜下喧訴。今年請放榜後，貢舉官已下至晚出。'敕旨：'五鳳樓前，非舉子謝恩之所，令於朝堂謝訖，即赴國學。試日宜令御史臺差人，院司聽察，放榜日，至晚出院。此後永爲定制，餘並依奏。'"

[4]放牓之日：中華書局本有校勘記："'放'，原作'改'，據殿本、劉本、邵本校、彭本、《冊府》卷六五一、《職官分紀》卷一〇、《新五代史》卷五六《和凝傳》改。"

[5]所收多才名之士：《宋本冊府》卷六五一《貢舉部·清正門》"收"作"放"。

[6]時議以爲得人：中華書局本引《舊五代史考異》："案《澠水燕談錄》云：范質初舉進士，時和凝知貢舉，凝嘗以宰輔自期，登第之日，名第十三人，及覽質文，尤加賞歎，即以第十三名處

之，場屋間謂之‘傳衣鉢’，若禪宗之相付授也。後質果繼凝登相位。”《澠水燕談録》卷六貢舉條：“後唐長興四年，（和凝）知貢舉，獨愛范魯公質程文，語范曰：‘君文合在第一，輒屈居第十三人，用傳老夫衣鉢。’時以爲榮。其後相繼爲相，當時有贈詩者曰：‘從此廟堂添故事，登庸衣鉢盡相傳。’”《宋史》卷二四九《范質傳》同。《新五代史》卷五六《和凝傳》：“唐故事，知貢舉者所放進士，以己及第時名次爲重。凝舉進士及第時第五，後知舉，選范質爲第五。”所記和凝及第名次，與諸書異。另，《宋史》卷二六三《劉熙古傳》：“後唐長興中，（熙古）以三傳舉。時翰林學士和凝掌貢舉，熙古獻《春秋極論》二篇、《演例》三篇，凝甚加賞，召與進士試，擢第，遂館於門下。”同書卷三〇六《張去華傳》：“長興中，和凝掌貢舉，（張）誼舉進士，調補耀州團練推官。”
明宗：即李嗣源。沙陀部人，應州金城（今山西應縣）人。李克用養子，逼宮李存勗後自立爲後唐皇帝。紀見本書卷三五至卷四四、《新五代史》卷六。

[7]“遷中書舍人”至“皆充學士”：《輯本舊史》卷四七《唐末帝紀中》清泰二年（935）十二月壬午條：“翰林學士、中書舍人和凝爲工部侍郎，並依前充職。”《宋本册府》卷五五三《詞臣部·獻替門二》：“和凝初仕後唐，末帝清泰二年，爲翰林學士，上言：……其諸處屯戍兵士，令太醫署修合傷寒、時氣、瘧痢等藥，量事給付。大軍主掌，以給有病士卒之家。百姓亦準醫疾，令合和藥物，救其貧户。兼請依本朝州置醫博士，令考尋醫方，合和藥物，以濟部人。其御制《廣濟》《廣利》等方書，亦請翰林醫官重校定，頒行天下。”《通鑑》卷二八〇天福元年（清泰三年）九月條：“帝（唐末帝）議近臣可使北行者，張延朗與翰林學士須昌和凝等皆曰：“趙延壽父德鈞以盧龍兵來赴難，宜遣延壽會之。”

晉有天下，拜端明殿學士，[1]兼判度支，轉户部侍郎，[2]會廢端明之職，復入翰林充承旨。[3]晋祖每召問以時事，言皆稱旨。五年，拜中書侍郎、平章事。[4]六年秋，晋高祖將幸鄴都，時襄州安從進反狀已彰，[5]凝乃奏曰："車駕離闕，安從進或有悖逆，何以待之？"晋高祖曰："卿意如何？"凝曰："以臣料之，先人有奪人之心，臨事即不及也。欲預出宣敕十數道，密付開封尹鄭王，[6]令有緩急即旋填將校姓名，令領兵擊之。"晋高祖從之。及聞唐、鄧奏報，鄭王如所敕，遣騎將李建崇、監軍焦繼勳等領兵討焉，相遇於湖陽，從進出於不意，甚訝其神速，以至於敗，由凝之力也。[7]少帝嗣位，加右僕射。[8]開運初，罷相守本官。[9]未幾，轉左僕射。[10]

[1]端明殿學士：官名。五代後唐明宗始置，以翰林學士充任，負責誦讀四方書奏。　拜端明殿學士：《輯本舊史》卷七六《晋高祖紀二》天福二年（937）正月庚申條："以翰林學士、工部侍郎和凝爲禮部侍郎，依前充職。"同年六月丁酉條："翰林學士、禮部侍郎和凝改端明殿學士。"《通鑑》卷二八一天福二年六月條："以翰林學士、禮部侍郎和凝爲端明殿學士。凝署其門，不通賓客。前耀州團練推官襄邑張誼致書于凝，以爲'切近之職，爲天子耳目，宜知四方利病，奈何拒絕賓客！雖安身爲便，如負國何！'凝奇之，薦於桑維翰，未幾，除左拾遺。"

[2]度支：財政官署。掌管天下租賦物産，歲計所出而支調之，故名。安史亂後，因軍事供應浩繁，以宰相爲度支使，由户部尚書、侍郎或他官兼領度支事務，稱度支使或判度支、知度支事，權任極重，與鹽鐵使、判户部或户部使合稱"三司"。　户部侍郎：官名。尚書省户部次官。協助户部尚書掌天下田户、均輸、錢穀之政令。正四品下。　兼判度支，轉户部侍郎：《輯本舊史》卷七七

《晋高祖紀三》天福三年正月丙寅條："端明殿學士、禮部侍郎和凝兼判度支。"同年十一月戊申條："端明殿學士、尚書禮部侍郎、判度支和凝改尚書户部侍郎充職。"

[3]承旨：官名。爲翰林學士之首。掌拜免將相、號令征伐等詔令的起草。《舊唐書》卷四三《職官志二·翰林院》："例置學士六人，内擇年深德重者一人爲承旨，所以獨承密命故也。" 復入翰林充承旨：《輯本舊史》卷七八《晋高祖紀四》天福四年四月甲申條："以端明殿學士、户部侍郎和凝爲翰林學士承旨。"同年八月丙辰條："司天監馬重績等進所撰新曆，降詔褒之，詔翰林學士承旨和凝制序，命之曰《調元曆》。"同書卷七九《晋高祖紀五》天福五年六月癸亥（二九）條："道士崇真大師張薦明賜號通玄先生。是時帝好《道德經》，嘗召薦明講説其義，帝悦，故有是命。尋令薦明以《道》《德》二經雕上印板，命學士和凝别撰新序，冠于卷首，俾頒行天下。"

[4]拜中書侍郎、平章事：《輯本舊史》卷七九《晋高祖紀五》天福五年九月丁卯（初五）條："以翰林學士承旨、户部侍郎和凝爲中書侍郎、平章事。"

[5]鄴都：地名。治所在今河北大名縣。五代後唐同光元年（923）改魏州爲興唐府，建號東京。三年，改東京爲鄴都。 襄州：州名。治所在今湖北襄陽市。 安從進：人名。索葛部人。五代後唐、後晋將領。傳見本書卷九八、《新五代史》卷五一。 時襄州安從進反狀已彰：《輯本舊史》之影庫本粘籤："安從進，原本作'縱進'，今從《歐陽史》改正。"見《新五代史》卷五六《和凝傳》。

[6]開封尹：官名。即開封府尹。五代除後唐外均都汴州，升汴州爲開封府，置開封尹或知開封府事。執掌京師政務。從三品。

鄭王：即後晋出帝石重貴。

[7]唐：州名。治所在今河南唐河縣。 騎將：騎兵將領。李建崇：人名。潞州（今山西長治市）人。五代後唐至後周將領。傳見本書卷一二九。 監軍：官名。爲臨時差遣，代表朝廷協理軍

務、督察將帥。唐、五代時常以宦官爲監軍。　焦繼勳：人名。許州長社（今河南許昌市）人。五代、宋初將領。傳見《宋史》卷二六一。　湖陽：縣名。治所在今河南唐河縣。　"凝乃奏曰"至"由凝之力也"：中華書局本引《舊五代史考異》："案：《洛陽縉紳舊聞記》作已命高行周爲招討，張從恩爲都監，仍令焦繼勳等數人備指使。是晋祖未北征，已命將校矣，與《薛史》異。"《洛陽縉紳舊聞記》卷一襄陽事條："張從恩相公，晋祖時爲宣徽南院使。時鎮州安重榮叛，晋祖將征之，行有日矣。張相中夜思之，若聖駕北征，安王從進在襄陽，已有跋扈之狀，恐朝廷無備。來日朝退求見，遂以襄州爲請，且曰：'安從進若乘虛來襲京師，即陛下何以爲備？'晋祖曰：'卿未知爾，今已命高行周爲招討，用卿爲都監，仍命高勳、焦繼勳等數人備指使。'張聞晋祖言已有備，正與己意合，且上命已護其師旅，不敢辭讓，因陳請數事，皆允之。先發騎將郭金海部領三千餘騎，往唐州駐泊，焦繼勳等數人亦同是行。晋祖纔發京師，襄陽安從進果叛。"

[8]加右僕射：《輯本舊史》卷八一《晋少帝紀一》天福七年八月甲子條："和凝加右僕射。"同年九月乙酉條："宰臣和凝上《迴河頌》，賜鞍馬器帛。"同書卷八〇《晋高祖紀六》："以其年（天福七年）十一月十日庚寅，葬於顯陵，宰臣和凝撰謚册哀册文。"同書卷八二《晋少帝紀二》天福八年十月癸酉條："命使攝太尉、右僕射、平章事和凝，使副攝司徒、給事中邊光範追册故魏國夫人張氏爲皇后，奉寶册至西莊影殿行禮，鹵簿儀仗如式。"《宋本册府》卷八二一《總錄部·崇釋氏門》："和凝爲右僕射、平章事，天福末，奏：'臣滑州捨宅爲僧院，便令親妹尼福因往彼住持，乞頒名額，兼賜紫衣。'敕：'以悟真禪院爲名，福因宜賜紫衣。'"《輯本舊史》卷八三《晋少帝紀三》開運元年（944）七月己丑條："宰臣李崧、和凝進封爵邑。"同書卷八四《晋少帝紀四》開運二年五月壬子條："宰臣桑維翰、劉昫、李崧、和凝並加階爵。"

[9]開運：五代後晋出帝石重貴年號（944—946）。　罷相守

本官：《輯本舊史》卷八四《晋少帝紀四》開運二年八月丙寅條：
“宰臣和凝罷相，守右僕射。以樞密使馮玉爲中書侍郎、平章事，
使如故。”開運三年二月甲子條：“右僕射和凝逐月別給錢五萬、傔
糧芻粟等，優舊相也。”

[10]轉左僕射：《輯本舊史》卷八五《晋少帝紀五》開運三年
十一月庚寅條：“以右僕射和凝爲左僕射。”同書卷一三七《契丹
傳》：“（天福十二年正月）七日，（耶律）德光復自赤崗入居於大
内，分命使臣於京城及往諸道括借錢帛。僞命以李崧爲西廳樞密
使，以馮道爲太傅，以左僕射和凝及北來翰林學士承旨張礪爲
宰相。”

　　漢興，授太子太保。[1]國初，[2]遷太子太傅。[3]顯德
二年秋，以背疽卒於其第，[4]年五十八。輟視朝兩日，
詔贈侍中。[5]

[1]太子太保：官名。與太子太師、太子太傅統稱太子三師。
隋唐以後多作加官或贈官。從一品。　授太子太保：《輯本舊史》
卷一〇〇《漢高祖紀下》天福十二年（947）九月己卯條：“以前樞
密使李崧爲太子太傅，以前左僕射和凝爲太子太保。”

[2]國初：殿本、劉本同。彭校作“周初”。

[3]遷太子太傅：《輯本舊史》卷一一一《周太祖紀二》廣順
元年二月癸卯條：“以太子太保和凝爲太子太傅。”《舊五代史考
異》：“案：《歐陽史》作‘漢高祖時，拜太子太傅’，據《薛史》，
凝在漢爲太子太保，入周方爲太子太傅。”《新五代史》卷五六
《和凝傳》：“漢高祖時，拜太子太傅，封魯國公。”《新五代史》謂
凝於後漢時已拜太子太傅，誤。然《輯本舊史》本傳無凝封魯國公
事，疑有脱文。

[4]顯德：五代後周太祖郭威年號（954）。世宗柴榮、恭帝柴

宗訓沿用（954—960）。　以背疽卒於其第：《輯本舊史》卷一一五《周世宗紀二》顯德二年（955）七月戊辰條：“太子太傅、魯國公和凝卒。”

[5]侍中：官名。秦始置。隋、唐前期爲門下省長官。唐後期多爲大臣加銜，不參與政務，實際職務由門下侍郎執行。正二品。

　　凝性好修整，自釋褐至登台輔，車服僕從，必加華楚，進退容止偉如也。又好延納後進，士無賢不肖，皆虛懷以待之，或致其仕進，故甚有當時之譽。平生爲文章，長於短歌艷曲，[1]尤好聲譽。有集百卷，自篆於板，模印數百帙，分惠於人焉。[2]

　　[1]長於短歌艷曲：中華書局本有校勘記：“‘長’字原闕，據殿本、劉本、孔本校、彭校補。”

　　[2]“有集百卷”至“分惠於人焉”：中華書局本引《舊五代史考異》：“案《宋朝類苑》：和魯公凝有艷詞一編，名《香奩集》，凝後貴，乃嫁其名爲韓偓，今世傳韓偓《香奩集》，乃凝所爲也。凝生平著述，分爲《演綸》《遊藝》《孝悌》《疑獄》《香奩》《籯金》六集，自爲《遊藝集序》云：‘予有《香奩》《籯金》二集，不行於世。’凝在政府避議論，諱其名，又欲後人知，故于《遊藝集序》實之，此凝之意也。”《類苑》此條，引自《夢溪筆談》卷一六《藝文三》。《新五代史》卷五六《和凝傳》：“凝好飾車服，爲文章以多爲富，有集百餘卷，嘗自鏤板以行于世，識者多非之。”

　　長子峻，卒於省郎。[1]次子峴，[2]仕皇朝爲司勳員外郎。[3]《永樂大典》卷五千七百一十。[4]

[1]峻：人名。即和峻。事跡不詳。　省郎：尚書省六部尚書二十四司郎官。

[2]峴：人名。即和峴。宋代官員。傳見《宋史》卷四三九。《輯本舊史》之影庫本粘籤：“次子峴，原本作‘現’，今從《宋史》改正。”

[3]司勳員外郎：官名。吏部尚書司勳司副長官。掌邦國官人之勳級。從六品上。　仕皇朝爲司勳員外郎：中華書局本引《舊五代史考異》：“案《錦繡萬花谷》：范蜀公《蒙求》云：和峴，晋相和凝之子。峴生，會凝入翰林、加金紫、知貢舉，凝喜曰：‘我生平美事，三者併集，此子宜于我矣。’因名曰三美。”此事亦見《宋史》卷四三九《和峴傳》，又曰：“和峴字晦仁，開封浚儀人。開寶初，遷司勳員外郎。”另，《宋史》卷四三九《和㠓傳》：“㠓字顯仁，凝第四子也。生五六歲，凝教之誦古詩賦，一歷輒不忘。試令詠物爲四句詩，頗有思致，凝歎賞而奇之，語峴曰：‘此兒他日必以文章顯，吾老矣不見，汝曹善保護之。’太平興國八年，擢進士第，釋褐霍丘主簿。”可知凝另有子㠓。薛居正諸人纂修《五代史》之時，㠓尚幼，故本傳未載其名。

[4]《大典》卷五七一〇“渦”字韻等，誤。當爲卷五七一八“和”字韻“姓氏”事目。

蘇禹珪

蘇禹珪，字玄錫，其先出於武功，近世家高密，[1]今爲郡人也。父仲容，以儒學稱於鄉里，唐末舉《九經》，補廣文助教，遷輔唐令，[2]累贈太師。禹珪性謙和，虛襟接物，克構父業，以《五經》中第，辟遼州倅職，歷青、鄆從事，轉潞、并管記，累檢校官至户部郎中。[3]漢高祖作鎮并門，奏爲廉判。[4]開運末，契丹入汴，[5]漢祖即位於晋陽，授中書侍郎、平章事。[6]漢祖至汴，[7]兼刑部尚書，俄加右僕射、集賢殿大學士。[8]漢祖大漸，與蘇逢吉、楊邠等受顧命，立少主。[9]明年，轉左僕射。[10]

[1]武功：縣名。治所在今陝西武功縣。　高密：地名。位於今山東省高密市西南。

[2]仲容：人名。即蘇仲容。事跡不詳。　輔唐：縣名。治所在今山東安丘市。　令：官名。爲縣的行政長官，掌治本縣。唐代之縣，分赤（京）、次赤、畿、次畿、望、緊、上、中、中下、下十等。縣令分六等，正五品上至從七品下。

[3]遼州：州名。治所在今山西左權縣。　倅職：指擔任副職。　青：州名。治所在今山東青州市。　潞：州名。治所在今山西長治市。　并：州名。治所在今山西太原市。　管記：即書記。掌管文書。　戶部郎中：官名。即尚書省戶部戶部司郎中。掌戶口、土田、賦役、貢獻、優復、婚姻、繼嗣等事。從五品上。

[4]并門：指并州。　廉判：中華書局本有校勘記："原作'兼判'，據《册府》卷三〇九、卷七二九改。"

[5]契丹入汴：《宋本册府》卷三〇九《宰輔部·佐命門二》作"戎虜盜國"。

[6]晋陽：縣名。治所在今山西太原市。　授中書侍郎、平章事：《輯本舊史》卷九九《漢高祖紀上》天福十二年（947）四月甲子條："以河東觀察判官蘇禹珪爲中書侍郎、同平章事。"

[7]至汴：中華書局本有校勘記："殿本、孔本作'涖阼'。"

[8]刑部尚書：官名。尚書省刑部長官。掌天下刑法及徒隸、勾覆、關禁之政令。正三品。　集賢殿大學士：官名。唐中葉置，位在學士之上，以宰相兼。掌修書之事。　"兼刑部尚書"至

"集賢殿大學士"：《輯本舊史》卷一〇〇《漢高祖紀下》天福十二年九月甲子（十三）條："宰臣蘇逢吉兼戶部尚書，蘇禹珪兼刑部尚書。"同月甲戌（二三）條："宰臣蘇逢吉加左僕射、監修國史，蘇禹珪加右僕射、集賢殿大學士。"同書卷一〇八《蘇逢吉傳》："高祖至汴，以故相馮道、李崧爲契丹所俘，竚於真定，乃以崧第賜逢吉，道第賜禹珪。"又曰："高祖踐祚之後，逢吉與蘇禹珪俱在中書，有所除拜，多違舊制，用捨升降，率意任情，至有自白丁而升宦路、由流外而除令錄者，不可勝數，物論紛然。"

　　[9]蘇逢吉：人名。長安（今陝西西安市）人。五代後漢宰相。傳見本書卷一〇八、《新五代史》卷三〇。　立少主：《通鑑》卷二八八乾祐元年（948）四月條："帝與左右謀，以太后怒李濤離間，間欲更進用二樞密，以明非帝意。左右亦疾二蘇之專，欲奪其權，共勸之。壬午（初三），制以樞密使楊邠爲中書侍郎兼吏部尚書、同平章事，樞密使如故；以副樞密使郭威爲樞密使；又加三司使王章同平章事。凡中書除官，諸司奏事，帝皆委邠斟酌。自是三相拱手，政事盡決於邠。"《輯本舊史》卷一〇一《漢隱帝紀上》乾祐元年四月庚寅（十一）條："宰臣竇貞固、蘇逢吉、蘇禹珪並進封開國公。"同書卷一〇〇《漢高祖紀下》乾祐元年十一月壬申條："葬於睿陵，宰臣蘇禹珪撰謚册、哀册文云。"同書卷一〇一《漢隱帝紀上》乾祐元年十二月壬午條："帝被袞冕御崇元殿，授六廟寶册，正使宰臣蘇禹珪及副使大府卿劉皞赴西京行禮。"

　　[10]轉左僕射：《輯本舊史》卷一〇二《漢隱帝紀中》乾祐二年九月辛亥條："宰臣竇貞固加守司徒，蘇逢吉加守司空，蘇禹珪加左僕射，楊邠加右僕射，依前兼樞密使。"

　　三年冬，太祖入平內難，[1]禹珪遁入都城，爲兵士所擄。翌日，太祖令人求之，既見，撫慰甚至，尋復其位。[2]國初，加守司空，[3]尋罷相守本官。[4]世宗嗣位，封莒國公,[5]未幾，受代歸第。顯德三年正月旦，與客對食之際，暴疾而卒,[6]時年六十二。

[1]太祖入平内難：《輯本舊史》卷一〇三《漢隱帝紀下》乾祐三年（950）十一月辛巳（十八）條："李業等請帝傾府庫以給諸軍，宰相蘇禹珪以爲未可。業拜禹珪於帝前，曰：'相公且爲官家，莫惜府庫。'遂下令侍衞軍人給二十緡，下軍各給十緡，其北來將士亦準此。"

[2]尋復其位：《通鑑》卷二八九乾祐三年十一月丙戌（二三）條："竇貞固、蘇禹珪自七里寨逃歸，郭威使人訪求得之，尋復其位。"《輯本舊史》卷一〇三《漢隱帝紀下》乾祐三年十一月辛卯（二八）條："太后誥曰，其軍國庶事，權委宰臣竇貞固、蘇禹珪、樞密使王峻等商量施行。"同年十二月辛亥（十八）條："遣宰相蘇禹珪及朝臣十員，往宋州迎奉嗣君（劉贇）。"《新五代史》卷一一《周太祖本紀》乾祐三年十二月戊午（二五）條："次皋門，漢宰相竇貞固、蘇禹珪來勸進。"

[3]加守司空：《輯本舊史》卷一一〇《周太祖紀一》廣順元年（951）正月己卯條："以左僕射、平章事、集賢殿大學士蘇禹珪爲守司空、平章事。"

[4]尋罷相守本官：《輯本舊史》卷一一一《周太祖紀二》廣順元年六月辛亥條："司徒兼侍中、監修國史竇貞固，司空兼中書侍郎、同平章事、集賢殿大學士蘇禹珪，並罷相守本官。"

[5]封莒國公：《輯本舊史》卷一一三《周太祖紀四》顯德元年（954）正月壬辰條："司徒竇貞固進封沂國公，司空蘇禹珪進封莒國公，並加開府儀同三司。"同書卷一一四《周世宗紀一》顯德元年正月條："壬辰（十七），太祖崩，祕不發喪。丙申（二一），内出太祖遺制：'晉王榮可於柩前即位。'群臣奉帝即皇帝位。"禹珪封莒國公之日，周太祖崩，四日後，世宗方即位。

[6]暴疾而卒:《輯本舊史》卷一一六《周世宗紀三》顯德三年正月乙未條:"前司空蘇禹珪卒。"

禹珪純厚長者,遭遇漢祖,及蘇逢吉夷滅,[1]禹珪恬然無咎,時人以爲積善之報也。

[1]及蘇逢吉夷滅:明本《册府》卷三一〇《宰輔部·德行門》作"與蘇逢吉同登相位,漢末,逢吉夷滅"。

子德祥,登進士第,累歷臺省。[1]《永樂大典》卷三千三百九十二。[2]

[1]德祥:人名。即蘇德祥。宋代官員。曾任右補闕。事見《宋史》卷四五七。　臺省:泛指御史臺、尚書省、中書省、門下省。　"子德祥"至"累歷臺省":《續資治通鑑長編》卷一四開寶六年(973)八月條:"右補闕蘇德祥奪兩任官,坐令門人執私券乘馬過淮。德祥,禹珪子也。"
[2]《大典》卷三三九二"文"字韻"文法"事目,誤。當爲卷二三九二"蘇"字韻"姓氏(三)"事目。

景範

景範,淄州長山人。[1]初以明經擢第,歷貝州清陽簿、濮州范縣令,皆以强幹著名。[2]乾祐中,範除大理正屬。太祖出鎮於鄴,蘇禹珪薦範于太祖,因奏爲鄴都留守推官。[3]廣順二年三月,賜刑部郎中範金紫服,霸府舊僚也。[4]

[1]淄州：州名。治所在淄川縣（今山東淄博市）。　長山：地名。位於今山東鄒平縣。　景範，淄州長山人：《大典》卷一七九一一"相"字韻"後周相"事目。《輯本舊史》之原輯者案語："以下原本有闕文。景範父名初，以户部郎中致仕，見《世宗紀》。而景範神道碑稱爲太僕府君，蓋其贈官也。碑文可考者，範以明經擢第，爲吏于清陽，掾于高密郡，秩滿授范陽令。周太祖時，爲秋曹郎、左司郎中，充樞密直學士，尋轉諫議大夫充職。"此案語中華書局本有校勘記："'而景範神道碑'至'尋轉諫議大夫充職'，以上七十字原闕，據邵本校、《舊五代史考異》卷四補。"

[2]貝州：州名。治所在今河北清河縣。　清陽：縣名。治所在今河北清河縣。　簿：官名。縣主簿的簡稱。漢代以後歷朝均置。唐代京城百司和地方官署，均設主簿。管理文書簿籍，參議本署政事，爲官署中重要佐官。其官階品秩，因官署而不同。　濮州：州名。治所在今山東鄄城縣。　范縣：縣名。治所在今河南范縣。　"初以明經擢第"至"皆以强幹著名"：明本《册府》卷七〇二《令長部·能政門》。

[3]乾祐：後漢高祖劉知遠、隱帝劉承祐年號（948—950）。北漢亦用此年號。　大理正：官名。掌議獄、正科條，凡大理丞斷罪不當，則以法正之。從五品下。　留守：官名。古代皇帝出巡或親征時指定親王或大臣留守京城，綜理國家軍事、行政、民事、財政等事務，稱京城留守。在陪都或軍事重鎮也常設留守。　推官：官名。唐始置，唐代後期節度、觀察、團練、防禦等使的屬官，掌推按刑獄。此外，度支、鹽鐵等使也置推官。　"乾祐中"至"因奏爲鄴都留守推官"：《宋本册府》卷八二八《總録部·論薦門》。

[4]刑部郎中：官名。尚書省刑部頭司刑部司長官。掌司法及審覆大理寺及州府刑獄。從五品上。　"廣順二年三月"至"霸府舊僚也"：《宋本册府》卷一七二《帝王部·求舊門二》。《輯本舊史》卷一一二《周太祖紀三》廣順二年（952）八月甲申條："以刑部侍郎景範爲左司郎中，充樞密直學士。"《輯本舊史》卷一

一三 《周太祖紀》廣順三年庚寅條："以左司郎中、充樞密直學士景範爲左諫議大夫充職。"

世宗之北征也，命爲東京副留守。車駕迴自河東，世宗以艱於國用，乃以範爲中書侍郎平章事、判三司。[1]

[1]東京：後晋天福三年（938）升汴州爲開封府（今河南開封市），建爲東京。後漢、後周及北宋皆都此，俗稱汴京。 河東：方鎮名。治所在太原（今山西太原市）。 "世宗之北征也"至"判三司"：《大典》卷一七九一一"相"字韻"後周相"事目。《舊五代史考異》："《册府元龜》載世宗即位，七月癸巳，制曰：'朕自履宸極，思平泰階，出一令慮下民之未從，行一事懼上玄之罔祐，晨興夕惕，終歲於兹。雖禮讓漸聞興行，而風雨未之咸若，豈刑政之斯闕，而德教之未孚哉！繇是進用良臣，輔宣元化，雖朕志先定，亦輿情具瞻，爰擇佳辰，誕敷明命。樞密院直學士、中大夫、尚書工部侍郎、上柱國、晋陽縣開國男、食邑三百户、賜紫金魚袋景範，昔佐先帝，每罄嘉謨，逮事眇躬，愈傾忠節，奉上得大臣之體，檢身爲君子之儒。一昨戎輅親征，皇都是守，贊勳賢於留府，副徵發於行營，軍政所需，國用無闕。今則靈臺偃草，宣室圖功，思先朝欲用之言，成聖考得賢之美，俾參大政，仍掌利權。爾其明聽朕言，往敷玄化，予欲則垂象而清品彙，爾則順天道以序彝倫，余欲恤刑名而息戰爭，爾則謹憲章而恢廟略。天人之際懸合，軍民之事罔渝，則國相之尊，非爾孰處，邦計之重，惟財是臧。勉思倜儻以致君，勿效因循而保位，竚聞成績，用副虛懷。可正議大夫、中書侍郎、平章事，判三司。'"此《考異》中華書局本有校勘記："'食邑三百户'，'邑'字原無，據殿本、《册府》卷七四補。"見明本《册府》卷七四《帝王部·命相門》。《輯本舊史》卷

一一四《周世宗紀一》顯德元年（954）七月癸巳條："以樞密院學士、工部侍郎範爲中書侍郎、平章事，判三司。"卷一一五《周世宗紀一》顯德二年八月丁未條："中書侍郎、平章事、判三司範罷判三司，加銀青光禄大夫，依前中書侍郎、平章事，進封開國伯。"

範爲人厚重剛正，無所屈撓，然理煩治劇，非其所長，雖悉心盡瘁，終無稱職之譽。世宗知之，因其有疾，乃罷司邦計。尋以父喪罷相東歸。顯德二年冬，以疾卒於鄉里。優詔贈侍中，官爲立碑焉。[1]《永樂大典》卷一萬七千九百一十一。

[1]"範爲人厚重剛正"至"官爲立碑焉"：《大典》卷一七九一一"相"字韻"後周相"事目。"乃罷司邦計"，中華書局本有校勘記："'邦'字原闕，據《册府》卷三三五補。"見《宋本册府》卷三三五《宰輔部·不稱門》。"顯德二年冬"，中華書局本有校勘記："'顯德'原作'順德'，據殿本、劉本、邵本校、彭校改。'二年'原作'三年'，據本書卷一一五《周世宗紀二》、《金石萃編》卷一二一《中書侍郎景範碑》改。"五代無"順德"年號。《舊五代史考異》："碑文云：年五十有二。"《輯本舊史》之原輯者案語："景範神道碑以顯德三年十二月立，今尚存。扈載奉敕撰，孫崇望奉敕書，今在鄒平縣。"此《考異》中華書局本有校勘記："'景範神道碑以顯德三年十二月立'，'顯德'原作'順德'，據劉本、彭校、《舊五代史考異》卷四改。'扈載奉敕撰孫崇望奉敕書今在鄒平縣'，以上十六字原闕，據邵本校、《舊五代史考異》卷四補。"《輯本舊史》卷一一五《周世宗紀》顯德三年（956）十二月丁卯條："淄州奏，前中書侍郎、同平章事景範卒。"

史臣曰：夫以稽古之力，取秉鈞之位者，豈常人乎！然文紀躭於貨殖，裔孫傷於齷齪，則知全其德者鮮矣。如成績之文彩，玄錫之履行，景範之純厚，皆得謂之君子儒矣。以之爰立，何用不臧。《永樂大典》卷二千三百九十二。[1]

[1]《大典》卷二三九二"蘇"字韻"姓氏（三）"事目。

舊五代史　卷一二八

周書十九

列傳第八[1]

[1]按，本卷末無史論。

王朴

王朴，字文伯，東平人也。[1]父序，以朴貴，贈左諫議大夫。[2]朴幼警慧，好學善屬文。漢乾祐中，擢進士第，解褐授校書郎，依樞密使楊邠，[3]館於邠第。是時，漢室寖亂，大臣交惡，朴度其必危，因乞告東歸。未幾，李業輩作亂，[4]害邠等三族，凡遊其門下者，多被其禍，而朴獨免。國初，世宗鎮澶淵，朝廷以朴爲記室。[5]及世宗爲開封尹，拜右拾遺，充開封府推官。[6]

[1]東平：縣名。治所在今山東東平縣。
[2]序：人名。即王序，事迹不詳。　左諫議大夫：官名。隸門下省。唐代置左、右諫議大夫各四人，分隸門下省、中書省。掌

諫諭得失、侍從贊相。正四品下。

[3]乾祐：後漢高祖劉知遠、隱帝劉承祐年號（948—950）。北漢亦用此年號。　校書郎：官名。東漢始置，掌典校收藏於蘭臺的圖書典籍，亦稱校書郎中。唐秘書省及著作局皆置，正九品上；弘文館亦置，從九品上。　樞密使：官名。樞密院長官。唐代宗時始以宦官掌機密，至昭宗時借朱溫之力盡誅宦官，始改以士人任樞密使。備顧問，參謀議，出納詔奏，權侔宰相。參見李全德《唐宋變革期樞密院研究》，國家圖書館出版社 2009 年版。　楊邠：人名。魏州冠氏（今山東冠縣）人。後漢時任樞密使、宰相。傳見本書卷一〇七、《新五代史》卷三〇。　依樞密使楊邠：《輯本舊史》之影庫本粘籤："樞密使，原本作'密區使'，今從《册府元龜》改正。"見《宋本册府》卷七九〇《總録部·知幾門二》。

[4]李業：人名。晋陽（今山西太原市）人。後漢高祖李皇后弟。隱帝時受信任，掌宮廷財務。傳見本書卷一〇七、《新五代史》卷一一。

[5]世宗：即後周世宗柴榮。邢州龍岡（今河北邢臺市）人。後周太祖郭威養子，顯德元年（954）繼郭威爲帝，廟號世宗。紀見本書卷一一四至卷一一九、《新五代史》卷一二。　澶淵：地名。位於今河南濮陽市西北。　記室：官名。東漢置，三公府至郡縣皆設此官，掌章表書記文檄等。後世因之。　朝廷以朴爲記室：《通鑑》卷二九〇廣順元年（951）二月丁酉條："以皇子天雄牙内都指揮使榮爲鎮寧節度使，選朝士爲之僚佐……校書郎王朴爲掌書記。"鎮寧爲澶州節度使軍號。

[6]開封尹：官名。即開封府尹。五代除後唐外均都汴州，升汴州爲開封府，置開封尹或知開封府事。執掌京師政務。從三品。
右拾遺：官名。唐武則天於垂拱元年（685）置拾遺，分左、右。左拾遺隸門下省，右拾遺隸中書省，與左、右補闕共掌諷諫，大事廷議，小事則上封事。從八品上。　推官：官名。唐始置，唐代後期節度、觀察、團練、防禦等使的屬官，掌推按刑獄。此外，度

支、鹽鐵等使也置推官。

世宗嗣位，授比部郎中，賜紫。[1]二年夏，世宗命朝廷文學之士二十餘人，各撰策論一首，以試其才。時朴獻《平邊策》，云：

> 唐失道而失吳、蜀，晉失道而失幽、并，[2]觀所以失之由，知所以平之術。當失之時，莫不君暗政亂，兵驕民困，近者姦於内，遠者叛於外，小不制而至於大，大不制而至於僭。[3]天下離心，人不用命，吳、蜀乘其亂而竊其號，幽、并乘其間而據其地。平之之術，在乎反唐、晉之失而已。必先進賢退不肖以清其時，用能去不能以審其材，恩信號令以結其心，賞功罰罪以盡其力，恭儉節用以豐其財，[4]徭役以時以阜其民。俟其倉廩實、器用備、人可用而舉之。彼方之民，知我政化大行，上下同心，力強財足，人安將和，[5]有必取之勢，則知彼情狀者願爲之間諜，知彼山川者願爲之先導。彼民與此民之心同，是與天意同，與天意同，則無不成之功。

[1]比部郎中：官名。唐、五代刑部比部司長官，掌管勾會内外賦斂、經費俸禄等。從五品上。　賜紫：皇帝頒賜紫色官服。唐代官員三品以上服紫。特殊情況下，京官散階未及三品者可以賜紫，以示尊寵。

[2]幽：州名。治所在今北京市。　并：州名。治所在今山西太原市。

[3]小不制而至於大，大不制而至於僭：《新五代史》卷三一《王朴傳》作“小不制而至于僭，大不制而至于濫”。

[4]恭儉節用以豐其財：中華書局本有校勘記：“‘財’，原作‘材’，據殿本、劉本、孔本、彭校、《新五代史》卷三一《王朴傳》、《通鑑》卷二九三改。”見《通鑑》卷二九二顯德二年（955）四月丙辰條，校勘記誤。

[5]人安將和：中華書局本有校勘記：“‘安’，原作‘知’，據《新五代史》卷三一《王朴傳》、《通鑑地理通釋》卷七引王朴《平邊策》改。”

　　攻取之道，從易者始。當今吳國，東至海，南至江，可撓之地二千里。從少備處先撓之，備東則撓西，備西則撓東，彼必奔走以救其弊。[1]奔走之間，可以知彼之虛實、衆之强弱，攻虛擊弱，則所向無前矣。勿大舉，但以輕兵撓之。[2]彼人怯弱，[3]知我師入其地，必大發以來應，數大發則必民困而國竭，一不大發則我獲其利，彼竭我利，則江北諸州，乃國家之所有也。既得江北，則用彼之民，揚我之兵，江之南亦不難而平之也。如此，則用力少而收功多，得吳，則桂、廣皆爲内臣，岷、蜀可飛書而召之；[4]如不至，則四面並進，席卷而蜀平矣。吳、蜀平，幽可望風而至。唯并必死之寇，不可以恩信誘，必須以强兵攻之，但亦不足以爲邊患，[5]可爲後圖，候其便則一削以平之。

[1]彼必奔走以救其弊：中華書局本有校勘記：“‘彼’字原闕，據《新五代史》卷三一《王朴傳》、《通鑑》卷二九二補。”今

據補。

[2]但以輕兵撓之：《輯本舊史》之影庫本粘籤：“撓之，原本作‘饒之’，今從《通鑑》改正。”見《通鑑》卷二九二。《新五代史》卷三一《王朴傳》亦作“撓之”。

[3]彼人怯弱：中華書局本有校勘記：“‘弱’字原闕，據《新五代史》卷三一《王朴傳》、《通鑑地理通釋》卷七引王朴《平邊策》補。”

[4]桂：州名。治所在今廣西桂林市。　廣：州名。治所在今廣東廣州市。　岷：水名。即岷水。此處指四川一帶。

[5]必須以強兵攻之，但亦不足以爲邊患：中華書局本有校勘記：“殿本作‘必須以強兵攻之，然其力已喪，不足以爲邊患’，孔本作‘必須以強兵攻，力已喪，不足以爲邊患’，《新五代史》卷三一《王朴傳》、《通鑑地理通釋》卷七引王朴《平邊策》作‘必須以強兵攻，力已竭，氣已喪，不足以爲邊患’。”

　　方今兵力精練，器用具備，群下知法，諸將用命，一稔之後，可以平邊，此歲夏秋，便可於沿邊貯納。臣書生也，不足以講大事，至於不達大體，不合機變，望陛下寬之。[1]

[1]望陛下寬之：《輯本舊史》之案語：“案：《東都事略》：時朴與徐台符、竇儀同議。”查《東都事略》，無王朴與徐台符之傳，卷三〇《竇儀傳》亦無此記載。《輯本舊史》卷一一五《周世宗紀二》顯德二年（955）四月條，《舊五代史考異》引《宋史·陶穀傳》：“乃命承旨徐台符已下二十餘人，各撰《爲君難爲臣不易論》《平邊策》以進，其略率以修文德、來遠人爲意，惟穀與竇儀、楊昭儉、王朴以封疆密邇江、淮，當用師取之。”見《宋史》卷二六九《陶穀傳》。

　　世宗覽之，愈重其器識。[1]未幾，遷左諫議大夫、知開封府事。

　　[1]世宗覽之，愈重其器識：《新五代史》卷三一《王朴傳》："其後宋興，平定四方，惟幷獨後服，皆如朴言。"

　　初，世宗以英武自任，喜言天下事，常憤廣明之後，中土日蹙，值累朝多事，尚未克復，慨然有包舉天下之志。而居常計事者，多不諭其旨，唯朴神氣勁峻，性剛決有斷，凡所謀畫，動愜世宗之意，繇是急於登用。[1]尋拜左散騎常侍，充端明殿學士，知府如故。[2]是時，初廣京城，朴奉命經度，凡通衢委巷，廣袤之間，靡不由其心匠。及世宗南征，以朴爲東京副留守，[3]車駕還京，改戶部侍郎、兼樞密副使。[4]未幾，遷樞密使、檢校太保。[5]頃之，丁內艱，尋起復授本官。[6]四年冬，世宗再幸淮甸，兼東京留守，京邑庶務，悉以便宜制之，比及還蹕，都下蕭如也。[7]六年三月，世宗令樹斗門於汴口，[8]不踰時而歸朝。是日，朴方過前司空李穀之第，交談之頃，疾作而仆於座，遽以肩輿歸第，是夕而卒，時年四十五。[9]世宗聞之駭愕，即時幸其第，及樞前，以所執玉鉞卓地而慟者數四。贈賻之類，率有加等，優詔贈侍中。[10]

　　[1]廣明：唐僖宗李儇年號（880—881）。 "初，世宗以英武自任"至"繇是急於登用"：《新五代史》卷三一《王朴傳》："當時文士皆不欲上急於用武，以謂平定僭亂，在修文德以爲先。

惟翰林學士陶穀、竇儀，御史中丞楊昭儉與朴皆言用兵之策，朴謂
江淮爲可先取。世宗雅已知朴，及見其議論偉然，益以爲奇，引與
計議天下事，無不合，遂決意用之。”

[2]左散騎常侍：官名。門下省屬官。掌侍奉規諷，備顧問應
對。正三品下。　端明殿學士：官名。後唐明宗始置，以翰林學士
充任，負責誦讀四方書奏。　“尋拜左散騎常侍”至“知府如
故”：《輯本舊史》卷一一五《周世宗紀二》顯德二年（955）十二
月丙子條：“以左諫議大夫、權知開封府事王朴爲左散騎常侍，充
端明殿學士，依前權知開封府事。”

[3]留守：官名。古代皇帝出巡或親征時指定親王或大臣留守
京城，綜理國家軍事、行政、民事、財政等事務，稱京城留守。在
陪都或軍事重鎮也常設留守，以地方長官兼任。副留守爲留守之
貳。　以朴爲東京副留守：《輯本舊史》卷一一六《周世宗紀三》
顯德三年正月辛丑條：“以宣徽南院使向訓爲權東京留守，以端明
殿學士王朴爲副留守。”《通鑑》卷二九二繫此事於庚子日。

[4]户部侍郎：官名。尚書省户部次官。協助户部尚書掌天下
田户、均輸、錢穀之政令。正四品下。　樞密副使：官名。樞密院
副長官。　改户部侍郎、兼樞密副使：《輯本舊史》卷一一六《周
世宗紀三》顯德三年九月丙午條：“以端明殿學士、左散騎常侍、
權知開封府事王朴爲尚書户部侍郎，充樞密副使。”同書卷一一七
《周世宗紀四》顯德四年二月甲戌條：“以樞密副使王朴爲權東京留
守兼判開封府。”亦見《新五代史》卷一二《周世宗紀》。

[5]檢校太保：官名。爲散官或加官，以示恩寵，無實際執掌。
遷樞密使、檢校太保：《輯本舊史》卷一一七《周世宗紀四》顯
德四年八月乙亥條：“以樞密副使、户部侍郎王朴爲樞密使、檢校
太保。”《新五代史》卷三一《扈載傳》：“樞密使王朴尤重其才，
薦於宰相李穀，久而不用，朴以問穀曰：‘扈載不爲舍人，何也？’
穀曰：‘非不知其才，然載命薄，恐不能勝。’朴曰：‘公爲宰相，
以進賢退不肖爲職，何言命邪？’已而，召拜知制誥。及爲學士，

居歲中病卒，年三十六。議者以穀能知人，而朴能薦士。"

[6]丁内艱：子遭母喪或承重孫遭祖母喪，稱丁内艱。　頃之，丁内艱，尋起復授本官：《輯本舊史》卷一一七《周世宗紀四》顯德四年九月甲申條："宰臣王溥、樞密使王朴皆丁内艱，並起復舊位。"

[7]"四年冬"至"都下肅如也"：《舊五代史考異》："案：《默記》引《聞談録》云：朴性剛烈，大臣藩鎮皆憚之。世宗收淮南，俾朴留守。時以街巷隘狹，例從展拆，朴怒厢校弛慢，于通衢中鞭背數十，其人忿然歎曰：'宣補厢虞候，豈得便從決！'朴微聞之，命左右擒至，立斃于馬前。世宗聞之，笑謂近臣曰：'此大愚人，去王朴面前誇宣補厢虞候，宜其死矣。'"見《默記》卷上。《輯本舊史·周世宗紀四》顯德四年十月己巳條："以樞密使王朴爲權東京留守。"

[8]斗門：古代指堤、堰上所設的放水閘門，或橫截河渠，用以壅高水位的閘門。　汴口：汴渠通黄河之口，位於今河南滎陽市東北。五代後周顯德五年嘗加疏治，以通江、淮漕運。　世宗令樹斗門於汴口：明本《册府》卷四九七《邦計部·河渠門二》顯德六年："二月丙子朔，命樞密使王朴往河陰縣，按行河堤，及修汴口水門。"

[9]司空：官名。與太尉、司徒並爲三公，唐後期、五代多爲大臣、勳貴加官。正一品。　李穀：人名。潁州汝陰（今安徽阜陽市）。五代後周宰相。傳見《宋史》卷二六二。　"是日"至"時年四十五"：《輯本舊史》之影庫本粘籤："李穀，原本作'李珏'，今從《通鑑》改正。"查《通鑑》，未見相關記載。《舊五代史考異》："案：《默記》：王朴仕周世宗，制禮作樂，考定聲律，正星曆，修刑統，百廢俱起。又取三關，取淮南，皆朴爲謀。然事世宗纔四年耳，使假之壽考，安可量也。"見《默記》卷上。《輯本舊史》卷一一九《周世宗紀六》記其卒日在庚申。"四十五"，《新五代史》卷三一《王朴傳》作"五十四"。

[10]侍中：官名。秦始置。隋、唐前期爲門下省長官。唐後期多爲大臣加銜，不參與政務，實際職務由門下侍郎執行。正二品。

"世宗聞之駭愕"至"優詔贈侍中"：《舊五代史考異》："案《宋史·王朴傳》：朴卒，世宗幸其第，召見諸孤，以偓爲東頭供奉官。""《默記》云：周世宗于禁中作功臣閣，畫當時大臣如李穀、鄭仁誨之屬。太祖即位，一日過功臣閣，風開半門，正與朴象相對，太祖望見，却立聳然，整御袍襟帶，磬折鞠躬。左右曰：'陛下貴爲天子，彼前朝之臣，禮何過也？'太祖以手指御袍云：'此人在，朕不得此袍著。'其敬畏如此。"見《宋史》卷二七四《王偓傳》、《默記》卷上。

朴性敏鋭，然傷於太剛，每稱人廣座之中，正色高談，無敢觸其鋒者，故時人雖服其機變而無恭懿之譽。[1]其筆述之外，多所該綜，至如星緯聲律，莫不畢殫其妙，所撰《大周欽天曆》及《律準》，並行於世。[2]《永樂大典》卷一萬八千一百二十三。[3]

[1]故時人雖服其機變而無恭懿之譽：中華書局本有校勘記："'機變''恭懿'，《册府》卷八七七作'機辯''温克'。"

[2]《律準》：覈定音律的標準。　"其筆述之外"至"並行於世"：《新五代史》卷三一《王朴傳》："顯德二年，詔朴校定大曆，乃削去近世符天流俗不經之學，設通、經、統三法，以歲軌離交朔望周變率策之數，步日月五星，爲《欽天曆》。"《輯本舊史》卷一一六《周世宗紀三》顯德三年（956）八月戊辰條："端明殿學士王朴撰成新曆上之，命曰《顯德欽天曆》，上親爲制序，仍付司天監行用。"同書卷一一九《周世宗紀六》顯德六年正月條："樞密使王朴詳定雅樂十二律旋相爲宮之法，並造律準，上之。詔尚書省集百官詳議，亦以爲可。語在《樂志》。"見《輯本舊史》卷

一四〇《曆志》、卷一四四《樂志上》、卷一四五《樂志下》。

[3]《大典》卷一八一二三"將"字韻"唐將（一五）"事目，與本傳無涉，應爲卷一八一三三"將"字韻"周將（二）"事目。孔本"二十三"正作"三十三"，中華書局本據改。《輯本舊史》引《五代史闕文》："周顯德中，朴與魏仁浦俱爲樞密使。時太祖皇帝已掌禁兵，一日，有殿直乘馬誤衝太祖導從，太祖自詣密地，訴其無禮。仁浦令徽院勘詰，朴謂太祖曰：'太尉名位雖高，未加使相。殿直，廷臣也，與太尉比肩事主，太尉況帶職，不宜如此。'太祖唯唯而出。臣謹按，朴之行事，傳於人口者甚衆，而史氏缺書。臣聞重修《太祖實錄》，已於《李穀傳》中見朴遺事，今復補其大者。況太祖、太宗在位，每稱朴有上輔之器，朝列具聞。"

楊凝式

楊凝式，華陰人也。[1]父涉，唐末梁初，再登台席，罷相，守左僕射卒。[2]凝式體雖蔞眇，而精神穎悟，[3]富有文藻，大爲時輩所推。唐昭宗朝，登進士第，解褐授度支巡官，再遷祕書郎、直史館。[4]梁開平中，爲殿中侍御史、禮部員外郎。[5]三川守、齊王張宗奭見而嘉之，請以本官充留守巡官。[6]梁相趙光裔素重其才，奏爲集賢殿直學士，改考功員外郎。[7]

[1]華陰：縣名。治所在今陝西華陰市。　楊凝式，華陰人也：《舊五代史考異》："案：《遊宦紀聞》載《凝式年譜》云：唐咸通十四年癸巳，凝式是年生，故題識多自稱癸巳人。又，《別傳》云：凝式，字景度。"見《遊宦紀聞》卷一〇。

[2]涉：人名。即楊涉。同州馮翊（今陝西大荔縣）人。唐宰

相楊收之孫，吏部尚書楊嚴之子。唐哀帝時拜中書侍郎、同中書門下平章事。傳見《新五代史》卷三五。　左僕射：官名。秦始置。隋、唐前期以左、右僕射佐尚書令總理六官，綱紀庶務；如不置尚書令，則總判省事，爲宰相之職。唐後期多爲大臣加銜。從二品。　父涉，唐末梁初，再登台席：《舊五代史考異》："案：《歐陽史·楊涉傳》云：祖收，父嚴。吴縝《纂誤》云：收與嚴乃兄弟，非父子也。又，《遊宦紀聞》載《楊氏家譜》云：唐修行楊氏，系出越公房，本出中山相結，次子繼生洛州刺史暉，暉生河間太守恩，恩生越恭公鈞，出居馮翊，至藏器徙潯陽。唐相楊收之父曰遺直，生四子，名皆從'又'，曰發、假、收、嚴，以四時爲義，故發之子名皆從'木'，假之子從'火'，收之子從'金'，嚴之子從'水'。嚴生涉，涉生凝式，而收乃藏器之兄、涉之伯也。《新五代史》記《唐六臣傳》乃以收爲涉之祖、嚴之父，非也。"見《五代史纂誤》卷中《唐六臣傳》、《遊宦紀聞》卷一〇。

[3]凝式體雖蕞眇，而精神穎悟：《舊五代史考異》："案：《宣和書譜》云：凝式形貌寢侻，然精神矍然，腰大于身。"見《宣和書譜》卷一九。

[4]唐昭宗：即唐昭宗李曄，888年至904年在位。紀見《舊唐書》卷二〇上、《新唐書》卷一〇。　度支巡官：官名。度支使屬官。地位在判官、推官之下，掌巡察及有關事務。　祕書郎：官名。魏晋始置。唐代掌經、史、子、集四部圖書經籍。從六品上。　直史館：官名。唐代天寶（742—756）以後，他官兼領史職者，稱爲史館修撰。初入史館者稱爲直館。元和六年（811）宰相裴垍建議：登朝官領史職者爲修撰，以官階高的一人判館事；而未登朝官均爲直館。

[5]開平：五代後梁太祖朱温年號（907—911）。　殿中侍御史：官名。三國魏始置。唐前期屬御史臺之殿院，掌宫門、庫藏及糾察殿庭供奉朝會儀式，及分掌左、右巡，負責京師治安、京畿軍兵。唐後期常爲外官所帶憲銜。從七品下。　禮部員外郎：官名。

尚書省禮部次官。佐禮部侍郎掌諸司事。從六品上。

[6] 三川：唐中葉後，以劍南西川、劍南東川及山南西道三鎮合稱"三川"。　張宗奭：人名。原名張全義。濮州臨濮（今山東鄄城縣臨濮鎮）人。五代後梁至後唐將領。傳見本書卷六三、《新五代史》卷四五。　留守巡官：官名。留守屬官。地位在判官、推官之下，掌巡察及有關事務。

[7] 趙光裔：人名。籍貫不詳。五代官員。事見本書本卷、卷三二，《新五代史》卷六五。　集賢殿直學士：官名。唐中葉置，位在集賢殿大學士之下。掌修書之事。　考功員外郎：官名。尚書省吏部考功司副長官。爲考功郎中的副職，協助考功郎中掌考察內外百官及功臣家傳、碑、頌、誄、謚等事。從六品上。

唐同光初，授比部郎中、知制誥。尋以心疾罷去，改給事中、史館修撰、判館事。[1] 明宗即位，拜中書舍人，復以心疾不朝而罷。[2] 長興中，歷右常侍、工户部二侍郎，[3] 以舊恙免，改祕書監。[4] 清泰初，遷兵部侍郎。[5] 唐末帝按兵於覃懷，凝式在扈從之列，頗以心恙誼譁於軍砦，末帝以其才名，優容之，詔遣歸洛。[6]

[1] 同光：五代後唐莊宗李存勗年號（923—926）。　知制誥：官名。掌起草皇帝的詔、誥之事，原爲中書舍人之職。唐開元末置學士院，翰林學士入院一年，則加知制誥銜，專掌任免宰相、册立太子、宣布征伐等特殊詔令，稱爲內制。而中書舍人所撰擬的詔敕稱爲外制。兩種官員總稱兩制。　給事中：官名。秦始置。隋唐以來，爲門下省屬官。掌讀署奏抄、駁正違失。正五品上。　史館修撰：官名。唐天寶以後，由他官兼領史職者，稱爲史館修撰。元和六年（811）宰相裴垍建議：登朝官領史職者爲修撰，以官階高的一人判館事。　"唐同光初"至"判館事"：《輯本舊史》卷三六

《唐明宗紀二》天成元年（926）七月己卯條："以比部郎中、知制誥楊凝式爲給事中，充史館修撰、判館事。"本傳繫於明宗即位前，誤。《宋本册府》卷四七五《臺省部・奏議門六》："楊凝式，爲給事中。天成元年十二月庚寅，奏：'舊制：臺省在西京，東都置留臺留省，及分司官屬。請依舊制，於西京置留台省，如本朝東都之制。'不報。"同書卷六〇八《學校部・刊校門》："後唐楊凝式，明宗天成初爲給事中。凝式請選通儒，校定三館圖書。"

[2]中書舍人：官名。中書省屬官。掌起草文書、呈遞奏章、傳宣詔命等。正五品上。

[3]長興：五代後唐明宗李嗣源年號（930—933）。 右常侍：官名。即右散騎常侍。中書省屬官。掌侍奉規諷，備顧問應對。正三品下。 工户部二侍郎：工部侍郎，官名。尚書省工部次官。協助尚書掌管百工、山澤、水土之政令，考其功以昭賞罰，總所統各司之事。正四品下。户部侍郎，官名。尚書省户部次官。協助户部尚書掌天下田户、均輸、錢穀之政令。正四品下。 歷右常侍、工户部二侍郎：《舊五代史考異》："案：《別傳》作工、禮、户三部侍郎。"《輯本舊史》卷四二《唐明宗紀八》長興二年（931）閏五月丁未條："以前中書舍人楊凝式爲左散騎常侍。"同書卷四三《唐明宗紀九》長興三年十一月乙亥條："以右散騎常侍楊凝式爲工部侍郎。"同書卷四六《唐末帝紀上》清泰元年（934）八月壬申條："以前工部侍郎楊凝式爲禮部侍郎。"同年十一月壬戌條："以禮部侍郎楊凝式爲户部侍郎。"

[4]祕書監：官名。秘書省長官。東漢始置，掌圖書秘記等。從三品。《輯本舊史》卷四七《唐末帝紀中》清泰二年五月甲寅條："以户部侍郎楊凝式爲秘書監。"本傳繫於明宗朝，誤。

[5]清泰：五代後唐末帝李從珂年號（934—936）。 兵部侍郎：官名。尚書省兵部次官。協助兵部尚書掌武官銓選、勳階、考課之政。正四品下。 清泰初，遷兵部侍郎：《輯本舊史》卷四七《唐末帝紀中》清泰二年十二月乙酉條："以前秘書監楊凝式爲兵部

侍郎。”《宋本册府》卷四一《帝王部·寬恕門》作“清泰元年”。

　　[6]唐末帝：即五代後唐末帝李從珂。又稱廢帝。鎮州平山（今河北平山縣）人。後唐明宗養子。明宗入洛陽，他率兵追隨，以功拜河中節度使，封潞王。紀見本書卷四六至卷四八、《新五代史》卷七。　覃懷：地名。位於今河南沁陽市。原作“懷覃”，本書卷四八作“及乎駐革輅於覃懷之日”，卷八八作“明公昔刺覃懷，與徹主客道至”，今據改。　洛：地名。即洛陽。今河南洛陽市。

　　晉天福初，改太子賓客，[1]尋以禮部尚書致仕，[2]閑居伊、洛之間，不以晝夜爲拘，[3]恣其狂逸，多所干忤。自居守以降，咸以俊才耆德，莫之責也。晉開運中，宰相桑維翰知其絶俸，艱於家食，奏除太子少保，分司於洛。[4]漢乾祐中，歷少傅、少師。[5]太祖總政，凝式候於軍門，且以年老不任庶事上訴，[6]太祖特爲奏免之。廣順中，表求致政，尋以右僕射得請。[7]顯德初，改左僕射，又改太子太保，並懸車。[8]元年冬，卒於洛陽，[9]年八十五。[10]詔贈太子太傅。[11]

　　[1]天福：五代後晉高祖石敬瑭年號（936—942）。出帝石重貴沿用至九年（944）。後漢高祖劉知遠繼位後沿用一年，稱天福十二年（947）。　太子賓客：官名。爲太子官屬。唐高宗顯慶元年（656）始置。掌侍從規諫、贊相禮儀。正三品。　改太子賓客：《輯本舊史》卷七六《晉高祖紀二》天福二年（937）九月庚申條：“以前兵部侍郎楊凝式爲檢校兵部尚書、太子賓客。”

　　[2]禮部尚書：官名。尚書省禮部長官。掌禮儀、祭享、貢舉之政。正三品。　致仕：指古代高級官員退休。　尋以禮部尚書致

仕：《輯本舊史》卷七八《晋高祖紀四》天福四年十一月己丑條：
"以太子賓客楊凝式爲禮部尚書致仕。"

[3]不以晝夜爲拘：六字原無，據《宋本册府》卷八五五《總
録部・縱逸門》補。

[4]開運：五代後晋出帝石重貴年號（944—946）。 桑維翰：
人名。洛陽（今河南洛陽市）人。五代後唐進士，後晋宰相、樞密
使。傳見本書卷八九、《新五代史》卷二九。 太子少保：官名。
與太子少傅、太子少師合稱"三少"，唐後期、五代多爲大臣、勳
貴加官。從二品。 "晋開運中"至"分司於洛"：《輯本舊史》
之案語："案：《遊宦紀聞》引《楊凝式傳》所載仕梁、仕晋年月，
皆與《薛史》異。"查《遊宦紀聞》卷一〇，與本傳同。《輯本舊
史》卷八四《晋少帝紀四》開運三年（946）九月丙午條："以太
子少保楊凝式爲太子少傅。"

[5]少傅：官名。即太子少傅，與少師、少保合稱"三少"，
唐後期、五代多爲大臣、勳貴加官。從二品。 少師：官名。即太
子少師，與少傅、少保合稱"三少"，唐後期、五代多爲大臣、勳
貴加官。從二品。

[6]太祖：即五代後周開國皇帝郭威。邢州堯山（今河北隆堯
縣）人。紀見本書卷一一〇至卷一一三、《新五代史》卷一一。
"太祖總政"至"且以年老不任庶事上訴"：中華書局本有校勘記：
"殿本、孔本'總政'作'總兵'，'庶事'作'戎事'。"

[7]廣順：五代後周太祖郭威年號（951—953）。 右僕射：
官名。秦始置。隋、唐前期以左、右僕射佐尚書令總理六官、綱紀
庶務；如不置尚書令，則總判省事，爲宰相之職。唐後期多爲大臣
加銜。從二品。 "廣順中"至"尋以右僕射得請"：《輯本舊史》
卷一一一《周太祖紀二》廣順元年（951）二月辛亥條："以太子少
傅楊凝式爲太子少師。"同書卷一一三《周太祖紀四》廣順三年六
月甲寅條："以太子少師楊凝式爲尚書右僕射致仕。"

[8]顯德：五代後周太祖郭威年號（954）。世宗柴榮、恭帝柴

宗訓沿用（954—960）。　太子太保：官名。與太子太師、太子太傅統稱太子三師。隋唐以後多作加官或贈官。從一品。　懸車：致仕的別稱。　"顯德初"至"並懸車"：《輯本舊史》卷一一四《周世宗紀一》顯德元年（954）九月己亥條："左僕射致仕楊凝式爲太子太保致仕。"

[9]元年冬，卒於洛陽：《輯本舊史》卷一一四記其事在顯德元年十月己酉。《宋本册府》卷七八四《總録部·壽考門》謂"以疾薨於第"。

[10]年八十五：《舊五代史考異》："案：《别傳》作八十二。"見《遊宦紀聞》卷一〇。

[11]太子太傅：官名。與太子太師、太子太保統稱太子三師。隋唐以後多作加官或贈官。從一品。

　　凝式長於歌詩，善於筆札，洛川寺觀藍牆粉壁之上，題紀殆遍，時人以其縱誕，有"風子"之號焉。[1]

《永樂大典》卷六千五十二。[2]

　　[1]有"風子"之號焉：《輯本舊史》引《五代史補》："楊凝式父涉爲唐宰相。太祖之篡唐祚也，涉當送傳國璽，時凝式方冠，諫曰：'大人爲宰相，而國家至此，不可謂之無過，而更手持天子印綬以付他人，保富貴，其如千載之後云云何？其宜辭免之。'時太祖恐唐室大臣不利於己，往往陰使人來探訪群議，縉紳之士，及禍甚衆，涉常不自保，忽聞凝式言，大駭曰：'汝滅吾族！'於是神色沮喪者數日。凝式恐事泄，即日遂佯狂，時人謂之'楊風子'也。"

　　[2]《大典》卷六〇五二"楊"字韻"姓氏（一二）"事目。《輯本舊史》之孔本案語："案：《遊宦紀聞》載《楊凝式年譜》《家譜》《傳》，與正史多異同，今附録以備參考。其《年譜》云：

唐咸通十四年癸巳，凝式是年生，故題識多自稱癸巳人。唐天祐四年丁卯，是年夏，朱全忠篡唐，凝式諫其父唐相涉，宜辭押寶使。涉懼事泄，凝式自此遂佯狂，時年三十五。《五代史補》言時年方弱冠，誤也。晉天福四年己亥三月，有《洛陽風景四絕句》詩，年六十七。據詩云，'到此今經三紀春'，蓋自丁卯至己亥實三十年，則自全忠之篡，凝式即居洛矣。真迹今在西都唐故大聖善寺勝果院東壁，字畫尚完。亦有石刻，書側有畫象，亦當時畫。又廣愛寺西律院有壁題云'後歲六十九'，亦當是此年所題。此書凡兩壁，行草大小甚多，真迹今存，但多漫暗，故無石刻。天福六年辛丑，是年六月有天宮寺題名，稱太子賓客，時年六十九。真迹今在此寺東序，題維摩詰後。又吏部郎榮輯家有石刻一帖，無年，但云'太子賓客楊凝式暮春奉板輿至自真原'等語。其末云'清和之月復至'，當是此年前後也。天福七年壬寅，是年有《真定智大師詩》二首，時年七十，真迹在文潞公家，刻石在從事郎蘇太寧家。晉開運元年甲辰，是年歲在甲辰四月十五日，有《看花八韻》，時年七十二，題于洛陽一僧舍，書勝上云'維晉九載'。今刻石在湖州前殿中侍御史劉熹家。開運二年乙巳，是年五月，于天宮寺題壁《論維摩經》等語，八月再題'太子少保，時年七十三'，真迹今在此寺東序，並辛丑題同刻石。開運四年丁未，是年二月並七月，有《寄惠才大師左郎中詩》三首，稱'會同丁未歲'。會同即契丹入晉改元之號也，時年七十五，稱太子少傅。真迹在文潞公家，刻石在蘇太寧家。周廣順三年癸丑，是年于長壽寺華嚴東壁題名，時年八十一。後又題'院似禪心靜'等二詩，稱'太子少師'，亦應此年真迹，今爲人移去，石刻亦不存，人或得舊本耳。又有與其從子侍御者家問二帖，後題'廣順癸丑歲孟夏月'，真迹在洛陽士人家。又有判宅契五十餘字，在洛陽故職方郎李氏家者刻之，無年，但稱'七月十六日，太子少師楊'草名，亦應是廣順中也。又《家譜》云：唐修行楊氏，系出越公房，本出中山相結，次子繼生洛州刺史暉，暉生河間太守恩，恩生越恭公鈞，出居馮翊，至藏器徙溵陽，唐相楊收之父曰遺直，生四子，名皆從‘又’，曰發、假、收、嚴，以四時爲義，故發之諸子名皆從‘木’，假之子從‘火’，收之子從‘金’，嚴之子從‘水’。嚴生涉，涉生凝式，而收乃藏器之兄、涉之伯也。《新五代史記·唐六臣傳》乃以收爲涉之祖、嚴之父，非也。又《傳》云：楊凝式，字景度，隋越公素之後，唐相涉之子也。天姿警悟，工草隸，善屬文。昭宗時第進士，爲度支巡官，再遷祕書郎、直史館。梁開平中，爲殿中侍御史、禮部員外郎，去從西都張全義辟，爲留守巡官。梁相趙光裔器其才，奏爲集賢殿直學士，改考功員外郎。唐同光初，以比部郎中知制誥，改給事中、史館修撰、判館事。明宗立，拜中書舍人。長興中，歷右散騎常侍、工禮户三侍郎，後以疾免，改祕書監。清泰初，遷兵部侍郎，復以疾歸洛。晋天福中，遷太子賓客，尋除禮部尚書致仕。開運中，宰相桑維翰表起爲太子少保分司。漢乾祐中，歷少傅、少師。周廣順中，再請老，以尚書右僕射致仕，顯德初，改左僕射、太子太保。元年冬，薨於洛陽，年八十二，贈太子太傅。初，凝式父、祖，世顯於唐，至涉相哀帝，時方賊臣陵慢，王室殘蕩，賢人多罹患。涉受命，泣語凝式曰：‘世道方極，吾嬰網羅不能去，禍將及，且累汝。’朱全忠篡唐，涉當送傳國寶，凝式諫曰：‘尊爲宰相而國至此，不爲無過，乃更持天子印綬與人，雖保富貴，如千載史筆何！’時全忠恐唐室舊臣不利于己，往往陰訪群情，疑貳之間，及禍者甚衆。涉常不自保，忽聞凝式言，大驚曰：‘汝滅吾族矣。’凝式恐事泄，因佯狂，而涉以謙持，終免梁禍。凝式雖仕歷五代，以心疾閑居，故時人目以‘風子’。其筆迹遒放，宗師歐陽詢與顏真卿，而加以縱逸。既久居洛，多遨游佛道祠，遇山水勝概，輒留連賞詠。有垣牆圭缺處，顧視引筆，且吟且書，若與神會，率寶護之。其號或以姓名，或稱癸巳人，或稱楊虛白，或稱希維居士，或稱關西老農。其所題後，或真或草，或不可原詰。而論者謂其書，自顏中書後一人而已，其佯狂之迹甚著。卜第於尹居之側，遇入府，前輿後馬，猶以爲遲，乃杖策徒行，市人隨笑之。常迫冬，家人未挾纊。

會有故人過洛，贈以綿五十兩、絹百端。凝式悉留之修行尼舍，俾造襪以施崇德、普明兩寺飯僧。其家雖號寒啼飢，而凝式不屑屑也。留守聞其事，乃自製衣給米遺之。凝式笑謂家人曰：‘我固知留守必見賙也。’每旦起將出，僕請所之，楊曰：‘宜東游廣愛寺。’僕曰：‘不若西游石壁寺。’凝式舉鞭曰：‘姑游廣愛。’僕又以石壁爲請，凝式乃曰：‘姑游石壁。’聞者撫掌。凝式詩什，亦多雜以恢諧。少從張全義辟，故作詩《紀全義之德》云：‘洛陽風景實堪哀，昔日曾爲瓦子堆。不是我公重葺理，至今猶自一堆灰。’他類若此。石晉時，張從恩尹洛，凝式自汴還，時飛蝗蔽日，偶與之俱。凝式先以詩寄從恩曰：‘押引蝗蟲到洛京，合消郡守遠相迎。’從恩弗怪也。然凝式詩句自佳，及至洛後，以詩贈從恩云。其題壁有：‘院似禪心静，花如覺性圓。自然知了義，争肯學神仙？’清麗可喜也。尹洛者皆當時王公，凝式或傲然不以爲禮，尹亦以其耆俊狂直，不之責也。凝式本名家，既不遇時，而唐、梁之際，以節義自立，襟量宏廓，竟免五季之禍，以壽考終。洛陽諸佛宫書迹至多，本朝興國中，三川大寺刹率多頹圮，翰墨所存無幾，今有數壁存焉。士大夫家亦有愛其書帖，皆藏弄以爲清玩。世以凝式行書頗類顔魯公，故謂之顔、楊云。”見《遊宦紀聞》卷一〇。

薛仁謙

薛仁謙，字守訓，代居河東，近世徙家於汴，今爲浚儀人也。[1] 父延魯，仕唐爲汝州長史，累贈吏部尚書。[2] 仁謙謹厚廉恪，深通世務，梁鄴王羅紹威甚重之，[3] 累署府職。唐莊宗即位於魏，授通事舍人，三聘于吴，[4] 得使乎之體。遷衛尉少卿、引進副使，累加檢校兵部尚書。[5] 長興中，轉客省使、鴻臚少卿，出爲建

雄軍節度副使，進階光禄大夫、檢校左僕射，改光禄少
卿。[6]晉天福初，授檢校司空、河中節度副使。[7]歸朝，
爲衛尉、太僕二卿。[8]丁繼母憂，居喪制滿，授司農
卿。[9]漢乾祐中，以本官致仕。周初，改太子賓客致
仕，[10]仍加檢校司徒，[11]進封侯爵。顯德三年冬，以疾
終，[12]年七十八。贈工部尚書。[13]

[1]河東：方鎮名。治所在太原（今山西太原市）。　汴：州
名。治所在今河南開封市。　浚儀：縣名。治所在今河南開封市。

[2]延魯：人名。即薛延魯。事迹不詳。　汝州：州名。治所
在今河南汝州市。　長史：官名。州府屬官。協助處理州府公務。
正四品上至正六品上。　吏部尚書：官名。尚書省吏部長官，與二
侍郎分掌六品以下文官選授、勳封、考課之政令。正三品。

[3]羅紹威：人名。魏州貴鄉（今河北大名縣）人。唐末軍
閥。傳見本書卷一四、《新五代史》卷三九。

[4]唐莊宗：即五代後唐莊宗李存勗。沙陀部人。五代後唐建
立者。紀見本書卷二七至卷三四、《新五代史》卷五。　魏：州名。
治所在今河北大名縣。　通事舍人：官名。東晉始置。唐代爲中書
省屬官，全稱中書通事舍人。掌殿前承宣通奏。從六品上。　三聘
于吳：原本作“梁開平中聘于吳”。《宋本冊府》卷六五三《奉使
部·稱旨門》：“薛仁謙爲通事舍人，莊宗即位，三聘於吳，得使乎
之體。”另見同書卷六五四《奉使部·恩獎門》。唐莊宗即位於同
光元年（923）四月，遠在梁太祖開平（907—911）之後。茲據史
實及《宋本冊府》，“聘于吳”前刪“梁開平中”四字，補
“三”字。

[5]衛尉少卿：官名。北魏置，隋、唐、五代爲衛尉寺次官，
協助衛尉卿掌供宮廷、祭祀、朝會之儀仗帷幕，通判本寺事務。從
四品上。　引進副使：官名。五代置，引進司副長官。協助引進使

掌臣僚藩屬進奉禮物事宜。　檢校兵部尚書：官名。爲散官或加官，以示恩寵，無實際執掌。

　　[6]客省使：官名。客省長官。唐代宗時始置，五代沿置。掌接待四方奏計及外族使者。　鴻臚少卿：官名。鴻臚寺少卿簡稱。鴻臚寺副長官，協助鴻臚寺卿掌賓客及凶儀之事，領典客、司儀二署。從四品上。　建雄軍：方鎮名。後唐同光元年改建寧軍爲建雄軍。治所在晉州（今山西臨汾市）。　節度副使：官名。唐、五代方鎮屬官。位於行軍司馬之下、判官之上。　光禄大夫：官名。唐、五代文散官。從二品。　檢校左僕射：官名。爲散官或加官，以示恩寵，無實際執掌。　光禄少卿：官名。光禄寺副長官，協助光禄寺卿掌宮殿門户、帳幕器物、百官朝會膳食等。從四品上。

　　[7]檢校司空：官名。爲散官或加官，以示恩寵，無實際執掌。河中：方鎮名。治所在河中府（今山西永濟市）。

　　[8]衛尉：官名。即衛尉卿。北魏置，隋、唐、五代爲衛尉寺長官。掌供宮廷、祭祀、朝會之儀仗帷幕，通判本寺事務。從三品。　太僕：官名。即太僕卿。漢代始置，太僕寺長官，掌御用車馬及國家畜牧事宜。從三品。　爲衛尉、太僕二卿：《輯本舊史》卷七八《晉高祖紀四》天福四年（939）四月壬申條："以河中節度副使薛仁謙爲衛尉卿。"同書卷八一《晉少帝紀一》天福八年二月丁丑條："以前太僕卿薛仁謙爲衛尉卿。"

　　[9]司農卿：官名。司農寺長官。佐司農卿掌管倉廩、籍田、苑囿諸事。從三品上。　授司農卿：《輯本舊史》卷一〇〇《漢高祖紀下》天福十二年閏七月乙丑條："以前衛尉卿薛仁謙爲司農卿。"此爲漢高祖朝事，本傳繫於晉朝，誤。

　　[10]改太子賓客致仕：《輯本舊史》卷一一一《周太祖紀二》廣順元年（951）三月丙子條："以司農卿致仕薛仁謙爲鴻臚卿，並依前致仕。"與本傳異。

　　[11]檢校司徒：官名。爲散官或加官，以示恩寵，無實際執掌。

［12］以疾終：《輯本舊史》卷一一六《周世宗紀三》顯德三年（956）十月癸酉條：“太子賓客致仕薛仁謙卒。”

［13］工部尚書：官名。尚書省工部長官。掌百工、屯田、山澤之政令。正三品。

初，仁謙隨莊宗入汴也，有舊第爲梁朝六宅使李賓所據，[1]時賓遠適，而仁謙復得其第。或告云，賓之家屬厚藏金帛在其第内，仁謙立命賓親族盡出所藏而後入焉。論者美之。

［1］六宅使：官名。唐置十宅、六宅使，管理諸皇子宅出納事務。或總稱十六宅，後祇稱六宅使。　李賓：人名。籍貫不詳。五代將領。事見本書卷一三二。　有舊第爲梁朝六宅使李賓所據：《輯本舊史》之影庫本粘籤：“李賓，原本作‘李彬’，今從《册府元龜》改正。”見《宋本册府》卷八五〇《總録部·器量門》。

子居正，皇朝門下侍郎、平章事。[1]《永樂大典》卷二萬一千三百六十七。[2]

［1］居正：人名。即薛居正。開封浚儀（今河南開封市）人。五代、宋初大臣。傳見《宋史》卷二六四。　門下侍郎：官名。門下省次官，常加“同中書門下平章事”銜爲宰相。正二品。　平章事：官名。即同中書門下平章事，簡稱“同平章事”。唐代高宗以後，凡實際任宰相之職者，常在其本官後加同平章事的職銜，後成爲宰相專稱。後晋天福五年（940），升中書門下平章事爲正二品。
皇朝門下侍郎、平章事：《宋史》卷三《太祖本紀三》開寶六年（973）九月己巳條：“薛居正爲門下侍郎、同平章政事。”

[2]《大典》卷二一三六七"薛"字韻"姓氏（六）"事目。

蕭愿

蕭愿，字惟恭，梁宰相頃之子也。[1]頃，明宗朝終於太子少保，[2]《唐書》有傳。初，愿之曾祖倣，唐僖宗朝入相，接客之次，愿爲兒童戲，效傳呼之聲。[3]倣謂客曰："余豈敢以得位而喜，所幸奕世壽考，吾今又有曾孫在目前矣。"[4]愿弱冠舉進士第，解褐爲校書郎，改畿尉、直史館，監察、殿中侍御史，[5]遷比部員外、右司郎中、太常少卿。[6]明宗朝祀太微宮，[7]愿乘醉預公卿之列，爲御史所彈，左遷右贊善大夫。[8]未幾，授兵部郎中，[9]復金紫。丁內艱，服闋，自左司郎中拜右諫議大夫，歷給事中、右常侍、秘書監，[10]改太子賓客。廣順元年春卒。贈禮部尚書。[11]

[1]頃：人名。即蕭頃，京兆萬年（今陝西西安市長安區）人。五代後梁、後唐大臣。傳見本書卷五八。

[2]明宗：即五代後唐明宗李嗣源。沙陀部人。原名邈佶烈，李克用養子。926 年至 933 年在位。紀見本書卷三五至卷四四、《新五代史》卷六。

[3]倣：人名。即蕭倣。咸通中任宰輔。傳見《舊唐書》卷一七二《蕭俛傳》附傳。 唐僖宗：即李儇。873 年至 888 年在位。紀見《舊唐書》卷一九下、《新唐書》卷九。 愿爲兒童戲，效傳呼之聲：《太平御覽》卷三八三《人事部·壽老門》引《周史》作"愿爲兒童，効倣傳呼之聲"。

[4]"倣謂客曰"至"吾今又有曾孫在目前矣"：明本《册府》

卷八六六《總録部・貴盛門》：“周蕭願爲太子賓客。願，梁昭明太子後，宋公瑀、太師嵩其祖也。父頃，梁貞明年爲相，唐明宗朝終太子少保。頃之父廩，事僖宗，歷給事中、京兆尹。廩之先曰倣，懿宗之輔相也。世有令名，一門七相。”《舊唐書》卷一九上《懿宗本紀》咸通十四年（873）四月條：“以吏部侍郎蕭倣爲兵部侍郎、同平章事。”同書卷一九下《僖宗本紀》乾符元年（874）正月乙丑條：“左僕射、門下侍郎、平章事蕭倣兼右僕射。”

［5］解褐：又作“釋褐”。除去布衣，換上官服。指初仕。畿尉：官名。畿縣佐官，掌軍事、治安。唐代縣的級别分爲七等，畿縣是第二等。正九品下。　監察：即監察御史。唐代屬御史臺之察院，掌監察中央機構、州縣長官及祭祀、庫藏、軍旅等事。唐中期以後，亦作爲外官所帶之銜。正八品下。　殿中侍御史：官名。三國魏始置。唐前期屬御史臺之殿院，掌宮門、庫藏及糾察殿庭供奉朝會儀式，及分掌左、右巡，負責京師治安、京畿軍兵。唐後期常爲外官所帶憲銜。從七品下。

［6］比部員外：官名。唐、五代刑部比部司次官。協助比部郎中掌管勾會内外賦斂、經費俸禄等。從六品上。　右司郎中：官名。尚書右丞副貳，協掌尚書都省事務，監管兵、刑、工部諸司政務，舉稽違，署符目，知直宿，位在諸司郎中上。從五品上。　太常少卿：官名。太常寺次官。佐太常卿掌宗廟、祭祀、禮樂及教育等。正四品上。

［7］太微宫：廟名。唐天寶元年（742）於東都積善坊建玄元皇帝廟，次年更名太微宫。位於今河南洛陽市洛河南岸。

［8］御史：御史臺執掌監察官員的泛稱。　右贊善大夫：官名。即太子右贊善大夫。掌規諫太子過失、贊相禮儀等事。正五品。左遷右贊善大夫：《輯本舊史》卷四〇《唐明宗紀六》天成四年（929）十月癸卯條：“太常少卿蕭願責授太子洗馬，奪緋。願南郊行事，與祠官同飲，詰旦猶醉，不能行禮，爲御史所劾也。”所述願責授之職，與本傳異。

[9]兵部郎中：官名。唐高祖改兵曹郎置，二人，一掌武官階品、衛府名數、校考、給告身之事；一掌軍籍、軍隊調遣名數、朝集、祿賜、告假等事。高宗、武則天、玄宗時，一度隨本部改名司戎大夫、夏官郎中、武部郎中。五代因之。從五品上。 授兵部郎中：《五代會要》卷四忌日條："後唐天成三年又八月九日敕：尚書兵部郎中蕭愿奏，每遇宗廟不樂之辰，宰臣到寺，百官立班，是日降使賜香，準案禁樂、斷屠宰、止刑罰者。"據前文所引《輯本舊史》，愿於天成四年（929）十月貶官，授兵部郎中在此之後，《五代會要》言天成三年八月愿任"兵部郎中"，或爲"太常少卿"之訛。

[10]左司郎中：官名。爲尚書左丞副貳，協掌尚書都省事務，監管吏、户、禮部諸司政務。位在諸司郎中上。從五品上。 右諫議大夫：官名。隸中書省。唐代置左、右諫議大夫各四人，分隸門下省、中書省。掌諫諭得失、侍從贊相。正四品下。 歷給事中、右常侍、秘書監：《輯本舊史》卷八〇《晋高祖紀六》天福七年（942）五月壬子條："給事中蕭愿爲右散騎常侍。"同書卷八二《晋少帝紀二》開運元年（944）六月戊辰條："以右散騎常侍蕭愿爲秘書監。"

[11]贈禮部尚書：《輯本舊史》卷一一一《周太祖紀二》廣順元年三月丙子條："故太子賓客蕭愿贈禮部尚書。"

愿性純謹，承事父母，未嘗不束帶而見。然性嗜酒無節，職事弛慢。爲兵部郎中日，常掌告身印，覃恩之次，頗怠職司，父頃爲吏部尚書，代愿視印篆，其散率如此。愿卒時年七十餘，其母猶在，[1]一門壽考，人罕及者。《永樂大典》卷五千二百二十五。[2]

[1]其母猶在：《宋本册府》卷七八四《總録部·壽考門》同。

《太平御覽》卷三八三《人事部·壽老門》引《周史》作“母猶在堂”。

[2]《大典》卷五二二五“蕭”字韻“姓氏（八）”事目。

盧損

盧損，其先范陽人也，近世任於嶺表。[1]父穎，[2]游宦於京師。損少學爲文，[3]梁開平初，舉進士，性頗剛介，以高情遠致自許。[4]與任贊、劉昌素、薛鈞、高總同年擢第，所在相詬，時人謂之“相罵榜”。[5]及任贊、劉昌素居要切之地，而損自異，不相親狎。時左丞李琪素薄劉昌素之爲人，[6]常善待損。琪有女弟眇，長年婚對不售，乃以妻損。損慕琪聲稱納之，[7]及琪爲輔相，致損仕進。梁貞明中，累遷至右司員外郎。[8]唐天成初，由兵部郎中、史館修撰轉諫議大夫。屢上書言事，詞理淺陋，不爲名流所知。[9]清泰中，盧文紀作相，密與損參議時政。[10]

[1]范陽：地名。位於今北京市。　嶺表：地區名。亦謂嶺外、嶺南。

[2]穎：人名。即盧穎。《全唐文》卷七九〇：“忽有范陽盧穎自蒲罷幕，寄居永樂。”

[3]損少學爲文：《宋本册府》卷八一一《總録部·遊學門》作“損少學文，隨父客汴、洛間”。

[4]以高情遠致自許：《宋本册府》卷九五四《總録部·寡學門》其後有“儕類之中，務欲自勝，然學涉不博，以此爲人士所薄”二十字。

[5]任贊：人名。籍貫不詳。五代後唐官員。事見本書卷四四。

劉昌素：人名。籍貫不詳。事見本書本卷。　薛鈞：人名。籍貫不詳。本書僅此一見。中華書局本有校勘記："《册府》卷九三九作'薛均'。"　高總：人名。籍貫不詳。本書僅此一見。　"與任贊"至"相罵榜"：亦見《宋本册府》卷九三九《總録部·譏誚門》。

[6]左丞：官名。尚書省佐貳官。唐中期以後，與尚書右丞實際主持尚書省日常政務，權任甚重。正四品上。後梁開平二年（908）改爲左司侍郎，後唐同光元年（923）復舊爲左丞。正四品。　李琪：人名。河西敦煌（今甘肅敦煌市）人。五代後梁、後唐官員。傳見本書卷五八、《新五代史》卷五四。

[7]損慕琪聲稱納之：《宋本册府》卷九四五《總録部·附勢門》"慕琪聲稱"後有"聞其眇"三字。

[8]貞明：五代後梁末帝朱友貞年號（915—921）。　右司員外郎：官名。右司郎中的副職。協掌尚書都省事務，監管兵、刑、工部諸司政務，舉稽違，署符目，知直宿，從六品上。

[9]天成：五代後唐明宗李嗣源年號（926—930）。　諫議大夫：官名。秦始置，掌朝政議論。隋唐仍置，有左、右諫議大夫四人，分屬門下、中書二省。掌諫諭得失，侍從贊相。唐後期、五代多以本官領他職。唐初爲正五品上，會昌二年（842）升爲正四品下。後晋天福五年（940）爲正四品，後周顯德五年（958）復改爲正五品上。　"唐天成初"至"不爲名流所知"：《宋本册府》卷五〇三《邦計部·屯田門》載天成二年（926）十二月盧損上言，同書卷一〇八《帝王部·朝會門二》、卷四七五《臺省部·奏議門六》載長興二年（931）十二月盧損奏議。

[10]盧文紀：人名。京兆萬年（今陝西西安市長安區）人。唐末進士，五代宰相。傳見本書卷一二七、《新五代史》卷五五。

"清泰中"至"密與損參議時政"：《輯本舊史》卷一二七《盧文紀傳》："文紀處經綸之地，無輔弼之謀，所論者愛憎朋黨之小瑕，所糾者銓選擬掄之微纇。時有蜀人史在德爲太常丞，出入權要之門，評品朝士，多有譏彈，乃上章云：‘文武兩班，宜選能進用。見在軍都將校、朝廷士大夫，並請閱試澄汰，能者進用，否者黜退，不限名位高下。’疏下中書，文紀以爲非己，怒甚，召諫議大夫盧損爲覆狀，辭旨蕪漫，爲眾所嗤。”《宋本册府》卷三三五《宰輔部·不稱門》繫此事於清泰初。盧損於唐莊宗朝之仕宦經歷，本傳未載，現補於此。《輯本舊史》卷三二《唐莊宗紀六》同光二年（924）八月丁亥條：“中書門下侍郎奏：‘請差左丞崔沂、吏部尚書崔貽孫、給事中鄭韜光李光序、吏部員外郎盧損等，同詳定選司長定格、循資格、十道圖。’從之。”同年十一月壬寅條：“尚書左丞、判吏部尚書銓事崔沂貶麟州司馬，吏部侍郎崔貽孫貶朔州司馬，給事中鄭韜光貶寧州司馬，吏部員外盧損貶府州司户。時有選人吳延皓取亡叔告身故舊名求仕，事發，延皓付河南府處死，崔沂已下貶官。”

　　初，長興中，唐末帝鎮河中，損嘗爲加恩使副，及末帝即位，用爲御史中丞。[1]拜命之日，以自前憲司不能振舉綱領，俾風俗頹壞，乃大爲條奏，而有“平明放鑰，日出守端”之語，大爲士人嗤鄙。[2]有頃，誤詳赦書，失出罪人，停任。[3]晉天福中，復爲右散騎常侍，[4]轉秘書監，大失所望，即拜章辭位，乃授户部尚書致仕，退居潁川。時少保李鏻年將八十，善服氣導引，損以鏻遐壽有道術，酷慕之。仍以潁川逼於城市，乃卜居陽翟，誅茅種藥，山衣野服，逍遥於林圃之間，出則柴車鶴氅，自稱具茨山人。晚年與同輩五六人，於大隗山中疏泉鑿坯爲隱所，誓不復出山，久之，齒髮不衰，似有所得。[5]廣順三年秋卒，[6]時年八十餘。贈太子少傅。[7]《永樂大典》卷二千二百十二。[8]

[1]御史中丞：官名。如不置御史大夫，則爲御史臺長官。掌司法監察。正四品下。　“初，長興中”至“用爲御史中丞”：《輯本舊史》卷四六《唐末帝紀上》清泰元年（934）四月辛卯條：“以左諫議大夫盧損爲右散騎常侍。”同年八月丙申條：“御文明殿冊皇后，命使攝太尉、宰臣盧文紀，使副攝司徒、右諫議大夫盧損詣皇后宮，行禮畢，恩賜有差。”同書卷四七《唐末帝紀中》清泰二年二月辛巳條：“以右諫議大夫盧損爲御史中丞。”唐末帝即位後，損先爲右散騎常侍、右諫議大夫，次年方任御史中丞，本傳未詳其事。

[2]“拜命之日”至“大爲士人嗤鄙”：《輯本舊史》卷四七《唐末帝紀中》清泰二年四月癸未條：“御史中丞盧損等進清泰元年以前十一年制敕，堪悠久施行者三百九十四道，編爲三十卷；其不中選者，各令所司封閉，不得行用。詔其新編敕如可施行，付御史臺頒行。”同年七月丙申條：“御史中丞盧損奏：‘準天成二年七月敕，每月首、十五日入閣，罷五日起居。臣以爲中旬排仗，有勞聖躬，請只以月首入閣，五日起居依舊。又準天成三年五月、長興二年七月敕，許諸州節度使帶使相歲薦僚屬五人，餘薦三人，防禦、團練使薦二人，今乞行釐革。又長興二年八月敕，州縣佐官差充馬步判官，仍同一任，乞行止絶，依舊衙前選補。’詔曰：‘今後藩臣帶使相許薦三人，餘薦二人，直屬京防禦、團練使薦一人，餘並從之。’”明本《冊府》卷四七六《臺省部·奏議門七》載“清泰二年，御史中丞盧損上言五事”，内容甚詳，其中“平明放鑰，日出守端”作“寅初開鑰，日出排班”。《宋本冊府》卷六三三《銓選部·條制門五》、卷六四二《貢舉部·條制門四》載御史中丞盧損清泰二年七月進言，同書卷六一三《刑法部·定律令門》載御史中丞盧損清泰三年四月進言。

[3]"有頃"至"停任"：《輯本舊史》卷四八《唐末帝紀下》清泰三年三月戊午條："御史中丞盧損責授右贊善大夫，知雜侍御史韋梲責授太僕寺丞，侍御史魏遜責授太府寺主簿，侍御史王岳責授司農寺主簿。初，延州保安鎮將白文審聞兵興岐下，專殺郡人趙思謙等十餘人，已伏其罪，復下臺追繫推鞫，未竟。會去年五月十二日德音，除十惡五逆、放火殺人外並放。盧損輕易即破械釋文審，帝大怒，收文審誅之。臺司稱奉德音釋放，不得追領祗證。中書詰云，德音言'不在追窮枝蔓'，無'不得追領祗證'六字，擅改敕語。大理斷以失出罪人論，故有是命。"《宋本册府》卷五二一《憲官部·不稱門》、卷五二二《憲官部·譴讓門》載："盧損，末帝清泰三年爲御史中丞。初，延州保安鎮將白文審，郡之劇賊。高行周作鎮時，差人往替，不受代。屬前年春擾亂，文審專殺郡人趙思謙等十餘人，後經赦放罪。去年春，思謙弟思誨詣闕訴兄之冤，帝亦素知文審之兇惡，密令本道捕之下獄，遣殿中少監張仁愿於鄜州置獄，推鞫文審伏殺十平人罪，未盡疑，乃追赴京師，連坐者二十八人，繫臺獄。方按鞫，屬五月十二日御札：'自今年五月十二日已前，除五逆十惡、放火劫舍、持杖殺人外，並委長吏，如已得事情，或未見贓驗，不在追窮枝蔓，以所招疾速斷遣。'損爲人輕易，即破械釋文審。復奏，帝大怒，復收文審誅之。堂帖勘臺公文云：'奉德音釋放，不得追領祗證。'中書詰狀云：'御札云不在追窮枝蔓，無不得追領祗證六字，擅添改勅語。'詔責授右贊善大夫，知雜御史韋梲責授太僕寺丞，侍御史魏遜責授太府寺主簿，王岳責授司農寺主簿。"亦見《宋本册府》卷五一一《憲官部·不稱門》。

[4]晉天福中，復爲右散騎常侍：《輯本舊史》卷七六《晉高祖紀二》天福二年六月乙酉條："右贊善大夫盧損改右散騎常侍，前有朝貶故也。"《通鑑》卷二八一天福三年（938）十一月丙午條："以閩主昶爲閩國王，以左散騎常侍盧損爲册禮使，賜昶赭袍。"同書卷二八二天福四年二月條："盧損至福州，閩主稱疾不

見，命弟繼恭主之。遣其禮部員外郎鄭元弼奉繼恭表隨損入貢。"
損使閩事，另載明本《册府》卷二三三《僭僞部·矜大門》、卷六
六四《奉使部·挫辱門》，《新五代史》卷六《八閩世家》，馬令
《南唐書》卷一《先主書》、卷二八《滅國傳》。《册府》《通鑑》
皆言損爲"左散騎常侍"，與本傳異。

[5]户部尚書：官名。尚書省户部長官。掌管全國土地、户籍、
賦税、財政收支諸事。正三品。　潁川：地名。今河南許昌市。
李鏻：人名。唐朝宗室。五代大臣。傳見本書卷一〇八、《新五代
史》卷五七。　陽翟：軍鎮名。治所在今河南禹州市。　大隗山：
山名。位於今河南新密市東南。　"轉秘書監"至"似有所得"：
亦見《宋本册府》卷七八四《總録部·壽考門》、卷八三六《總録
部·養生門》。"損以鏻邅壽有道術"，"壽"字原闕，據以上兩卷
《册府》補。"仍以潁川逼於城市"，《册府》無"於"。"誅茅種
藥"，《册府》前有"立隱舍"三字。"林圃"，《册府》作"隱
几"。"同輩"，《册府》作"同遊"。"於大隗山中"，《册府》作
"於大隗山中古宫觀址"。"誓不復出山，久之，齒髮不衰，似有所
得"，《册府》卷七八四作"誓不復出。山氣多寒，被病而卒，時
年八十餘，齒髮不衰，而有壯容"，卷八三六作"誓不復出。山氣
嚴寒，被病而卒，時年八十餘，齒髮不衰，而有壯容。損於修攝，
似有所得"。

[6]廣順三年秋卒：《輯本舊史》卷一一一《周太祖紀二》廣
順元年三月丙子條："以户部尚書致仕盧損、左驍衛上將軍致仕李
肅並爲太子少保……並依前致仕。"卷一一三《周太祖紀四》廣順
三年（953）九月己卯條："太子少保盧損卒。"

[7]太子少傅：官名。與太子少保、太子少師合稱"三少"，
唐後期、五代多爲大臣、勳貴加官。從二品。

[8]《大典》卷二二一二"盧"字韻"姓氏（七）"事目。

王仁裕

王仁裕，字德輦，天水人。[1]少孤，不從師訓，唯以狗馬彈射爲務。年二十五，方有意就學。[2]一夕，夢割其腸胃，引西江水以浣之。又睹水中沙石皆有篆文，因取吞之。及寤，心意豁然，自是文性甚高。[3]而爲人儁秀，以文辭知名秦、隴間。秦帥辟爲秦州節度判官。秦州入於蜀，仁裕因事蜀爲中書舍人、翰林學士。[4]蜀亡入洛，復爲秦州戎判，秩滿歸田里。時王思同鎮興元，聞仁裕名，奏辟爲幕賓，尋改西京留守判官。[5]及思同敗，清泰帝素聞其名，召令隨駕入洛。沿路書詔，皆出仁裕之手。[6]爲汴州觀察判官。末帝清泰中，汴帥范延光言其不可滯於賓佐，末帝亦知其有才，乃召爲司封員外，知制誥，充翰林學士。[7]

[1]天水：地名。位於今甘肅天水市。　“王仁裕”至“天水人”：《宋本册府》卷八九三《總錄部·夢徵門二》。亦見《新五代史》卷五七《王仁裕傳》。

[2]“少孤”至“方有意就學”：《宋本册府》卷八九七《總錄部·改過門》。

[3]西江：水名。四川錦江的別稱。　“一夕”至“自是文性甚高”：《宋本册府》卷八九三。

[4]秦、隴：秦嶺和隴山的並稱。指陝西、甘肅一帶。　秦州：州名。治所在今甘肅天水市。　節度判官：官名。唐末、五代藩鎮僚佐，位行軍司馬下。　翰林學士：官名。由南北朝始設之學士發展而來，唐玄宗改翰林供奉爲翰林學士，備顧問，代王言，掌拜免將相、號令征伐等詔令的起草。　“而爲人儁秀”至“翰林學

士”：《新五代史》卷五七《王仁裕傳》。

[5]王思同：人名。幽州（今北京市）人。五代後唐將領。傳
見本書卷六五、《新五代史》卷三三。　　興元：府名。治所在今陝
西漢中市。　　西京：指京兆府（今陝西西安市）。　　留守判官：官
名。留守司僚屬，分掌留守司各曹事，並協助留守通判陪都事。
“蜀亡入洛”至“尋改西京留守判官”：《宋本册府》卷七二九《幕
府部·辟署門四》。

[6]清泰帝：即五代後唐末帝李從珂。鎮州平山（今河北平山
縣）人。本姓王，後唐明宗李嗣源擄其母魏氏，遂養爲己子。應順
元年（934）四月，李從珂入洛陽即帝位。清泰三年（936）五月，
石敬瑭謀反，以出賣燕雲十六州、自稱兒臣的條件求得契丹援助，
石敬瑭攻入洛陽，廢帝自焚死，後唐亡。紀見本書卷四六至卷四
八、《新五代史》卷七。　　“及思同敗”至“皆出仁裕之手”：《宋
本册府》卷七一八《幕府部·才學門》。《新五代史》卷五七《王
仁裕傳》：“廢帝舉兵鳳翔，思同戰敗，廢帝得仁裕，聞其名不殺，
置之軍中。自廢帝起事，至其入立，馳檄諸鎮，詔書、告命皆仁裕
爲之。”

[7]觀察判官：官名。唐肅宗以後置，五代沿置。觀察使屬官，
參理田賦事，用觀察使印、署狀。　　范延光：人名。鄴郡臨漳（今
河北臨漳縣）人。五代後唐、後晉將領。傳見本書卷九七。　　司封
員外：官名。尚書省吏部司封司次官。佐長官郎中掌封爵、命婦、
朝會及賜予等事。從六品上。　　“爲汴州觀察判官”至“充翰林
學士”：《宋本册府》卷五五〇《詞臣部·選任門》。《新五代史》
卷五七《王仁裕傳》敘仁裕官職爲“以都官郎中充翰林學士”，與
《册府》異。按《輯本舊史》卷七六《晉高祖紀二》天福二年
（937）六月乙酉條：“翰林學士、司封員外郎、知制誥王仁裕改都
官郎中。”知仁裕唐末爲司封員外郎，至晉方爲都官郎中。

　　仕晉，爲司封郎中。[1]仁裕爲文之外，亦曉音律。天福五年八月戊申，宴羣臣於永福殿，[2]樂奏黃鍾。仁裕曰："音不純肅，聲不和振，其將有爭者乎？"或問之："奚知其然？"對曰："夫樂有天地辰宿，有軌數形色，有陰陽逆順，有離合隱見。天數五，地數六，六五相合，十一月而生黃鍾。黃鍾者，同律之主，五音之元宮也。子寅卯巳未酉戌謂之羽；子寅辰午未酉亥謂之宮；子丑卯巳未申戌謂之角；子卯辰巳未酉戌謂之商。四者靡靡成章，峻而且屬，鄭衛之音，[3]此之謂也。雖高有所忽微，中有所闕漏，與夫推曆生律，以律合呂，九六之偶，旋相爲宮。三正生天地之美，七宗固陰陽之序者，於其通人神，宣歲功，生成軌儀之德，紀協長大之算，則精粗異矣。在乎審治亂，察盛衰，原性情，應形兆，則殊途而同歸也。三正者，一爲天，二爲地，三爲人。七宗者，黃鍾爲宮，太簇爲商，姑洗爲角，林鍾爲徵，南呂爲羽，應鍾爲變宮，蕤賓爲變徵。角爲木，商爲金，宮爲土，變徵爲日，變宮爲月，徵爲火，羽爲水。龍角、元龜、天豕、井候主乎角，平亢、河鼓、婁聚、輿鬼主乎商，天根、須女、庖俎、烏喙主乎宮，辰馬、陰虛、旄頭、天都主乎變徵，大火、丘封、天高、烏摶主乎變宮，龍尾、玄室、四兵、天倡主乎徵，天津、東璧、參代、輭車主乎羽。角之數六十有四，商之數七十有二，宮之數八十有一，變徵之數五十有六，變宮之數四十有二，徵之數五十有四，羽之數四十有八，極商之數九十，陽之數一百二十有八，陰之數一百一十有二，五音之數畢矣。神無形而有化，處乎聲數之間，故昭之以音，合之以算。音以定主，算以求象，觸於耳而徹於心，繇是而知也。夫何疑哉！"[4]已而兩軍校鬭昇龍門外，[5]聲聞於内，人以爲神。[6]

[1]司封郎中：官名。尚書省吏部司封司長官。掌封爵、命婦、朝會及賜予等事。從五品上。

[2]永福殿：五代宮殿名。位於今河南開封市。

[3]鄭衛之音：本指春秋戰國時鄭、衛兩國的地方音樂，因音調與雅樂不同，儒家據孔子"鄭聲淫"之説，把鄭衛之音看成淫靡之音。後以"鄭衛之音"作爲淫靡之樂或靡麗文風的代稱。

[4]"仕晋"至"夫何疑哉"：《宋本册府》卷八五七《總録部·知音門二》。《新五代史》卷五七《王仁裕傳》："晋高祖入立，罷職爲郎中，歷司封左司郎中、諫議大夫。"《輯本舊史》卷八一《晋少帝紀一》天福八年三月癸卯條："以左司郎中王仁裕爲右諫議大夫。"同書卷八二《晋少帝紀二》開運元年六月戊辰條："以右諫議大夫王仁裕爲給事中。"同書卷八四《晋少帝紀四》開運二年（945）五月壬子條："以給事中王仁裕爲左散騎常侍。"

[5]昇龍門：五代城門。位於今河南開封市。

[6]"已而兩軍校鬭昇龍門外"至"人以爲神"：《新五代史》卷五七《王仁裕傳》。

仁裕有詩千餘首，勒成一百卷，目之曰《西江集》。蓋以嘗夢吞西江文石，遂以爲名焉。[1]

[1]"仁裕有詩千餘首"至"遂以爲名焉"：《宋本册府》卷八四一《總録部·文章門》。"千餘首"，《新五代史·王仁裕傳》作

"萬餘首"。按《西江集》百卷，千首即十首一卷，似少；萬首則百首一卷，似多，今姑仍其舊。《新五代史・王仁裕傳》："仁裕與和凝於五代時皆以文章知名，又嘗知貢舉，仁裕門生王溥，凝門生范質，皆至宰相，時稱其得人。"

漢高祖時，復爲翰林學士承旨，累遷户部尚書，罷爲兵部尚書、太子少保。[1]顯德三年卒，年七十七，贈太子少師。[2]

[1]漢高祖：五代後漢開國皇帝劉知遠，太原（今山西太原市）人，沙陀族。紀見本書卷九九、卷一〇〇及《新五代史》卷一〇。　翰林學士承旨：官名。爲翰林學士之首。掌拜免將相、號令征伐等詔令的起草。《舊唐書・職官志二・翰林院》："例置學士六人，内擇年深德重者一人爲承旨，所以獨承密命故也。"　太子少保：官名。與太子少傅、太子少師統稱太子三少。隋唐以後多作加官或贈官。從二品。　"漢高祖時"至"太子少保"：《新五代史》卷五七《王仁裕傳》。《輯本舊史》卷一〇〇《漢高祖紀下》天福十二年（947）六月壬申條："以左散騎常侍王仁裕爲户部侍郎，充翰林學士承旨。"同書卷一〇一《漢隱帝紀上》乾祐元年（948）四月甲午條："以翰林學士承旨、户部侍郎王仁裕爲户部尚書。"同書卷一〇三《漢隱帝紀下》乾祐三年四月戊子條："翰林學士承旨、户部尚書王仁裕罷職，守兵部尚書。"同書卷一一一《周太祖紀二》廣順元年（951）二月辛亥條："以兵部尚書王仁裕爲太子少保。"明本《册府》卷九七《帝王部・獎善門》："（顯德二年）四月，太子少保王仁裕進回文《金鏡銘》，上善之，賜帛百匹。九月，仁裕又以自制詩賦寫圖上進，賜銀器五十兩，衣著五十匹。"

[2]"顯德三年卒"至"贈太子少師"：《新五代史》卷五七《王仁裕傳》。《輯本舊史》卷一一六《周世宗紀三》顯德三年

（956）七月庚戌條："太子少保王仁裕卒。"

裴羽

裴羽，字用化，唐僖宗朝宰相贄之子也。[1] 羽少以父任爲河南壽安尉。[2] 入梁，遷御史臺主簿，改監察御史。[3] 唐明宗時，爲吏部郎中，使于閩，遇颶風，飄至錢塘。[4] 時安重誨用事，削奪吳越封爵，羽被留于錢塘。後吳越復通中國，[5] 羽始得還。[6] 晋初，累遷禮部侍郎、太常卿。[7] 廣順初，爲左散騎常侍，卒。贈工部尚書。[8] 羽之使閩也，正使陸崇卒于道，[9] 羽載其喪還，歸其橐裝，時人義之。[10]《永樂大典》卷三千二百一。[11]

[1] 贄：人名。即裴贄。絳州聞喜（今山西聞喜縣）人。唐末大臣。傳見《新唐書》卷一八二。

[2] 河南：府名。治所在今河南洛陽市。　壽安：縣名。治所在今河南宜陽縣。　尉：官名。即縣尉。掌管一縣緝捕盜賊、按察奸宄之事。從八品下至從九品下不等。

[3] 御史臺主簿：官名。御史臺屬官。掌印及受事發辰，監察臺中官員過失，兼掌官厨及黃卷。從七品下。　監察御史：官名。唐代屬御史臺之察院，掌監察中央機構、州縣長官及祭祀、庫藏、軍旅等事。唐中期以後，亦作爲外官所帶之銜。正八品下。

[4] 吏部郎中：官名。尚書省吏部頭司吏部司長官。掌文官階品、朝集、禄賜，給其告身、假使以及選補流外官等事。《新唐書》記正五品上。　閩：五代十國之閩國。　錢塘：縣名。治所在今浙江杭州市。此處代指五代十國之吳越國。

[5] 安重誨：人名。應州（今山西應縣）人。五代後唐大臣。

傳見本書卷六六、《新五代史》卷二四。　"時安重誨用事"至
"後吳越復通中國"：中華書局本據殿本改爲"時安重誨用事，削
奪吳越王封爵，羽被留于錢塘，經歲不得歸。後重誨死，吳越復通
中國"。《通鑑》卷二七七長興元年（930）十月條："錢鏐因朝廷
册閩王使者裴羽還，附表引咎。"據《輯本舊史》卷四二《唐明宗
紀八》，安重誨於長興二年閏五月被賜死，而裴羽長興元年十月已
自吳越還。殿本爲孤證，且與史實不合，茲不取。

[6]羽始得還：《宋本册府》卷六五四《奉使部・恩獎門》：
"周裴羽，初仕後唐，爲吏部郎中。末帝清泰年，再奉命閩州，還，
賜金紫。遷太常少卿。"羽唐末帝朝亦曾使閩，本傳未言其事。

[7]禮部侍郎：官名。尚書省禮部次官。協助禮部尚書掌禮儀、
祭享、貢舉之政。正四品下。　太常卿：官名。太常寺長官。掌祭
祀禮儀等事。正三品。　累遷禮部侍郎、太常卿：《輯本舊史》卷
七九《晉高祖紀五》天福五年（940）正月甲午條："太常少卿裴羽
奏：'請追諡唐莊宗皇后劉氏爲神閔敬皇后，明宗皇后曹氏請追諡
爲和武憲皇后，閔帝魯國夫人孔氏請追諡爲閔哀皇后。'從之。"同
書卷八四《晉少帝紀四》開運三年（946）八月己未條："以左諫議
大夫裴羽爲給事中。"與本傳異。

[8]贈工部尚書：《舊五代史考異》："案：《歐陽史》作户部尚
書。"見《新五代史》卷五七《裴羽傳》。《輯本舊史》卷一一一
《周太祖紀二》廣順元年（951）三月丙子條："故散騎常侍裴羽贈
户部尚書。"本傳"工部"疑爲"户部"之訛。

[9]陸崇：人名。籍貫不詳。五代大臣。事見本書本卷、卷
三〇《唐莊宗紀四》、卷三六《唐明宗紀二》。　正使陸崇卒於道：
"道"，劉本同，殿本作"吳越"。《輯本舊史》卷四一《唐明宗紀
七》長興元年七月戊子條："以右散騎常侍陸崇卒廢朝。崇爲福建
册使，卒於明州，贈兵部尚書。"明州在吳越境内。

[10]時人義之：《宋本册府》卷八〇四《總錄部・義門四》：
"裴羽，後唐明宗朝在郎署，與右常侍陸崇使于閩，風飄不便，誤

適兩浙。時樞密使安重誨怒，絶錢氏朝貢，越人以兵守二使於館。崇頻有不遜之語，幾欲害之。經歲，崇以疾殁。羽得歸朝，又不許將崇靈柩泛海。羽謂錢鏐曰：'崇奉君命，不獲生還，安得以海上之俗忌，不令歸葬，則寄死之所，豈無仁人哉！'繇是鏐厚加待遇，因託附表而旋復命闕庭，以錢氏之表達，重誨屬色而問曰：'表有何言？'羽曰：'遠方實封，不委其事。'及發函，乃引咎伏辠之詞也。明宗甚悦，復通朝貢。羽護崇之柩及資金，毫末無缺，悉付其家，士人稱之。後至左散騎常侍。"明本《册府》卷七九四《總録部·家法門》："周裴羽爲左常侍。性謙恭静守，居家嚴肅，累將命於四方，不渝所履，頃在雒邑，其隣未嘗聞一日誼譁，故終身無玷，時論多之。"

[11]《大典》卷三二〇一"鱗"字韻"事韻"，誤。

段希堯

段希堯，河内人也。[1]祖約，定州户掾，[2]贈太常少卿。父昶，晋州神山縣令，[3]累贈太子少保。希堯少有器局，累歷州縣。唐天成中，爲衛州録事參軍，[4]會晋高祖作鎮于鄴，聞其勤幹，奏改洺州紏曹。[5]及晋祖鎮太原，辟爲從事。[6]清泰中，晋祖總戎於代北，一日軍亂，遽呼萬歲，晋高祖惑之。希堯曰："夫兵猶火也，弗戢將自焚。"遽請戮其亂首，乃止。[7]

[1]河内：縣名。治所在今河南沁陽市。　河内人也：《舊五代史考異》："案：《宋史·段思恭傳》作澤州晋城人。"見《宋史》卷二七〇《段思恭傳》。

[2]約：人名。即段約。事迹不詳。　定州：州名。治所在今

河北定州市。　戶掾：州司戶參軍事的別稱。

[3]昶：人名。即段昶。事迹不詳。　晉州：州名。治所在今山西臨汾市。　神山：縣名。治所在今山西浮山縣。　縣令：官名。爲縣的行政長官，掌治本縣。唐代之縣，分赤（京）、次赤、畿、次畿、望、緊、上、中、中下、下十等。縣令分六等，正五品上至從七品下。

[4]衛州：州名。治所在今河南衛輝市。　錄事參軍：官名。州府屬官。總掌諸曹事務。官品爲從六品至從八品不等。

[5]晉高祖：五代後晉高祖石敬瑭。沙陀部人。五代後唐將領、後晉開國皇帝。紀見本書卷七五至卷八〇、《新五代史》卷八。鄴：地名。即鄴都。治所在今河北大名縣。五代後唐同光元年（923）改魏州爲興唐府，建號東京。三年，改東京爲鄴都。　洺州：州名。治所在今河北邯鄲市永年區。　糾曹：府司錄參軍與州錄事參軍的別稱。

[6]太原：府名。治所在今山西太原市。此處指治所在太原（今山西太原市）的方鎮河東軍。　從事：泛指一般屬官。

[7]代北：方鎮名。治所在代州（今山西代縣）。　“清泰中”至“乃止”：《輯本舊史》卷四七《唐末帝紀中》清泰二年（935）七月丙申條：“石敬瑭奏，斬挾馬都指揮使李暉等三十六人，以謀亂故也。時敬瑭以兵屯忻州，一日，軍士喧譟，遽呼萬歲，乃斬暉等以止之。”另見《宋本册府》卷七一七《幕府部·智識門》、《通鑑》卷二七九清泰二年六月條。

明年，晉祖將舉義於太原，召賓佐謀之，希堯極言以拒之，晉祖以其純朴，弗之咎也。[1]晉祖龍飛，霸府舊僚皆至達官，唯希堯止授省郎而已。天福中，稍遷右諫議大夫，[2]尋命使於吳越。及乘舟泛海，風濤暴起，機師僕從皆相顧失色，希堯謂左右曰：“吾平生履行，不欺暗室，昭昭天鑒，豈無祐乎！汝等但以吾爲托，必當無患。”言訖而風止，乃獲利涉。使迴，授萊州刺史、檢校尚書右僕射，未赴任，改懷州。[3]六年秋，移棣州刺史、兼權鹽礬制置使。[4]少帝嗣位，[5]加檢校司空。開運中，歷戶部、兵部侍郎。[6]漢初，遷吏部侍郎、判東西兩銓事。[7]國初，拜工部尚書。[8]世宗嗣位，轉禮部尚書。顯德三年夏，卒於洛陽，時年七十九。贈太子少保。

[1]“明年”至“弗之咎也”：《通鑑》卷二八〇天福元年（936）（清泰三年）五月甲午條。

[2]稍遷右諫議大夫：《輯本舊史》卷七六《晉高祖紀二》天福二年三月乙亥條：“以兵部郎中段希堯爲右諫議大夫。”

[3]萊州：州名。治所在今山東萊州市。　刺史：官名。州一級行政長官。漢武帝時始置，總掌考核官吏、勸課農桑、地方教化等事。唐中期以後，節度使、觀察使轄州而設，刺史爲其屬官，職任漸輕。從三品至正四品下。　檢校尚書右僕射：官名。按，檢校某某官，唐中後期逐漸確立，五代沿用。多作爲使府或方鎮僚佐秩階、升遷的階官，非正式官銜。參見賴瑞和《論唐代的檢校官制》，《漢學研究》2006年第24卷第1期。　懷州：州名。治所在今河南沁陽市。　“使迴”至“改懷州”：《輯本舊史》卷七九《晉高祖紀五》天福五年九月丁丑條：“以右諫議大夫段希堯爲萊州刺史。”同年十月甲辰條：“以新授萊州刺史段希堯爲懷州刺史。”

[4]棣州：州名。治所在今山東惠民縣。　權鹽礬制置使：官名。負責管理地方鹽、礬事務。

[5]少帝：人名。即石重貴。沙陀部人。後晉高祖石敬瑭從子。紀見本書卷八一至卷八五、《新五代史》卷九。

[6]歷户部、兵部侍郎：《輯本舊史》卷八三《晋少帝紀三》開運元年九月乙酉條：“以前棣州刺史段希堯爲户部侍郎。”同書卷八四《晋少帝紀四》開運二年（945）五月壬子條：“以户部侍郎段希堯爲兵部侍郎。”

[7]吏部侍郎：官名。尚書省吏部次官。協助吏部尚書掌文選、勳封、考課之政。正四品上。　遷吏部侍郎：《新五代史》卷五七《段希堯傳》：“出帝時，爲吏部侍郎，判東、西銓事。”謂希堯晋少帝朝已任吏部侍郎，與本傳異。另，《輯本舊史》卷一〇一《漢隱帝紀上》乾祐元年（948）三月壬戌條：“以宰臣竇貞固爲山陵使，吏部侍郎段希堯爲副使，太常卿張昭爲禮儀使，兵部侍郎盧價爲鹵簿使，御史中丞邊蔚爲儀仗使。”《五代會要》卷一一蝗條：“（乾祐）二年五月，博州奏，有蝝生，化爲蝶飛去。宋州奏，蝗一夕抱草而死。差官祭之，復命尚書吏部侍郎段希堯祭東嶽，太府卿劉皞祭中嶽，皆慮蝗蟓故也。”　東西兩銓：官署名。吏部西銓、吏部東銓的省稱。負責官員銓選。　判東西兩銓事：《輯本舊史》之影庫本粘籤：“東西兩銓，原本作‘東西銓’，今從《五代會要》改正。”《五代會要》未見。

[8]拜工部尚書：《輯本舊史》卷一一一《周太祖紀二》廣順元年（951）二月辛亥條：“以吏部侍郎段希堯爲工部尚書。”

　　子思恭，右諫議大夫。[1]《永樂大典》卷一萬六千三百一十。[2]

[1]子思恭，右諫議大夫：《宋史》卷二七〇《段思恭傳》：“建隆二年，除開封令，遷金部郎中。乾德初，平蜀，通判眉州。”“丁母憂，起復，俄召爲考功郎中，知泗州。會馮繼業自靈州舉宗來朝，帝以思恭代知州事。”“久之，遷右諫議大夫，知揚州。”

[2]《大典》卷一六三一〇“判”字韻“書判”事目，誤。當

爲卷一六三七〇"段"字韻"姓氏（二）"事目。

司徒詡

司徒詡，字德普，清河郡人也。[1]父倫，本郡督郵，[2]以清白稱。詡少好讀書，通《五經》大義，弱冠應鄉舉，不第。唐明宗之鎮邢臺，[3]詡往謁之，甚見禮遇，命試吏於邯鄲，[4]歷永年、項城令，[5]皆有能名。長興初，唐末帝鎮河中，奏辟爲從事。未幾，徵拜左補闕、史館修撰。[6]秦王從榮之開府也，[7]朝廷以詡爲户部員外郎，[8]充河南府判官。[9]秦王遇害，以例貶寧州司馬。[10]清泰初，入爲兵部員外郎。

[1]清河郡：郡名。治所在今河北清河縣。

[2]倫：人名。即司徒倫。事迹不詳。　督郵：官名。始置於漢，爲郡守佐吏，掌督領稽察屬縣縣吏之職。

[3]邢臺：此處代指安國軍，治所在邢州（今河北邢臺市）。

[4]邯鄲：地名。治所在今河北邯鄲市。

[5]永年：縣名。治所在今河北邯鄲市永年區。　項城：縣名。治所在今河南項城市。

[6]左補闕：官名。唐代諫官。武則天時始置。分爲左、右，左補闕隸於門下省，右補闕隸於中書省。掌規諫諷諭，大事可以廷議，小事則上封奏。從七品上。

[7]從榮：人名。即李從榮。沙陀部人。五代後唐明宗李嗣源之次子。傳見本書卷五一、《新五代史》卷一五。

[8]户部員外郎：官名。即尚書省户部户部司郎中的副職。協助長官掌户口、土田、賦役、貢獻、優復、婚姻、繼嗣等事。從六

品上。

[9]河南府判官：河南府長官的佐吏，協理政事，或備差遣。

[10]寧州：州名。治所在今甘肅寧縣。 司馬：官名。州郡佐官，名義上紀綱衆務，通判列曹，品高俸厚，實際上無具體職事，多用以安置貶謫官員，或用作遷轉官階。上州從五品下，中州正六品下，下州從六品上。 以例貶寧州司馬：明本《册府》卷七一五《宫臣部・罪譴門》：“王之遇害，例貶寧州，尋移相州司馬。”《輯本舊史》卷四四《唐明宗紀十》長興四年（933）十一月丁酉條：“河南府判官司徒詡配寧州……並爲長流百姓……應長流人並除名。”詡貶寧州，實流爲百姓，非爲司馬，本傳誤。

晋祖踐祚，改刑部郎中，[1]充度支判官、樞密直學士，[2]由兵部郎中遷左諫議大夫、給事中，[3]充集賢殿學士、判院事，[4]轉左散騎常侍、工部侍郎，[5]歷知許、齊、亳三州事。[6]漢初，除禮部侍郎，[7]凡三主貢舉。自起部貳卿，不數年間，徧歷六曹，由吏部侍郎拜太子賓客。[8]世宗即位，授太常卿。[9]時世宗留意於雅樂，議欲考正其音，而詡爲足疾所苦，居多假告，遂命以本官致仕。[10]顯德六年夏，卒於洛陽之私第，[11]年六十有六。贈工部尚書。

[1]刑部郎中：官名。尚書省刑部頭司刑部司長官。掌司法及審覆大理寺及州府刑獄。從五品上“改刑部郎中”，《五代會要》卷九定格令條：“晋天福三年六月，中書門下奏：‘伏睹天福元年十一月敕節文，唐明宗朝敕命法制，仰所在遵行，不得改易。今諸司每有公事，見執清泰元年十月十四日編敕施行，稱明宗朝敕，除編集外，並已封鎖不行。臣等商量，望差官將編集及封鎖前後敕文，

並再詳定。其經久可行條件，別錄奏聞。'從之。遂差左諫議大夫薛融、秘書監丞呂琦、尚書駕部員外郎知雜事劉皞、尚書刑部郎中司徒詡、大理正張仁琢同參詳。至四年七月，薛融等上所詳定編敕三百六十八道，分爲三十一卷，令有司寫錄，與格式參用。"《輯本舊史》卷七七《晋高祖紀三》天福三年（938）七月丙午條："差左諫議大夫薛融、秘書監呂琦、駕部員外郎兼侍御史知雜事劉皞、刑部郎中司徒詡、大理正張仁琢，同共詳定唐明宗朝編敕。"

[2]度支判官：官名。唐始置，唐代後期節度、觀察、團練、防禦等使的屬官，掌推按刑獄。此外，度支、鹽鐵等使也置推官。

樞密直學士：官名。五代後唐莊宗同光元年（923），改直崇政院置，選有政術、文學者充任。備顧問應對。 充度支判官、樞密直學士：《輯本舊史》卷七八《晋高祖紀四》天福四年四月甲申條："樞密院學士、尚書倉部郎中司徒詡，樞密院學士、尚書工部郎中顔衎，並落職守本官，樞密副使張從恩改宣徽使。初廢樞密院故也。"《通鑑》卷二八二天福四年四月甲申條："廢樞密院，以印付中書，院事皆委宰相分判。以副使張從恩爲宣徽使，直學士、倉部郎中司徒詡，工部郎中顔衎，並罷守本官。"倉部屬户部，本傳未載詡任倉部郎中事。

[3]由兵部郎中遷左諫議大夫、給事中：《輯本舊史》卷八○《晋高祖紀六》天福七年閏三月丙戌條："以兵部郎中司徒詡爲右諫議大夫。"同書卷八一《晋少帝紀一》天福八年三月癸卯條："以左諫議大夫司徒詡爲給事中。"

[4]集賢殿學士：官名。唐中葉置，位在集賢殿大學士之下。掌修書之事。 充集賢殿學士、判院事：《輯本舊史》卷八二《晋少帝紀二》天福八年十月甲寅條："以給事中司徒詡充集賢殿學士，判院事。"

[5]轉左散騎常侍、工部侍郎：《輯本舊史》卷八三《晋少帝紀三》開運元年（944）八月甲辰條："給事中司徒詡改右散騎常侍。"同書卷八四《晋少帝紀四》開運二年十二月辛未條："以右散

騎常侍、集賢殿學士、判院事司徒詡爲工部侍郎，依前充職。”與本傳異。

[6]許：州名。治所在今河南許昌市。　齊：州名。治所在今山東濟南市。　亳：州名。治所在今安徽亳州市。

[7]除禮部侍郎：《輯本舊史》卷一〇一《漢隱帝紀上》乾祐元年（948）正月丙午條：“以工部侍郎司徒詡爲禮部侍郎。”《宋本册府》卷六〇四《學校部·奏議門三》：“漢司徒詡爲禮部侍郎，乾祐三年上言：‘臣聞致理之方，咸資稽古，多聞之道，詎捨群書。歷代已來，斯文不墜。石渠蓬閣，今則闕於芸編，百氏九流，在廣頒於搜訪。唐朝並開三館，皆貯百家，開元之朝，群書大備，離亂之後，散失頗多。臣請國家開獻書之路，凡天下文儒、衣冠舊族，有收得三館亡書，許投館進納，據卷帙多少，少則酬之以繒帛，多則酬之以官資，自然五六年間，庶幾粗備。’從之。”

[8]“自起部貳卿”至“由吏部侍郎拜太子賓客”：《輯本舊史》卷一一一《周太祖紀二》廣順元年（951）二月辛亥條：“以禮部侍郎司徒詡爲刑部侍郎。”同書卷一一二《周太祖紀三》廣順元年十月癸巳條：“以刑部侍郎司徒詡爲户部侍郎。”同書卷一一四《周世宗紀一》顯德元年（954）八月辛未條：“集賢殿學士、判院事司徒詡爲吏部侍郎。”同書卷一一五《周世宗紀二》顯德二年九月癸未條：“以吏部侍郎于德辰、司徒詡並爲太子賓客。”本傳將詡任吏部侍郎、太子賓客繫於周世宗即位前，誤。

[9]授太常卿：《輯本舊史》卷一一七《周世宗紀四》顯德四年八月丙辰條：“以太常卿田敏爲工部尚書，以太子賓客司徒詡爲太常卿。”

[10]遂命以本官致仕：《輯本舊史》卷一一八《周世宗紀五》顯德五年十月己丑條：“太常卿司徒詡以本官致仕。”《宋本册府》卷八九九《總錄部·致政門》：“司徒詡，顯德末以太常卿致仕。帝以雅樂淪廢，議欲恢復正聲。詡年老多病，不能范事，故有是命。”

[11]卒於洛陽之私第：《輯本舊史》卷一一九《周世宗紀六》

顯德六年五月丁卯條："西京奏，太常卿致仕司徒詡卒。"

詡善談論，性嗜酒，喜賓客，亦信浮屠之教。[1]漢
乾祐中，嘗使於吳越，航海而往，至渤澥之中，睹水色
如墨，[2]舟人曰："其下龍宮也。"詡因炷香興念曰："龍
宮珍寶無用，俟迴棹之日，當以金篆佛書一帙，用伸贄
獻。"洎復經其所，遂以經一函投於海中。俄聞梵唄絲
竹之音，喧於船下，舟人云："此龍王來迎其經矣。"同
舟百餘人皆聞之，無不歎訝焉。《永樂大典》卷二千一百二
十八。[3]

[1]浮屠：亦稱浮圖，佛陀之異譯。可代指佛教、僧侶、佛
塔等。

[2]渤澥：即渤海。 睹水色如墨：《輯本舊史》之影庫本粘
籤："如墨，原作'如黑'，今從《冊府元龜》改正。"《冊府》
未見。

[3]《大典》卷二一二八"僂"字等韻，誤。當爲卷二一六八
"徒"字韻"姓氏"事目。

邊蔚

邊蔚，字得昇，[1]長安人。父操，華州下邽令，[2]累
贈太子少師。蔚幼孤，篤學，有鄉里譽，從交辟，歷
晉、陝、華三府從事。[3]唐莊宗之伐蜀，大軍出於華
下，[4]時屬華方闕帥，蔚爲記室，詔令權領軍府事，供
億軍儲，甚有幹濟之稱。及明宗入洛，遣李沖齎詔於關

右,[5]盡誅閹官。沖性深刻,而華人有爲閹官所累者,沖欲盡戮之,蔚以理救護,獲免者甚衆。毛璋之鎮邠寧,奏爲廉判。[6]時璋爲麾下所惑,有跋扈之意。蔚因乘間極言,諭以逆順之理,璋即時遣妻子入貢。朝廷以蔚有贊畫之效,賜以金紫,[7]改許州戎判。晋天福初,自涇州戎幕徵拜虞部員外郎、鹽鐵判官,[8]歷開封、廣晋少尹。[9]晋少帝嗣位,拜左散騎常侍,判廣晋府事,[10]轉工、禮二部侍郎,[11]再知開封府事。開運初,出爲亳州防禦使,[12]爲政清肅,亳民感之。歲餘,入爲户部侍郎。[13]漢初,拜御史中丞,[14]轉兵部侍郎。[15]太祖受命,復知開封府事,遷太常卿,[16]後以足疾辭位。顯德二年冬,卒於家,[17]時年七十一。

[1]字得昇:中華書局本有校勘記:"'得昇',殿本作'德昇'。"

[2]長安:地名。即今陝西西安市。　操:人名。即邊操。事迹不詳。　華州:州名。治所在今陝西渭南市華州區。　下邽:縣名。治所在今陝西渭南市北下邽鎮東南。　父操,華州下邽令:《舊五代史考異》:"案:《宋史》:邊珝,華州鄭人也。曾祖頡,石泉令。祖操,下邽令。父蔚,太常卿。"見《宋史》卷二七〇《邊珝傳》。

[3]晋:州名。治所在今山西臨汾市。　陝:州名。治所在今河南三門峽市陝州區。

[4]華下:即西嶽華山之下的華州。

[5]李沖:人名。籍貫不詳。房知温幕僚。本書僅此一見。遣李沖齎詔於關右:中華書局本有校勘記:"'關右',原作'闕右',據殿本、孔本改。"

[6]毛璋：人名。滄州（今河北滄縣舊州鎮）人。五代後唐將領。傳見本書卷七三、《新五代史》卷二六。　邠寧：方鎮名。治所在今陝西彬縣。

[7]賜以金紫：明本《册府》卷七二二《幕府部·裨贊門》作"錫以三品章綬"。

[8]涇州：州名。治所在今甘肅涇川縣。　虞部員外郎：官名。唐、宋工部設虞部，其長官稱郎中，副長官稱員外郎，掌山澤苑囿、場冶薪炭等事。從六品上。　鹽鐵判官：官名。掌鹽鐵政務及税收。　"晋天福初"至"監鐵判官"：《宋本册府》卷七一七《幕府部·智識門》："周邊蔚爲邠州李德珫從事。晋高祖建義入洛，德珫不即獻誠。蔚力勸曰：'清泰運去，新主勃興，兩都衣冠歸之，大器在手矣。公宜表率西諸侯入覲，何持疑若此？稍稍達于外，則後悔無及矣。'德珫然之，乃馳使入貢。朝廷知蔚有其力，尋徵拜虞部員外郎。"《輯本舊史》卷四七《唐末帝紀中》清泰二年（935）三月丙辰條："以右龍武統軍李德珫爲涇州節度使。"《册府》誤作"邠州"。

[9]廣晋：地名。五代後晋天福二年（937）改興唐府置，治元城、廣晋二縣（今河北大名縣）。後漢乾祐初改名大名府。　少尹：官名。爲府尹的副職，協助尹掌理行政事務。從四品下。

[10]"晋少帝嗣位"至"判廣晋府事"：《輯本舊史》卷八一《晋少帝紀一》天福七年七月丙午條："以秘書少監兼廣晋少尹邊蔚爲右散騎常侍。"同卷天福八年二月甲戌條："以皇弟檢校司徒重睿爲檢校太保、開封尹，年幼未出閣，差左散騎常侍邊蔚知府事。"蔚權知開封府事，非廣晋府，本傳誤。

[11]轉工、禮二部侍郎：劉本同，殿本作"轉工部左右侍郎"。《輯本舊史》卷八二《晋少帝紀二》天福八年十月己巳條："以左散騎常侍、權知開封府事邊蔚爲工部侍郎，依前知府事。"同書卷八四《晋少帝紀四》開運二年（945）五月壬子條："以工部侍郎邊蔚爲户部侍郎，依前權知開封府事。"蔚自天福八年十月至開

運二年五月任工部侍郎，此期間無改任禮部侍郎之記載，當以殿本爲近是。

[12]防禦使：官名。唐代始置，設有都防禦使、州防禦使兩種。常由刺史或觀察使兼任，實際上爲唐代後期州或方鎮的軍政長官。

[13]入爲户部侍郎：《輯本舊史》卷八四《晋少帝紀四》開運三年八月庚午條：“以前亳州防禦使邊蔚爲户部侍郎。”

[14]拜御史中丞：《輯本舊史》卷一〇〇《漢高祖紀下》天福十二年七月己丑條：“以户部侍郎邊蔚爲御史中丞。”《宋本册府》卷五一二《憲官部·選任門》：“漢邊蔚，天福十二年爲御史中丞。時高祖幸東京，以將整朝倫，務求能者，至是有斯命焉。”《輯本舊史》卷一〇一《漢隱帝紀上》乾祐元年（948）三月壬戌條：“以宰臣竇貞固爲山陵使，吏部侍郎段希堯爲副使，太常卿張昭爲禮儀使，兵部侍郎盧價爲鹵簿使，御史中丞邊蔚爲儀仗使。”

[15]轉兵部侍郎：《輯本舊史》卷一〇三《漢隱帝紀下》乾祐三年八月壬戌條：“以兵部侍郎于德辰爲御史中丞，邊蔚爲兵部侍郎。”

[16]遷太常卿：《輯本舊史》卷一一一《周太祖紀二》廣順元年（951）二月辛亥條：“以兵部侍郎邊蔚爲太常卿。”同年五月辛未條：“太常卿邊蔚上追尊四廟謚議。”同月丙子條：“太常卿邊蔚上太廟四室奠獻舞名。”“追尊四廟謚議”，詳見明本《宋本册府》卷三一《帝王部·奉先門四》；“太廟四室奠獻舞名”，詳見《册府》卷五七〇《掌禮部·作樂門六》。《輯本舊史》卷一一一《周太祖紀二》廣順元年七月己丑條：“是日，太常卿邊蔚奏，議改郊廟舞名，事具《樂志》。”見同書卷一四五《樂志下》，所上請改郊廟舞名奏疏，見《宋本册府》卷五七〇《掌禮部·作樂門六》。另，《輯本舊史》卷一四五《樂志下》：“（廣順）六年春正月，樞密使王朴奉詔詳定雅樂十二律旋相爲宫之法，并造《律準》，上之。其奏疏略曰（下略）。世宗善之，詔尚書省集百官詳議。兵部尚書

張昭等議曰：‘……廣順中，太常卿邊蔚奉勅定前件祠祭朝會舞名、樂曲、歌詞，寺司合有簿籍，伏恐所定與新法曲調聲韻不協，請下太常寺檢詳校試。如或乖舛，請本寺依新法聲調，別撰樂章舞曲，令歌者誦習，永爲一代之法，以光六樂之書。’世宗覽奏，善之。”

[17]卒於家：《輯本舊史》卷一一五《周世宗紀二》顯德二年（955）十月己丑條：“前太常卿邊蔚卒。”

　　子玕、玭，俱仕皇朝爲省郎。[1]《永樂大典》卷四千七百二十。[2]

[1]子玕、玭，俱仕皇朝爲省郎：“子玕”，中華書局本有校勘記：“《宋史》卷二七〇《邊珝傳》同，《册府》（宋本）卷一五一、《續資治通鑑長編》卷四引《太祖實錄》、《宋大詔令集》卷一六五令陶穀以下舉堪藩府通判官詔有‘邊玕’，疑即其人。”《宋史》卷二七〇《邊珝傳》：“建隆二年，（珝）兄玕自河南令入爲吏部員外郎，復以珝爲洛陽令。兄弟迭尹赤邑，時人榮之。乾德初，召爲倉部郎中……兄玕至金部郎中，弟玢右贊善大夫。”蔚尚有一子名玢，本傳未載。

[2]《大典》卷四七二〇“邊”字韻“姓氏”事目。

王敏

王敏，字待問，單州金鄉人。[1]性純直，少力學攻文，登進士第。後依杜重威，[2]凡歷數鎮從事。漢初，重威叛于鄴，時敏爲留守判官，嘗泣諫重威，懇請歸順。重威始雖不從，及其窮也，納敏之言，以其城降。[3]時魏之饑民十猶四五，咸保其餘生者，敏之力也。

入朝，拜侍御史。^[4]世宗鎮澶淵，太祖以敏謹厚，遂命爲澶州節度判官。^[5]及世宗尹正王畿，改開封少尹。世宗嗣位，命權知府事，^[6]旋拜左諫議大夫、給事中，遷刑部侍郎。^[7]敏嘗以子婿陳南金薦于曹州節度使李繼勳，^[8]表爲記室，其後繼勳償軍于壽春，^[9]及歸闕而無待罪之禮，世宗以繼勳武臣，不之責也，因遷怒南金，謂其裨贊無狀，乃黜之。敏繇是連坐，遂免其官。^[10]歲餘，復拜司農卿。^[11]顯德四年秋，以疾卒。^[12]《永樂大典》卷六千八百五十一。^[13]

[1]單州：州名。治所在今山東單縣。　金鄉：縣名。治所在今山東金鄉縣。

[2]杜重威：人名。其先朔州（今山西朔州市朔城區）人，後徙居太原（今山西太原市）。五代後晉、後漢將領。傳見本書卷一〇九、《新五代史》卷五二。

[3]“漢初”至“以其城降”：《通鑑》卷二八七天福十二年（947）十月條：“杜重威之叛，觀察判官金鄉王敏屢泣諫，不聽。及食竭力盡，甲戌，遣敏奉表出降。”

[4]侍御史：官名。秦始置。掌糾舉百官、推鞫獄訟。從六品下。　拜侍御史：明本《册府》卷七二二《幕府部·裨贊門》：“漢王敏有文學，舉進士第，依杜重威，歷數鎮從事。重威在任，以黷貨爲務，每箕斂民賦，敏力止之，十亦行其一二，人甚嘉之。及重威鎮鄴，不以朝命爲事，多失人情，敏嘗勸之泣下。重威始則不從，及其窮也，納敏之言，翻然來降。時以敏深達逆順，有紓難之力，亦近代之良士也。高祖命以憲秩，獎其節義。”

[5]澶州：州名。唐、五代初，治所在今河南清豐縣。後晉天福四年，移治今河南濮陽縣。　遂命爲澶州節度判官：《通鑑》卷

二九〇廣順元年（951）二月丁酉條："以皇子天雄牙内都指揮使榮
爲鎮寧節度使，選朝士爲之僚佐，以侍御史王敏爲節度判官。"鎮
寧爲澶州節度使軍號。

[6]命權知府事：中華書局本有校勘記："'命'字原闕，據
《永樂大典》卷六八五一引五代《薛史》補。"《輯本舊史》卷一一
四《周世宗紀一》顯德元年（954）二月丁卯條："以中書令馮道充
山陵使，太常卿田敏充禮儀使，兵部尚書張昭充鹵簿使，御史中丞
張煦充儀仗使，開封少尹、權判府事王敏充橋道使。"

[7]刑部侍郎：官名。尚書省刑部次官。協助刑部尚書掌天下
刑法及徒隸、勾覆、關禁之政令。正四品下。　遷刑部侍郎：《輯
本舊史》卷一一五《周世宗紀二》顯德二年十月癸酉條："以給事
中王敏爲工部侍郎。"王敏由給事中遷工部侍郎，非刑部侍郎，本
傳誤。

[8]陳南金：人名。籍貫不詳。王敏之婿。事見本書本卷、卷
一一六。　曹州：州名。治所在今山東曹縣西北。"曹州"，《輯本
舊史》之影庫本粘籤："曹州，原作'洮州'，今從《通鑑》改
正。"《大典》卷六八五一作"曹州"，非"洮州"。　節度使：官
名。唐時在重要地區所設掌握一州或數州軍政、民政、財政的長
官。　李繼勳：人名。大名元城（今河北大名縣）人。五代、宋初
將領，屢立戰功。傳見《宋史》卷二五四。

[9]債（fèn）軍：使軍隊覆敗。　壽春：縣名。治所在今安
徽壽縣。

[10]遂免其官：中華書局本有校勘記："'免'原作'貶'，據
殿本、孔本改。"《大典》卷六八五一作"逸"。《輯本舊史》卷一
一六《周世宗紀三》顯德三年八月己卯條："工部侍郎王敏停任，
坐薦子婿陳南金爲河陽記室也。"《宋本册府》卷九二五《總録
部·譴累門》："王敏爲工部侍郎，世宗顯德三年八月詔敏停任。"
作"免"近是。

[11]復拜司農卿：《輯本舊史》卷一一七《周世宗紀四》顯德

四年二月庚申條：“以前工部侍郎王敏爲司農卿。”敏自停任至改官司農卿，前後僅半年，本傳謂“歲餘”，誤。

[12]以疾卒：《輯本舊史》卷一一七《周世宗紀四》顯德四年七月己酉條：“司農卿王敏卒。”影庫本粘籤：“己酉，以《長曆》推之，當作丁酉，今無別本可校，姑仍其舊。”

[13]《大典》卷六八五一“王”字韻“姓氏（三六）”事目。此卷現存。